Relación de los naufragios y Comentarios de Alvar Nú?nez Cabeza de Vaca ... ilustrados con varios documentos inéditos

Núñez Cabeza de Vaca, Alvar, 16th cent, Pedro Hernández, Manuel Serrano y Sanz

Nabu Public Domain Reprints:

You are holding a reproduction of an original work published before 1923 that is in the public domain in the United States of America, and possibly other countries. You may freely copy and distribute this work as no entity (individual or corporate) has a copyright on the body of the work. This book may contain prior copyright references, and library stamps (as most of these works were scanned from library copies). These have been scanned and retained as part of the historical artifact.

This book may have occasional imperfections such as missing or blurred pages, poor pictures, errant marks, etc. that were either part of the original artifact, or were introduced by the scanning process. We believe this work is culturally important, and despite the imperfections, have elected to bring it back into print as part of our continuing commitment to the preservation of printed works worldwide. We appreciate your understanding of the imperfections in the preservation process, and hope you enjoy this valuable book.

GENERAL

MADRID.—Establecimiento tipografico de Idamor Moreno
Calle del Tutor, 22.—Telefono 2 000   10.800

ADVERTENCIA

I

Por un caso nada infrecuente en nuestra historia del siglo xvi, más fecunda en hombres de acción que en biógrafos y panegiristas, casi no tenemos otras noticias de Alvar Núñez Cabeza de Vaca que las consignadas por él en sus escritos, con haber sido personaje que por sus legendarios viajes á través de las Floridas y por sus infortunios en el Río de la Plata debió de llamar la atención de sus contemporáneos. Ni aun siquiera consta con certeza su patria, que parece haberlo sido Sevilla, y no Jerez de la Frontera, como algunos han opinado. El mismo Alvar Núñez, á la conclusión de sus *Naufragios*, menciona á su abuelo Pedro de Vera, *el que ganó á Canaria;* á su padre, Francisco de Vera, y á su madre, Dª Teresa Cabeza de Vaca, *natural de Xerez de la Frontera.* De su juventud nada sabemos, y las primeras noticias auténticas de su vida comienzan cuando á 17 de Junio del año 1527 partió de Sanlúcar en la expedición de Pánfilo de Narváez, de la que dejó un hermoso relato en sus *Naufragios*, consagrados á narrar el primero de los muchos fracasos con

COLECCIÓN DE LIBROS
Y DOCUMENTOS REFERENTES
Á LA HISTORIA DE AMÉ-
RICA.—TOMO V

RELACIÓN

DE LOS

NAUFRAGIOS Y COMENTARIOS

DE

ALVAR NÚÑEZ CABEZA DE VACA

ADELANTADO Y GOBERNADOR DEL RÍO DE LA PLATA

ILUSTRADOS CON VARIOS DOCUMENTOS INÉDITOS

TOMO PRIMERO

MADRID
LIBRERÍA GENERAL DE VICTORIANO SUÁREZ
Calle de Preciados, núm. 48

1906

COLECCIÓN

DE

LIBROS Y DOCUMENTOS

REFERENTES Á LA

HISTORIA DE AMÉRICA

———

TOMO V

RELACIÓN

DE LOS

NAUFRAGIOS Y COMENTARIOS

DE

ALVAR NÚÑEZ CABEZA DE VACA

ADELANTADO Y GOBERNADOR DEL RÍO DE LA PLATA

ILUSTRADOS CON VARIOS DOCUMENTOS INÉDITOS

TOMO PRIMERO

MADRID
LIBRERÍA GENERAL DE VICTORIANO SUÁREZ
Calle de Preciados, núm. 48

1906

que luchó España en su intento de colonizar el inmenso territorio que se dilata entre el Mississipí y el Océano Atlántico, como si la Historia, cuyas leyes parecen fatales en ocasiones, hubiese trasladado allí las columnas de Hércules con su leyenda *non plus ultra*, cual barrera á la expansión de la raza ibérica; aquella vasta región cuyos límites, según el Inca Garcilaso, eran al Sur el golfo de México; indefinidos al Norte, por donde Hernando de Soto avanzó mil leguas; al Este la *tierra de los Bacallaos* y al Oeste las "provincias de las siete ciudades„ descubiertas en 1539 por Juan Vázquez Coronado, parecía destinada al pueblo anglosajón, bajo cuyo dominio caería más adelante (1). En efecto: Ponce de León, gobernador de Puerto Rico, el primero que arribó á las costas de la Florida, sólo pudo huir con siete de sus compañeros, y él mismo falleció de las heridas que recibió en lucha con los seminolas, indios más levantiscos y guerreros que los isleños de las Antillas ó los habitantes de México, Lucas Vázquez de Ayllón, Oidor en la Audiencia de Santo Domingo, equipó dos naves, y llegado á la Florida, orillas de un río que llamó el Jordán, cautivó muchos indios que luego murieron de nostalgia en la isla Española; pero en otra expedición fué desbaratado. *La Florida* del Inca Garcilaso (2) es la *Araucana* en pro-

---

(1) Garcilaso (libro VI, cap XXII) trae una larga lista de los españoles que murieron en la conquista de la Florida.

(2) *La Florida del Inca Historia del Adelantado, Hernando de Soto, Governador, y Capitan General del Reino de la Florida. Y de otros heroicos caballeros, españoles, e indios. Escrita por el Inca Garcilaso de la*

sa de la América Septentrional, consagrada á historiar las continuas peleas del Adelantado Hernando de Soto, cuyas victorias fueron surcos trazados en el agua.

Someter al fiel contraste los *Naufragios* de Alvar Nuñez no es empresa fácil, y ha dado lugar á controversias, sus curaciones milagrosas en los indios enfermos de la Florida, y que hoy pudieran explicarse por la sugestion hipnótica, dado que no sean puras invenciones, fueron defendidas por don Antonio Ardoino, Marqués de Sorito, en un escrito farragoso, lleno de pruebas silogísticas y falto de hechos, que son en cuestiones históricas los verdaderos argumentos (1).

Los sucesos expuestos en los XXIII capítulos primeros y en los últimos, á partir de la llegada á

Vega, capitan de Su Magestad, natural de la Gran Ciudad del Cozco.—En Madrid, en la Oficina Real y a costa de Nicolas Rodriguez Franco Año M DCCXXIII

Menendez y Pelayo, en sus *Orígenes de la novela* (*Nueva Biblioteca de autores españoles*), pag. CCCXCI, llama á los escritos de Garcilaso «historias anoveladas, por la gran mezcla de ficcion que contienen».

(1) *Examen apologetico de la historia narracion de los Naufragios, peregrinaciones, i milagros de Alvar Nuñez Cabeza de Baca, en las tierras de la Florida, i del Nuevo Mexico Contra la incierta, i mal reparada Censura del P. Honorio Filipono, ó del que puso en su nombre, al Libro intitulado Nova Typis transacta navigatio Novi Orbis Indiæ Occidentalis... Por el Excmo Sr. Don Antonio Ardoino, Caballero del Insigne Orden del Toison de Oro, Marques de Sorito, Mariscal de los Reales Exercitos de Su Magestad, i Gobernador de Tarragona... Tratase de los milagros aparentes, i verdaderos, i de la virtud, i bondad de la Milicia Christiana, vanamente injuriada en los soldados.*—En Madrid, en la imprenta de Juan de Zuñiga Año de 1736.

Publicóse en el tomo I de los *Historiadores primitivos de las Indias Occidentales*, que juntó, tradujo en parte, y sacó a luz, ilustrados con eruditas Notas y copiosos Indices, el Illmo. Señor D. Andres Gonzalez Barcia.

Culiazan (1), parecen fidedignos; en los restantes hay cierta vaguedad geográfica, efecto acaso de no tener Alvar Núñez espíritu de observación; costumbres que no solían verse en las naciones bárbaras de América, como es robarse unos pueblos á otros, á ciencia y paciencia de los despojados, y un supersticioso concepto del hombre blanco, llevado á la mayor exageración que se ha visto en alguna tribu salvaje del mundo; no es esto, ni mucho menos, impugnar lo que refiere Alvar Núñez, que en líneas generales quizá sea cierto, aunque su imaginación de andaluz amplificase los detalles. Compárense en prueba de ello las costumbres de los indios de Nuevo México, región más extensa en el siglo XVII que lo es ahora, y cuyos habitantes se asemejaban no poco á los de Tejas y la Luisiana, descríbelas así D. Juan de Villagutierre y Sotomayor:

"Son los yndios de aquellas tierras, así los barones como las embras, de buena y proporzionada estatura; robustos, lijeros, y bien dispuestos, y comunmente, agraziadamente afectados, alegres y no de obscuro entendimiento, y todos los poblados eran, y aun lo son, mui amigables y vien partidos de todo lo que tienen, los unos con los otros, aunque es berdad que no dejaron de tener guerras y enemistades entre sí, pero esto a sido y es quando

---

(1) De la expedicion de D. Pedro Almendes Chirinos al rio de Yaquimi y de su encuentro con Cabeza de Vaca y sus compañeros, habla D. Matias de la Mota Padilla en su *Historia de la conquista de la provincia de la Nueva Galicia.*—Mexico, 1870.
Cap. XV.

suzede ynstimulados y persuadidos a ello, porque naturalmente son dificultosos de mouer á enojarse vnos con otros

Desde que los niños maman los laban sus madres con nieve todo el cuerpo para que asi se agan duros y acostumbrados a resistir el frio, y todo el tiempo que son muchachos, de ninguna suerte an de entrar a calentarse en las estufas, sino solo les permiten que en el campo rasso agan lumbres de leña menuda y a ella se calienten; y an de andar desnudos en cueros sin cossa de ropa alguna sobre sí, hasta que son ia mozuelos, que entonzes les dejan poner sus mantas y que se cubran con ellas como los demás

Su acostumbrado exerçiçio de aquellos yndios es correr vna legua adelante, y otra de buelta, sin pararse a descanssar, dandoles los mozetones gran ventaja antes de partir, a los muchachos, lo qual executan para hauilitarse y azerse mas agiles, sueltos y ligeros para mejor dar alcanze á sus enemigos quando tienen guerras y los llevan de venzida, que nunca estan sin tenerla con vnos y otros, de los Apaches, y son muy animosos contra ellos.

Anles quemado muchas vezes los Apaches algunos de sus pueblos, porque siempre dizen que ellos son naturales de aquella tierra poblada, o por lo menos que ellos fueron a ella primero que estotros la poblassen. Y asi siempre andan en pretension de echarles de ella y que otros que no sean ellos no la posean, haziendoles sovre esto continuamente guerra a los poblados, a los quales, al tiempo que ban a los montes por leña, o estan en las lauores de sus campos, los suelen matar saliendo de repente en tropa y cojiendolos descuidados y con traiziones y zeladas, porque cara a cara y en igual numero pocas bezes se atreuen, por ser mejor gente y mas balerosa los poblados; y de la mesma suerte acometen las entradas quando suelen quemarles algun pueblo, y por esta raçon estaban siempre aquellos yndios poblados con grandissimo cuidado, y conozen de mui lejos benir a sus enemigos, y para que les baian a dar socorro los de los pueblos comarcanos se suben las mugeres a lo mas alto de las cassas y echan grandisima cantidad de zeniza hazia arriua, y despues hazen lumbres aogadas para que echando mas espeso el umo sea mas bien visto de los otros pueblos cuio fauor pretenden, y luego dandose todas a un tiempo con las manos en las bocas hauiertas, bozeando lebantan vn genero de clamor y ruido que se oie desde mui lejos, y ellas tambien salen a la guerra llebando mantas mui bien pintadas con que rescatar á sus maridos si los contrarios se los hazen prisioneros.

Hazian mui grandes fiestas con el yndio que mataban o cautibaban a su contrario, y al que apreendian, y llebaban prisionero le mataban despues con grandes crueldades, aunque ya esto y las guerras que solian tener entre si algunas bezes estos yndios poblados hauia zesado despues que el Gouernador Don Juan de Oñate los conquisto y redujo la primera bez, confederandolos a todos y haziendo amistades entre ellos. Y asi se conserbaron hasta despues de la sublebazion general, perdiendo estas y otras cosas que de gentiles tenian.

Lo que antes hazian para el modo de sustentarse aquellos yndios poblados de la Nueva Mexico, era quando llegaban a estar las mazorcas del maiz en leche cojian vna gran parte de ellas, y amasandolas hazian vn genero de panes mui delgados y estendidos, a modo de ojaldrado o suplicaziones, y colgandolas al sol en estando ia vien secos y duros, los guardaban para ir comiendo de ellos; y al tiempo que ia las mazorcas de él estaban empezadas a quaxar cojian otra cantidad de ellas y las cozian y ponian al sol, y en estando bastantemente enjutas las guardaban y iban comiendo de ellas; y el rresto de las demas mazorcas las dejaban saçonar de todo punto en las milpas o eredades, y despues las cojian para guardarlas en maiz echo para comer y volver a sembrar a su tiempo, y todo esto lo hazian, y aun oi lo hazen, por ser muchos los ielos y estar a riesgo de perderse las mieses, y así tienen este modo de ir recojiendo su comida, para ir gozando quanto antes de la que pueden, por si despues se elare la demas; hazen, demas de esto, de la masa de el maiz, por las mañanas, *atole,* ques como poleadas de arina; no le echan sal, ni lo quezen con cal, ni zeniza, como los yndios de la Nueva España, y esto lo comen despues frio todo el día y hazen tamales y tortillas, què es su ordinario pan.

Quando hauian de ir a caza echaban bandos y lo pregonaban tres dias continuos, y pasados salian a la caza, y el pregonero era la segunda persona de mas autoridad de el pueblo despues de el Mandon, y no era, ni es tenido por ofizio bil entre ellos, porque no pregona como hombre comun que dize raçon ajena, sino como persona que manda, trae a la memoria o adbierte aquellas cossas que está obligada hazer, o a guardar la republica; y el dia de la caza, si no salian todos los que eran obligados a ir a ella, acusaban a los remisos, y lo mesmo hazian quando se pregonaban sus juegos, y exerziçios, y los acusados y culpados en la omision subian por mandamiento de el que los gouernaba, a el primer suelo y corredor de la casa (que en todos quatro o zinco altos tienen sus corredores) y alli los ponian vnas pocas de pajas, o palillos ardiendo, y con esto se iban, y no hauia mas castigo, ni le tenian por delito y maldades que cometian, y quando mas, al que de todo punto era ynouediente le cortaban vna mecha de los cauellos, y esto tenian, y aun oi lo tienen, por suma afrenta.

Ni aun biviendo en su gentilidad no sauian que cosa era hurtar, y todo quanto allaban, aunque fuese mui apetezible y de su gusto y aunque nadie supiese quien lo auia allado, buscaban luego a su dueño para entregarselo, y esta uirtud moral de no apetezer lo ajeno se a uerificado casi comunmente en todas aquellas naziones de indios despues que los españoles estan entre ellos, porque cossas que se les an perdido y las an allado los indios, se las an buelto, buscando con toda diligenzia a sus dueños.

Y si algunas bezes rouan o talan en la guerra o fuera de ella, no lo azen por apetenzia de hurtar, ni de aprouecharse de lo que no es suio, sino como por modo de venganza o castigo, o por enflaquezer las fuerças a los enemigos.

De los cargos y puestos de la republica, el primero y mas preeminente era el de mandon, a quien daban mano para que dispusiese y mandase en todo lo que miraba a gouierno, y despues de el mandon le seguia en autoridad y potestad el que pregonaba y auisaba de las cossas que eran d'estatuto de la republica y que estaba ordenado se hiziesen y ejecutasen en el pueblo; y ademas destos dos tenian sus capitanes para la guerra, para la pesca, para la caza, para el monte, y para las obras, distintos vnos de otros para cada una de estas cossas, y para que mandasen en las que le tocaban, sin entremeterse los unos en las que estaban a cargo y disposizion de los otros. Y a qualquiera nouedad que les pedian los indios de el pueblo, o que era menester se hiziese con ellos, o imponerles, se juntaban a conssejo el mandon i capitanes en una estufa grande que tenian de comunidad, como sala de cauildo, y de alli salia acordado lo que se hauia de hazer, o rresponderles a los indios, y el pregonero lo publicaba; y despues que entraron los españoles se nombran en cada pueblo por los mesmos indios vn gouernador, vn capitan maior de la guerra, sus alcaldes, topiles, y tambien fiscales, para las cosas de la Iglesia, y otros capitanes de el pueblo y de la guerra, que todos estos son naturales, y el Gouernador, y Capitan general de el reyno les confirma las elezziones, les toma el juramento y entrega las baras, bastones y demas insignias de Justicia, Gouierno y Guerra, y en cada uno de los partidos pone vn alcalde maior español.

La forma de los adoratorios o templos de los idolos destos indios era un aposento alto, de diez pies de ancho y veinte de largo, pintado todo de diuersas orrorosas figuras, y con unos arquillos tambien pintados, y el idolo era de piedra o de barro, y estaba sentado, y a la mano derecha de el templo tenia vna jicara grande con tres guebos de gallina de la tierra, dentro, y á la mano hizquierda tenia otra jicara con mazorcas tiernas de mayz, y delante de si una olla llena de agua, y al tal idolo le guardaba y cuidaba siempre vna india bieja que era la sazerdotisa de el templo.

Quando aquellos yndios pedian agua por nezesitarla sus sementeras, ymbocaban a tres demonios: a el uno de ellos llamaban *Cocapo*, al otro *Cazina* y a el otro *Homaze*, y los dos ultimos de estos, *Cazina* y *Homaze* les aparezian en el campo en las formas quellos querian berlos, y el *Cocapo* se les aparezia en el pueblo, y cada bez que las mugeres llegaban a verle quedaban desmaiadas de el espanto, y tambien husaban para pedir el agua otras bien esquisitas, ridiculas zeremonias con que dezian obligauan a sus rios para que les socorriessen, estas eran andar los yndios desnudos por junto a las cassas, y las yndias desde arriba de los corredores les echauan mucha cantidad de agua con ollas y jarros con que los bañaban muy bien, y ademas de esto cojian a un yndio y le azotaban cruelmente, baylando en las estufas, y arañandole con vnos como a modo de peynes de madera le dejauan desgarradas y desolladas por muchas partes las carnes, y estas eran sus penitenzias y rogatibas para que llobiese.

De los diuertimientos que aquesta gente tenia era el prinzipal sus mitotes o bayles, y para salir a ellos se bestian muy galanos, asi hombres como mugeres, con mantas muy bien pintadas y labradas de diuersos colores, que las texian, labrauan y pintauan los hombres, porque las mugeres no se enseñaban a ello, y asi no se ocupauan en essas lauores, y asi vestidos y engalanados salian al bayle los de cada varrio de por si, y abia entre aquellos yndios grandissimos echiceros, y tambien las mugeres vsauan mil superstiziones y embustes, y con arina y plumas que echauan sobre vnas piedras toscas que ponian lebantadas conseguian que los yndios las diessen mantas y todas otras qualesquiera cossas que se las antojaua pedirles y beian que tenian para poder darlas.

Nunca entre ellos a hauido cosa partida, en tanto grado que aunque hubiesse qualquiera en la mano aquello que mas gusto le diesse, y llegasse otro y se lo quitasse, se lo dejaua lleuar sin que por eso se enojasse, porque, como dijimos, rara vez o nunca rreñian los de vna nazion o linage vnos con otros entre si, y de esto se a echo prueba despues muchas vezes, que pretendiendo nuestros españoles reuoluerlos para colerizarlos y desauenirlos, nunca pudieron sacar de su passo aquella natural mansedumbre, ni inzitarlos a que se destemplassen ni enojassen vnos con otros; antes por el propio casso que se les quiere prouocar a que rriñan, se abrazan y acarizian, no suzediendo todas vezes asi quando son de distintos linages, aunque sean del mesmo reyno y pueblos muy vezinos.

No eran picados de la abominazion de comer carne humana, aunque si algo de la sodomia; no se embriagaban jamas, y con tener mucha huba que se criaba en las quebradas y riueras de los rios, no se aprouechaban de ella para hazer beuida, sino solo para comerla y azer un genero de pan que tambien lo comen, y solo lo que vebian era agua liquida y clara, sin tener otro brebaje ni mistura de cossa alguna. La ocupazion y trabajo de los barones era labrar sus tierras, hazer y cojer sus sementeras, ylar, tejer y labrar sus mantas, y las mugeres entendian en guisar de comer y cuidar de criar sus hijos y las gallinas de la tierra, de cuia pluma hazen tambien los yndios mui buenas y galanas mantas de labores.

Y tambien seruian la mugeres de ir por sal a las salinas, y al monte por la leña, y a llebar las maderas para labrar las cassas, que como ia dijimos las labrauan en aquella tierra de madera, barro, y adoues y alguna piedra, hasta quatro o cinco altos, y si sobre estos las echaban mas altura, porque auia muchas de seis y siete altos, los que exzedian a los çinco no llebaban barro, ni otra cosa, sino solo madera, y a cada alto de todos correspondia vn corredor por la parte de afuera, y las casas no tenian puertas por lo bajo, como por aca se acostumbra en los portales, o zaguanes, sino se subia al primer alto desde la calle por escalera lebadiza que luego se alzaba arriba, y asi en todos los demas altos, por escotillones, y las puertas arriba mui estrechas y pequeñas, con troneras a los lados, porque si los enemigos subiesen alla arriba pudiesen defenderse de ellos y flecharlos por alli, porque solo vsaban por armas, arcos, flechas y macanas, y tambien de zerca el arrojar piedras grandes y menudas.

Juntabanse a jugar en las estufas, y lo que jugaban eran las mantas, pieles, y otras de sus preseas, y el juego era con unas cañuelas, como lo vsaban tambien los mexicanos, y a el que no tenia mas que vna manta y se ponia a jugar, si la perdia se la bolbian, pero era debajo de condizion de que hauia de andar desnudo por todo el pueblo, pintado y embijado todo el cuerpo, y dandole grita y traca los muchachos; jugauan las mugeres en las plazas, tantas a tantas, vn juego a modo de chueca, casi a la manera que en Castilla se juega en algunas aldeas, lugares grandes y ziudades, y lo que se jugaba y se ganaba o se perdia eran tinajas, cantaros, escudillas de barro y otras de cascos de calauazas, que ellos llamauan *gicaras*, y algunas tambien jugauan mantas, y quando reñian, que era muy raras vezes, se salian al campo, donde se acacheteauan y solian darse con palos y piedras. Y los indios, aunque fuessen sus maridos o parientes, no tenian lizenzia de ir a despartirlas, antes bien se subian a las azuteas y terrados a verlas como reñian, y lo zelebraban muchisimo desde alli.

Y hauiendo entrado los españoles y entablado la ley de Dios en aquel reino y prouinzias antes barvaras, y hauiendo aquellos gentiles dejado su idolatria, superstiziones, adorazion, credito y culto que tan indeuidamente dauan a los demonios, dejaron al mesmo tiempo muchas de las costumbres y vsos que tenian, y aprendieron las buenas y loables de los españoles, y con la continuada comunicazion de los indios con las mugeres españolas fueron aprendiendo de ellas las mas de las cossas que al sexo pertenezen, lauores y otras haziendas, y los hombres las que tambien les pertenezian, y no trocadas las ocupaziones como de antes las tenian; y en fin, vnos y otros se fueron haziendo y llegaron a ser muy ladinos, sagaces, y versados en todo lo que era nezessario para la bida humana en aquella esfera que a ellos podia corresponder.

Son todos los indios naturalmente callados y guardadores de el secreto, en particular de aquellas cossas que ai en sus tierras y que allá entre ellos an pasado, de tal suerte que abrá indios que primero se dejen quitar las vidas que reuelar, ni descubrir a forasteros los secretos de su patria, y mucho mas que todos lo an sido y son estos indios de la Nueba Mexico, por cuia caussa no se an podido alcanzar a sauer otras cossas mas de las que emos referido de su antiguedad, no porque dejara de hauerlas, ni por que ellos las ignoren, que rara bez se uerá que caminen vno, o dos solos, que aunque sea mui larga la jornada dejen en toda ella de ir cantando los suzesos buenos y malos de guerras y de paz y otras cossas que a sus maiores acaezieron, y de que gozaban quando estaban en su liuertad, conoziendose desto el deseo que nunca que les falta de bolverse a ella, como se bio que le tenian estos nuebos mexicanos (1).

Tal es la verídica pintura que de los indios del Nuevo México, bastante afines á los de las Floridas, nos dejó D. Juan de Villagutierre y Sotomayor, y que hace sospechosa la veracidad de muchos detalles consignados por Alvar Núñez en sus *Naufragios*, hijos, acaso, de su imaginación andaluza y del deseo de aumentar con circunstancias novelescas su expedición, que de todos modos fué una de las más curiosas, aunque infecunda, de las emprendidas en América en la primera mitad del siglo XVI.

II

Pocas de las colonias españolas en América tuvieron principios tan lentos y trabajosos como la del Río de la Plata, que hoy forma las Repúblicas del Uruguay, Paraguay y la Argentina. Descubierto el río de la Plata por Juan Díaz de Solís en 1512, y asesinado éste por los indios charrúas en su segunda expedición, fué luego reconocido el país por Sebastián Gaboto en 1527, quien echó los cimientos de nuestra dominación fundando á orillas del Carcarañal el fuerte de Sancti-Spiritus, menos fructuosa la expedición de Diego García, acabó con la novelesca pasión del indio Mangoré por

---

(1) *Historia de la conquista, perdida y restauracion de el reyno y provinzias de la Nueva Mexico en la America Septentrional,* [*por D. Juan de Villagutierre y Sotomayor*].

Tomo I, folios 274 á 279 (Bib. Nacional, Mss. núm. 2.815).

Lucía Miranda; la de D. Pedro de Mendoza (año 1535) no tuvo mejores auspicios, salvo fundar la ciudad de Buenos Aires; enfermo de melancolía, regresó Mendoza á España, dejando en su lugar á Juan de Ayolas, fundador de la Asunción; y cuando éste, procurando abrir un camino al Perú, estuviese mucho tiempo sin que de él se tuvieran noticias, aunque se pensaba que habría muerto, como en realidad fué asesinado por los indios mbayas, en la incertidumbre de si Ayolas vivía aún, propuso Alvar Núñez Cabeza de Vaca al Emperador hacer una expedición al Río de la Plata.

Las capitulaciones fueron hechas á 18 de Marzo de 1540 (1); en virtud de ellas se concedía al primero la gobernación del Río de la Plata con los mismos límites que se le adjudicó á D. Pedro de Mendoza. al Norte, los confines del gobierno de Almagro, y al Sur, el estrecho de Magallanes; inmenso territorio donde los conquistadores tenían ancho campo en que ejercitar su valor, sujetando los pueblos que allí habitaban; también se le daban los títulos de Gobernador, Capitán general y Alguacil de dichas tierras, inclusa la isla de Santa Catalina, con 2.000 ducados de renta anual; franquicia de almojarifazgo durante diez años;

---

(1) Publicadas en el tomo XXIII, págs. 8 á 23, de la *Colección de documentos inéditos* de Torres Mendoza.

En ellas se incluyó, como era costumbre, la Real cédula dada en Granada á 17 de Noviembre de 1527, referente al modo con que se debian hacer las conquistas en Indias, verdadero modelo de humanidad, de previsión y de buena política que honra al Emperador Carlos V y á sus consejeros.

permiso de levantar fortalezas, con 100.000 maravedís de sueldo por cada una, y merced de la isla de Santa Catalina por doce años, con tal que no sacase los indios fuera de ella; en cambio, se obligaba Alvar Núñez á llevar 8.000 ducados en caballos, armas, víveres y pertrechos de guerra. De sus hechos en el Río de la Plata nada diremos, enemigos de repetir lo que el lector puede ver en los *Comentarios*, obra de Pero Hernández, apasionada como escrita por un partidario de Alvar Núñez y que en cierta manera es una apología, más que historia imparcial, que no otra cosa podía esperarse de las circunstancias en que fué compuesta, cuando la ambición y el odio mutuo de los conquistadores hizo de las Indias un campo de Agramante.

La severa crítica de D. Félix de Azara (1) halló bastantes errores en los *Comentarios;* niega que se concediese á Núñez Cabeza de Vaca, según dicen éstos, el dozavo de lo que en el Río de la Plata se cogiera, entrase y saliese, pues tal cosa no constaba en las capitulaciones hechas con el Emperador; que las peripecias del viaje á la Cananea son *increíbles;* que no pudieron ir á la isla de Santa Catalina aquellos nueve desertores de Buenos Aires, pues esta ciudad estaba despoblada hacía dos años y medio; que Felipe de Cáceres, y no Pedro Estopiñán, fué quien llevó á Buenos Aires los

---

(1) *Descripción é historia del Paraguay y del Río de la Plata. La publica su sobrino y heredero el Sr. D. Agustín de Azara, bajo la dirección de D. Basilio Sebastián Castellanos de Losada.*—Madrid, 1847. Tomo II, págs. 60, 63, 64, 67, 68, 73 y 83.

españoles que habían quedado en la isla de Santa Catalina; hablando de los diez y ocho puentes que Alvar Núñez dice haber echado en un día sobre ríos y ciénagas, escribe Azara: *no le creo; ni tampoco cuando supone que sus gentes sólo caminando podían digerir lo que comían;* confundir el río Pequirí con el Paraná; que no pudo construir los vergantines de que hablan los *Comentarios* en el capítulo XV; juzga duramente á Cabeza de Vaca, afirmando que "era áspero, incomplaciente, impolítico con indios y españoles, y que por esto le aborrecían generalmente..., para precaverse, escribió en el capítulo 18 de sus *Comentarios*, que chocó con los oficiales reales, uno de ellos Cáceres, porque no quiso darles el auxilio que le pedían para cobrar una imposición nueva inventada por ellos sobre el pescado, manteca, miel, maíz, etc., y porque no aprobaba los agravios y vejaciones que hacían cobrando lo que se debía á S. M. Ni siquiera repara Alvar Núñez aquí en que de ser cierto lo que dice, los conquistadores aborrecían á los oficiales reales, y no era sino al contrario, que los sostenían tanto como á él le detestaban„, que cuando Alvar Núñez prendió á los oficiales reales "para justificar su proceder, refiere, en el capítulo 43, tales cosas de dichos oficiales reales y de los frailes, que sólo él pudó inventar, pero con tan poca habilidad, que ellas mismas persuaden que son calumnias„. Aprueba la conducta de los oficiales reales cuando prendieron á Cabeza de Vaca, y acusa á éste de haber arrancado de las naves las armas de S. M.; ahorcado al cacique Aracaré;

despojado á los soldados de Rivera; vendido por esclavos á los agaces y guaicurúes y cautivado á los orejones; cosas en que Azara extrema el duro juicio que tenía de Alvar Núñez, quien más solía pecar por falta de energía que por actos de violencia, mucho más si lo comparamos á otros conquistadores de aquellos tiempos.

Verdadera antítesis de Alvar Núñez fué su competidor Domingo Martínez de Irala, llamado también el capitán Vergara por haber nacido en la villa de este nombre.

D. Félix de Azara trazó un panegírico de Irala en estas palabras: "Cualquiera que se considere en las circunstancias en que se vió Irala convendrá en que no pudo hacerse nada mejor que lo que él hizo. Entre él y Hernan Cortés y los Pizarros hubo la grande diferencia que éstos representaron su papel en el teatro más magnífico del mundo, lleno de lustre y esplendor, é Irala en el más pobre y obscuro... Irala trabajó sin auxilio, en países incultos, con un mando precario y con soldados desnudos, hambrientos, disgustadísimos de su suerte y miserias, y que no tenían otro estímulo que la elocuencia y habilidad de su jefe. Puede decirse de aquéllos que obraron para enriquecerse, y de Irala que trabajó solo y con el fin de honrar á su patria y de extender la monarquía española... En lo que Irala aventaja á todos los conquistadores es en que redujo y civilizó un país bárbaro en sumo grado, dictándole leyes las más humanas, sabias y políticas... su desinterés se ve en la tasación de sus bienes; su poca ambición y grande fidelidad en haber rehusado apoderarse del Perú, y su política y previsión en todas las expediciones, siempre felices. No se le puede acusar de que interviniese pasión en los empleos y mandos que confirió, ni le fué posible derramar menos sangre para tranquilizar tantas turbulencias como se suscitaron en su tiempo, ni encontrar ánimo tan grande y generoso para perdonar de buena fe á sus mortales enemigos„ (1)

Irala pasó á las Indias en la expedición de D. Pedro de Mendoza, y asistió á la fundación de Santa María del Buen Aire, nombre que llevó en su principio la ciudad de Buenos Aires, en 1536 fué con Juan de Ayolas al Paraguay, y estuvo en la fundación de la Asunción, metrópoli de las colonias del Río de la Plata durante largos años; después quedó en la Candelaria como teniente de Ayolas, cuidando de las naves. Cuando éste fué muerto por los indios, Irala alcanzó el gobierno, y entonces realizó un acto muy censurado en su tiempo, y acaso con razón: despobló la ciudad de Buenos Aires, llevando sus moradores á la Asunción, y de este modo reunió hasta 600 españoles de combate, gracias á los cuales ahogó, en Jueves Santo de 1540, la célebre conspiración de los indios. Dos años más tarde, á 11 de Marzo, entregó el mando á Núñez Cabeza de Vaca, quien, acaso viendo en Irala un formidable competidor, quiso atraerlo con beneficios y honores; á fines de 1542

---

(1) *Descripción é historia del Paraguay.*—Madrid, 1847. Tomo II, páginas 157 á 159.

le confió una entrada á los guaicurúes y á los cacoves; no obstante, Irala dió alientos á los enemigos de Alvar Núñez, logrando que éste abandonase, en Abril de 1544, la conquista de los indios xarayes, y aceleró la conspiración de los oficiales reales que terminó con la prisión del gobernador, empezando para éste la serie de trabajos narrados en los *Comentarios* y en la *Relación* que publicaremos. Nombrado gobernador Domingo de Irala, se mostró tan esforzado conquistador como hábil político; en 1545 descubrió el país de los mbayas, y queriendo lograr la protección de D. Pedro la Gasca entró hasta las encomiendas de Peranzures, en Chuquisaca, desde donde envió á Nuflo de Chaves con una comisión que no dió resultado. Mientras se hallaba en esta expedición, ocurrieron graves disturbios en la Asunción; creyendo que había muerto se pensó en la elección de gobernador, cargo que obtuvo Diego Abreu en competencia con D. Francisco de Mendoza, á quien mandó cortar la cabeza. "Se sintió su muerte porque era caballero venerable por sus canas y muchos servicios, y muy ilustre por su cuna„ (1)

Vuelto Irala á la Asunción recobró el mando, y veinte hombres enviados por él dieron muerte á Diego de Abreu, que andaba fugitivo. Hábil político y explorador Irala reconoció la provincia de Guairá, de la que sólo se tenían vagas noticias, llegando al salto grande del Paraná y luego al río Pequirí; conociendo la importancia del Guairá

---

(1) *Descripción é historia del Paraguay*, por D. Felix de Azara.—Madrid, 1847, tomo II, pág. 126.

mandó fundar allí la villa de Ontiveros, y en el año 1557 la de Ciudad Real, en la confluencia de los ríos Paraná y Pequiri. Poco después falleció Irala, cuando contaba unos setenta años de edad. Conquistador de ánimo infatigable y de serenidad nada común, dejó en el Paraguay profundas huellas de su administración, é hizo no poco por la colonización de aquel país, aunque deslustró su conducta con algunas crueldades, disculpables en tiempos tan agitados como fueron los suyos.

Tanto Pero Hernández en los *Comentarios*, como Alvar Núñez en su *Relación*, atribuyeron á Domingo de Irala y á sus partidarios un espíritu maquiavélico, y aun criminal, con sus enemigos; desmanes y tropelías sin cuento con los indios, rapacidad suma y una falta absoluta de conciencia moral.

Que los desmanes cometidos por Domingo de Irala y sus secuaces con los indios fuesen ciertos, consta por varios documentos, cuya veracidad es bastante probable. Juan Muñoz de Carvajal escribía en una carta que "iban robando y destruyendo los indios, tomándoles sus mugeres preñadas y paridas, y quitando á las paridas las criaturas de los pechos. Martín González decía en otra á Carlos V, que los partidarios de Irala 'como fuego quemavan y abrasaban toda la tierra por do yvan, en quitalles [á los indios] sus mugeres, hijas, hermanas y parientas, dado caso que estuvieren paridas, y las criaturas á los pechos, las dexavan y echavan en los suelos y se llevavan y trayan las madres,.. Añade que muchas indias, "con el deseo de sus hijos y maridos, y visto que no podian yr a ellos, se ahorcaban; ya que esto no hacian, hartábanse de tierra, porque antes querian matarse que no sufrir la vida que muchos les daban . parésceme que ay cristianos que tienen a ochenta e a cien indias, entre las cuales no puede ser sino que aya madres y hijas, hermanas e primas„

No menos horrores contaba Gregorio de Acosta. "este Felipe de Caceres hera hombre muy tímido y audaz y cobarde y muy soberbio y vengativo y cobarde en su persona, llego asidos los hijos naturales de la tierra, pensando por aquí sustentarse con ellos, y por esto y por ser ellos muchos, les consentian hacer muchos desagisados e desverguenças en que apellavan los hombres honrrados e deshonrravan los hombres honrrados entrandoles de noche y de dia en sus casas a sus mugeres y hijas, y rrovando y haciendo otros de liviandades... roban a quien quieren y disfaman a quien quieren, y quando acaeze que prenden a uno, por una puerta entra en la carcel y por otra le sueltan; sacan las donzellas de casas de sus padres y llevanlas por los campos a desflorarlas y deshonrrandolas, y a cavo de tres dias las buelven en casa de sus padres, amenazandolos que no los castiguen por ello, y afrentando las mujeres casadas con hombres muy honrrados y deshonrrando sus hijas„ (1).

---

(1) *Relacion breve en el Rio de la Plata fecha por Gregorio de Acosta para Su Magestad e para su Real Consejo de Indias.* (1545)

Publicada en la *Colección de documentos relativos a la Historia de Ame-*

III

La primera edición de los *Naufragios* y de los *Comentarios*, libro rarísimo y que alcanza altos precios, fué impreso como reza el colofón, *en Valladolid, por Francisco Fernandez de Cordoua. Año de mil y quinientos y cinquenta y cinco*

---

rica, y particularmente a la Historia del Paraguay. Publícala Don Blas Garay.—Asuncion, 1899.

Páginas 10 á 18

Es de lamentar que en esta obra se siguiera el detestable metodo de publicar los documentos sin puntos, ni comas, ni mayúsculas en nombres propios, cosa que ninguna ventaja ofrece y si varios inconvenientes.

Cnf. *Carta del clerigo presbítero Antonio d'Escalera al Emperador Don Carlos, refiriendo los atropellos cometidos con el Gobernador Alvar Nuñez Cabeza de Vaca, y los abusos ejecutados en los naturales del Río de la Plata.*—Asuncion, 25 de Abril de 1556.

—*Carta de Juan Muñoz de Carvajal al Emperador Don Carlos, enumerando los agravios inferidos á los naturales y conquistadores del Río de la Plata por Domingo Martínez de Irala despues de la prisión del Gobernador Alvar Nuñez Cabeza de Vaca*

—*Carta de Martín Gonzalez, clerigo, al Emperador Don Carlos, dando noticia de las expediciones hechas y de los atropellos cometidos despues de la prisión del Gobernador Alvar Núñez Cabeza de Vaca.*—Asuncion, 25 de Junio de 1556.

—*Carta de Ruy Diaz Melgarejo al Emperador Don Carlos, informandole de los agravios hechos despues de la prisión del Gobernador Alvar Nuñez Cabeza de Vaca.*—Asuncion, 4 de Julio de 1556.

—*(Cartas de Indias*, págs. 583 á 592, 597 á 599, 604 á 618, y 629 á 631.)

—*Relación del Río de la Plata.* (1545.)

—*Información de fray Pedro Fernandez, obispo de las provincias del Río de la Plata, sobre las cosas y casos en ellas sucedidos.* (1564.)

—*Relación de las cosas que han pasado en la provincia del Río de la Plata, desde que prendieron al Governador Cabeça de Vaca.*

—*Memorial de las cosas que han sucedido desde que Cabeça de Vaca fué traido de las provincias del Río de la Plata.*

Se publicaron en la *Colección de documentos relativos a la Historia de años*; un vol. en 8.º de 143 folios, impreso en letra gótica, excepto la licencia de impresión, el *Prohemio* de los *Comentarios* y la *Tabla* de éstos; es edición bastante mendosa, pues contiene no pocos errores materiales que hemos corregido en la presente; v. gr., *armadar*, por *armadas* (fol. 3 r); *orboles*, por *árboles* (fol. 4 r), *porescio*, por *parescio* (fol. 6 v.º), *amamos* (fol. 12 v º) por *auiamos*, etc.

La segunda edición de ambos escritos fué hecha por D. Andrés González Barcia en el tomo I (1) de los *Historiadores primitivos de las Indias Occidentales*; sin razón alguna que lo justificase suprimió en los *Naufragios* y en los *Comentarios* la licencia de impresión y los Prohemios dirigidos á S. M. y al Príncipe D. Carlos.

Reimpresión de ésta es la que se halla en los *Historiadores primitivos de Indias* de la *Biblioteca de autores españoles* (2)

Los *Comentarios* se han impreso otra vez en la *Revista del Instituto Paraguayo*, números 33, 34 y 35.

De los *Naufragios* se conocen dos textos. uno el publicado por Alvar Núñez en Valladolid,

---

America, y particularmente á la Historia del Paraguay, por D Blas Garay.—Asunción, 1899.

Domingo de Irala hizo una relación de sus hechos en una *Carta al Consejo de Indias, refiriendo sus entradas y descubrimientos por el rio Paraguay hasta el Perú, y lo ocurrido en aquellas expediciones y en los asientos del Rio de la Plata*.—Ciudad de la Asunción, 24 de Julio de 1555.

(*Cartas de Indias*, págs. 571 á 578.)

(1) Los *Naufragios* ocupan 43 páginas, mas 4 hojas sin foliación, los *Comentarios* 70 páginas, más una hoja de *Tabla*.

(2) Tomo XXII, págs. 517 á 599.

año 1555, y otro que sólo contiene el principio de aquella desgraciada expedición; consérvase el original de éste en el Archivo de Indias, y hace ya bastantes años que anda impreso en la *Colección de Torres Mendoza* (1).

La versión de ambos escritos más conocida en el extranjero es la siguiente:

Relation et naufrages d'Alvar Nuñez Cabeça de Vaca, Adelantade et Gouverneur du Rio de la Plata.—Valladolid, 1555.

Publicados en los *Voyages, relations et mémoires originaux pour servir à l'histoire de la découverte de l'Amérique,* par H. Ternaux-Compans.—París, impr. de Fain, MDCCC.XXXVII.

El volumen segundo de la edición que hemos emprendido contendrá varios documentos inéditos referentes á Núñez Cabeza de Vaca; uno de ellos, escrito por el mismo Alvar Núñez, que contiene la *Relación* de sus hechos y la vindicación de su conducta en el Paraguay. Los analizaremos en la *Advertencia* preliminar de dicho tomo, que juzgamos de no poco valor para la Historia del Río de la Plata.

M. SERRANO Y SANZ

---

(1) *Relación del viaje de Panfilo de Narvaez al rio de las Palmas hasta la punta de la Florida, hecha por el tesorero Cabeza de Vaca* (Año de 1527).

Hállase en la *Colección de documentos inéditos relativos al descubrimiento, conquista y organización de las antiguas posesiones españolas de América y Oceanía;* tomo XIV, págs. 265 á 279.

❡ La relacion y comentarios del gouerna
dor Aluar nuñez cabeça de vaca, de lo acaescido en las
dos jornadas que hizo a las Indias.

Con priuilegio.

❡ Esta tassada por los señores del consejo en

EL REY

Por quanto por parte de vos, el Gouernador Aluar Nuñez Cabeça de Vaca, vezino de la ciudad de Seuilla, nos hezistes relacion diziendo que vos auiades compuesto vn libro intitulado *Relacion de lo que acaescio en las Indias,* en el armada de que vos yuades de Gouernador. Y que assimesmo auiades hecho componer otro intitulado *Comentarios,* que tratan de las condiciones de la tierra y costumbres de la gente della. Lo qual era obra muy prouechosa para las personas que auian de passar aquellas partes. Y porque el vn libro y el otro era todo vna misma cosa y conuenia que de los dos se hiziesse vn volumen, nos suplicastes os diessemos licencia y facultad para que por diez o doze años los pudiessedes imprimir y vender, atento el prouecho y vtilidad que dello se seguia, o como la nuestra merced fuesse. Lo qual, visto por los del nuestro Consejo, juntamente con los dichos libros que de suso se haze mencion, fue acordado que deuiamos mandar dar esta nuestra cedula en la dicha razon, por la qual vos damos licencia y facultad para que por tiempo de diez años primeros siguientes, que se cuenten del dia de la fecha desta nues-

tra cedula, en adelante, vos, o quien vuestro poder
ouiere, podays imprimir y vender en estos nuestros reynos los dichos libros que de suso se haze
mencion, ambos en vn volumen, siendo primeramente tassado el molde dellos por los del nuestro
Consejo y poniendose esta nuestra cedula con la
dicha tassa al principio del dicho libro, y no en
otra manera. Y mandamos que durante el dicho
tiempo de los dichos diez años ninguna persona lo
pueda imprimir, ni vender, sin tener el dicho vuestro poder, so pena que pierda la impression que
assi hiziere y vendiere y los moldes y aparejos con
que lo hiziere, y mas incurra en pena de diez mil
maravedies, los quales sean repartidos: la tercia
parte para la persona que lo acusare, y la otra tercia parte para el juez que lo sentenciare, y la otra
tercia parte para la nuestra Camara. Y mandamos
a todas y qualesquier nuestras justicias y a cada
vna en su jurisdicion, que guarden, cumplan y executen esta dicha nuestra cedula y lo en ella contenido, y contra el tenor y forma della no vayan, ni passen, ni consientan yr ni passar por alguna manera, so pena de la nuestra merced y de diez mil marauedis para la nuestra Camara a cada vno que lo
contrario hiziere. Fecha en la villa de Valladolid
a veynte y vn dias del mes de Março de mil y quinientos y cinquenta y cinco años.

La Princesa.=Por mandado de Su Magestad,
Su Alteza, en su nombre.

FRANCISCO DE LEDESMA

PROHEMIO

SACRA, CESAREA, CATHOLICA MAGESTAD

Entre quantos principes sabemos aya auido en el mundo, ninguno pienso se podria hallar a quien con tan verdadera voluntad, con tan gran diligencia y desseo ayan procurado los hombres seruir como vemos que a Vuestra Magestad hazen oy. Bien claro se podra aqui conoscer que esto no sera sin gran causa y razon, ni son tan ciegos los hombres que a ciegas y sin fundamento todos siguiessen este camino, pues vemos que no solo los naturales a quien la fe y subjecion obliga a hazer esto, mas aun los estraños trabajan por hazerles ventaja. Mas ya que el desseo y voluntad de seruir a todos en esto haga conformes, allende la ventaja que cada vno puede hazer ay vna muy gran differencia no causada por culpa dellos, sino solamente de la fortuna, o mas cierto sin culpa de nadie, mas por sola voluntad y juyzio de Dios, donde nasce que vno salga con mas señalados seruicios que pensó, y a otro le suceda todo tan al reues, que no pueda mostrar de su proposito mas testigo que a su diligencia, y aun esta queda a las vezes tan encubierta que no puede boluer por si. De mi puedo dezir que en la jornada que por mandado de Vuestra Magestad hize de Tierra Firme, bien pensé que mis obras y seruicios fueran tan claros y manifiestos como fueron los de mis antepassados, y que no tuuiera yo necessidad de hablar para ser contado entre los que con entera fe y gran cuydado administran y tratan los cargos de Vuestra Magestad y les haze merced. Mas como ni mi consejo, ni diligencia, aprouecharon para que aquello a que eramos ydos fuesse ganado conforme al seruicio de Vuestra Magestad, y por nuestros peccados permitiesse Dios que de quantas armadas a aquellas tierras han ydo ninguna se viesse en tan grandes peligros, ni tuuiesse tan miserable y desastrado fin, no me quedó lugar para hazer mas seruicio deste, que es traer a Vuestra Magestad relacion de lo que en diez años que por muchas y muy estrañas tierras que anduue perdido y en cueros, pudiesse saber y ver, ansi en el sitio de las tierras y prouincias y distancias dellas como en los mantenimientos y animales que en ellas se crian y las diuersas costumbres de muchas y muy barbaras naciones con quien conuersé y viui, y todas las otras particularidades que pude alcançar y conoscer, que dello en alguna manera Vuestra Magestad sera seruido, porque aunque la esperança que de salir de entre ellos tuue siempre fue muy poca, el cuydado y diligencia siempre fue muy grande de tener particular memoria de todo, para que si en algun tiempo Dios nuestro Señor quisiesse traerme adonde agora estoy, pudiesse dar testigo de mi voluntad y seruir a Vuestra Magestad Como la relacion dello es auiso, a mi parescer, no liuiano, para los que en su nombre fueren a conquistar aquellas tierras y juntamente traerlos a conoscimiento de la verdadera fee y verdadero señor y seruicio de Vuestra Magestad. Lo qual yo escreui con tanta certinidad que aun que en ella se lean algunas cosas muy nueuas y para algunos muy difficiles de creer, pueden sin dubda creerlas, y creer por muy cierto que antes soy en todo mas corto que largo, y bastara para esto auerlo yo offrescido a Vuestra Magestad por tal A la qual suplico la resciba en nombre de seruicio, pues este solo es el que vn hombre que salio desnudo pudo sacar consigo

CAPITULO PRIMERO

EN QUE CUENTA QUANDO PARTIO EL ARMADA Y LOS OFFICIALES Y GENTE QUE EN ELLA YUA

A diez y siete dias del mes de Junio de mil y quinientos y veynte y siete partio del puerto de Sant Lucar de Barrameda el Gouernador Pamphilo de Naruaez con poder y mandado de Vuestra Magestad para conquistar y gouernar las prouincias que estan desde el rio de las Palmas hasta el cabo de la Florida, las quales son en tierra firme Y la armada que lleuaua eran cinco nauios, en los quales, poco mas o menos, yrian seyscientos hombres. Los officiales que lleuaua (porque dellos se ha de hazer mencion) eran estos que aqui se nombran Cabeça de Vaca, por thesorero y por alguazil mayor; Alonso Enrriquez, Contador, Alonso de Solis, por Fator de Vuestra Magestad, y por Veedor; yua vn frayle de la Orden de Sant Francisco, por comissario, que se llamaua fray Juan Suarez, con otros quatro frayles de la misma Orden, llegamos a la isla de Sancto Domingo, donde estuuimos casi quarenta y cinco dias proueyendonos de algunas cosas necessarias, señaladamente de cauallos Aqui nos faltaron de nuestra armada mas de ciento y quarenta hombres que se quisieron quedar alli por los partidos y promessas que los de la tierra les hizieron. De alli partimos y llegamos a Sanctiago, que es puerto en la isla de Cuba, donde en algunos dias que estuuimos el Gouernador se rehizo de gente, de armas y de cauallos. Suscedio alli que vn gentil hombre que se llamaua Vasco Porcalle, vezino de la villa de la Trinidad, que es en la misma ysla, ofrescio de dar al Gouernador ciertos bastimentos que tenia en la Trinidad, que es cient leguas del dicho puerto de Sanctiago. El Gouernador con toda la armada partio para allá, mas llegados a vn puerto que se dize Cabo de Sancta Cruz, que es mitad del camino, paresciole que era bien esperar alli y embiar vn nauio que truxesse aquellos bastimentos, y para esto mandó a vn capitan Pantoja que fuesse alla con su nauio, y que yo para mas seguridad fuesse con el, y el quedó con quatro nauios, porque en la ysla de Sancto Domingo auia comprado vn otro nauio. Llegados con estos dos nauios al puerto de la Trinidad, el capitan Pantoja fue con Vasco Porcalle a la villa, que es vna legua de alli, para rescebir los bastimentos; yo quedé en la mar con los pilotos, los quales nos dixeron que con la mayor presteza que pudiessemos nos despachassemos de alli, porque aquel era vn muy mal puerto y se solian perder muchos nauios en el, y porque lo que alli nos suscedio fue cosa muy señalada me parescio que no seria fuera de propósito y fin con que yo quise escreuir este camino, contarla aqui. Otro dia, de mañana, començo el tiempo a dar no buena señal, porque començo a llouer y el mar yua arreziando tanto que aunque yo di licencia a la gente que saliesse a tierra, como ellos vieron el tiempo que hazia y que la villa estaua de alli vna legua, por no estar al agua y frio que hazia muchos se boluieron al nauio. En esto vino vna canoa de la villa, en que me trayan vna carta de vn vezino de la villa, rogandome que me fuesse alla y que me darian los bastimentos que ouiesse y necessarios fuessen, de lo qual yo me escusé diziendo que no podia dexar los nauios. A medio dia boluio la canoa con otra carta en que con mucha importunidad pedian lo mesmo y trayan vn cauallo en que fuesse; yo di la misma respuesta que primero auia dado, diziendo que no dexaria los nauios; mas los pilotos y la gente me rogaron mucho que fuesse porque diesse priessa que los bastimentos se truxessen lo mas presto que pudiesse ser porque nos partiessemos luego de alli, donde ellos estauan con gran temor que los nauios se auian de perder si alli estuuiessen mucho. Por esta razon yo determiné de yr a la villa, aunque primero que fuesse dexé proueydo y mandado a los pilotos que si el Sur, con que alli suelen perderse muchas vezes los nauios, ventasse y se viessen en mucho peligro, diessen con los nauios al traues y en parte que se saluasse la gente y los cauallos Y con esto yo sali, aunque quise sacar algunos comigo por yr en mi compañia, los quales no quisieron salir, diziendo que hazía mucha agua y frio y la villa estaua muy lexos; que otro dia, que era domingo, saldrian con el ayuda de

Dios a oyr missa. A vna hora despues de yo salido la mar començo a venir muy braua y el Norte fue tan rezio que ni los bateles osaron salir a tierra, ni pudieron dar en ninguna manera con los nauios al traués, por ser el viento por la proa, de suerte que con muy gran trabajo, con dos tiempos contrarios y mucha agua que hazía estuuieron aquel dia y el domingo hasta la noche. A esta hora el agua y la tempestad començo a crescer tanto que no menos tormenta auia en el pueblo que en la mar, porque todas las casas e yglesias se cayeron y era necessario que anduuiessemos siete o ocho hombres abraçados vnos con otros para podernos amparar que el viento no nos lleuasse, y andando entre los arboles no menos temor teniamos dellos que de las casas, porque como ellos tambien cayan no nos matassen debaxo. En esta tempestad y peligro anduuimos toda la noche sin hallar parte ni lugar donde media hora pudiessemos estar seguros. Andando en esto oymos toda la noche, especialmente desde el medio della, mucho estruendo y grande ruydo de bozes y gran sonido de cascaueles y de flautas y tamborinos y otros instrumentos que duraron hasta la mañana que la tormenta cesso. En estas partes nunca otra cosa tan medrosa se vio, yo hize vna prouança dello, cuyo testimonio embié a Vuestra Magestad. El lunes por la mañana baxamos al puerto y no hallamos los nauios. vimos las boyas dellos en el agua, adonde conoscimos ser perdidos, y anduuimos por la costa por ver si hallariamos alguna cosa dellos, y como ninguno hallassemos metimonos por los montes y andando por ellos vn quarto de legua de agua hallamos la barquilla de vn nauio, puesta sobre vnos arboles, y diez leguas de alli por la costa se hallaron dos personas de mi nauio y ciertas tapas de caxas, y las personas tan desfiguradas de los golpes de las peñas, que no se podian conoscer; hallaronse tambien vna capa y vna colcha hecha pedaços, y ninguna otra cosa parescio. Perdieronse en los nauios sesenta personas y veynte cauallos. Los que auian salido a tierra el dia que los nauios alli llegaron, que serian hasta treynta, quedaron de los que en ambos nauios auia. Assi estuuimos algunos dias con mucho trabajo y necessidad, porque la prouision y mantenimientos que el pueblo tenia se perdieron, y algunos ganados, la tierra quedo tal que era gran lastima verla, caydos los arboles, quemados los montes, todos sin hojas ni yerua. Assi passamos hasta cinco dias del mes de Nouiembre, que llego el Gouernador con sus quatro nauios, que tambien auian passado gran tormenta y tambien auian escapado por auerse metido con tiempo en parte segura. La gente que en ellos traya y la que alli hallo estauan tan atemorizados de lo passado, que temian mucho tornarse a embarcar en inuierno, y rogaron al Gouernador que lo passasse alli, y el, vista su voluntad y la de los vezinos, inuernó alli. Diome a mi cargo de los nauios y de la gente para que me fuesse con ellos a inuernar al puerto de Xagua, que es doze leguas de alli, donde estuue hasta veynte dias del mes de Hebrero.

CAPITULO SEGUNDO

COMO EL GOUERNADOR VINO AL PUERTO DE XAGUA
Y TRUXO CONSIGO A VN PILOTO

En este tiempo llego alli el Gouernador con vn vergantin que en la Trinidad compró, y traya consigo vn piloto que se llamaua Miruelo; auialo tomado porque dezia que sabia y auia estado en el rio de las Palmas y era muy buen piloto de toda la costa del Norte. Dexaua tambien comprado otro nauio en la costa de la Auana, en el qual quedaua por capitan Aluaro de la Cerda, con quarenta hombres y doze de cauallo, y dos dias despues que llegó el Gouernador se embarcó, y la gente que lleuaua eran quatrocientos hombres y ochenta cauallos en quatro nauios y vn vergantin. El piloto que de nueuo auiamos tomado metio los nauios por los baxios que dizen de Canarreo, de manera que otro dia dimos en seco, y ansi estuuimos quinze dias tocando muchas vezes las quillas de los nauios en seco, al cabo de los quales vna tormenta del Sur metio tanta agua en los baxios que podimos salir, aunque no sin mucho peligro. Partidos de aqui y llegados a Guaniguanico nos tomo otra tormenta que estuuimos a tiempo de perdernos. A cabo de Corrientes tuuimos otra donde estuuimos tres dias. Passados estos doblamos el cabo de Sant Anton y anduuimos con tiempo contrario hasta

llegar a doze leguas de la Hauana, y estando otro
dia para entrar en ella nos tomó vn tiempo de Sur
que nos apartó de la tierra y atrauessamos por la
costa de la Florida y llegamos a la tierra, martes,
doze dias del mes de Abril, y fuymos costeando la
via de la Florida, y jueues sancto surgimos en la
misma costa en la boca de vna baya, al cabo de la
qual vimos ciertas casas y habitaciones de indios.

CAPITULO TERCERO

COMO LLEGAMOS A LA FLORIDA

En este mismo dia salio el Contador Alonso Enrriquez y se puso en vna ysla que esta en la misma baya y llamó a los indios, los quales vinieron y estuuieron con el buen pedaço de tiempo, y por via de rescate le dieron pescado y alguno pedaços de carne de venado. Otro dia siguiente, que era viernes sancto, el Gouernador se desembarcó con la mas gente que en los bateles que traya pudo sacar, y como llegamos a los buihios o casas que auiamos visto de los indios, hallamoslas desamparadas y solas, porque la gente se auia ydo aquella noche en sus canoas El vno de aquellos buihios era muy grande, que cabrian en el mas de trezientas personas, los otros eran mas pequeños, y hallamos alli vna sonaja de oro entre las redes. Otro dia el Gouernador leuantó pendones por Vuestra Magestad y tomó la possession de la tierra en su

Real nombre y presento sus prouisiones y fue obedescido por Gouernador como Vuestra Magestad lo mandaua. Ansimismo presentamos nosotros las nuestras ante el y el las obedescio como en ellas se contenia. Luego mandó que toda la otra gente desembarcase, y los cauallos que auian quedado, que no eran mas de quarenta y dos, porque los demas con las grandes tormentas y mucho tiempo que auian andado por la mar eran muertos, y estos pocos que quedaron estauan tan flacos y fatigados que por el presente poco prouecho podimos tener dellos. Otro dia los indios de aquel pueblo vinieron a nosotros, y aunque nos hablaron, como nosotros no teniamos lengua, no los entendiamos, mas haziannos muchas señas y amenazas y nos parescio que nos dezian que nos fuessemos de la tierra, y con esto nos dexaron sin que nos hiziessen ningun impedimento y ellos se fueron

CAPITULO QUARTO

COMO ENTRAMOS POR LA TIERRA

Otro dia adelante, el Gouernador acordo de entrar por la tierra, por descubrirla y ver lo que en ella auia. Fuymonos con él el Comissario y el Veedor e yo, con quarenta hombres, y entre ellos seys de cauallo de los quales poco nos podiamos aprouechar. Lleuamos la via del Norte hasta que a hora de vispera llegamos a vna baya muy grande, que nos parescio que entraua mucho por la tierra; quedamos alli aquella noche y otro dia nos boluimos donde los nauios y gente estauan. El Gouernador mando que el vergantin fuesse costeando la via de la Florida y buscasse el puerto que Miruelo el piloto auia dicho que sabia, mas ya él lo auia errado y no sabia en que parte estauamos, ni adonde era el puerto, y fuele mandado al vergantin, que si no lo hallasse, trauessasse a la Hauana y buscasse el nauio que Aluaro de la Cerda tenia, y tomados algunos bastimentos nos viniessen a buscar. Partido el vergantin tornamos a entrar en la tierra los mismos que primero, con alguna gente mas, y costeamos la baya que auiamos hallado, y andadas quatro leguas tomamos quatro yndios y mostramosle maiz para ver si lo conoscian, porque hasta entonces no auiamos visto señal del. Ellos nos dixeron que nos lleuarian donde lo auia, y assi nos lleuaron a su pueblo, que es al cabo de la baya cerca de alli, y en el nos mostraron vn poco de maiz que aun no estaua para cogerse. Alli hallamos muchas caxas de mercaderes de Castilla y en cada vna dellas estaua vn cuerpo de hombre muerto y los cuerpos cubiertos con vnos cueros de venados, pintados. Al Comissario le parescio que esto era especie de ydolatria y quemo las caxas con los cuerpos. Hallamos tambien pedaços de lienço y de paño y penachos que parescian de la Nueua España. Hallamos tambien muestras de oro. Por señas preguntamos a los indios de adonde auian auido aquellas cosas. Señalaronnos que muy lexos de alli auia vna prouincia que se dezia Apalache,

en la qual auia mucho oro, y hazian seña de auer
muy gran cantidad de todo lo que nosotros esti-
mamos en algo Dezian que en Apalache auia mucho, y tomando aquellos indios por guia partimos
de alli y andadas diez o doze leguas hallamos otro
pueblo de quinze casas, donde auia buen pedaço
de maiz sembrado que ya estaua para cogerse, y
tambien hallamos alguno que estaua ya seco. Y
despues de dos dias que alli estuuimos nos boluimos donde el Contador y la gente y nauios estauan, y contamos al Contador y pilotos lo que auiamos visto y las nueuas que los indios nos auian dado; y otro dia, que fue primero de Mayo, el Gouernador llamo aparte al Comissario y al Contador y al Veedor y a mi y a vn marinero que se llamaua Bartolome Fernandez y a vn escriuano que
se dezia Hieronymo de Alaniz, y assi juntos nos
dixo que tenia en voluntad de entrar por la tierra
adentro, y los nauios se fuessen costeando hasta
que llegassen al puerto, y que los pilotos dezian y
creyan que yendo la via de Palmas estauan muy
cerca de alli, y sobre esto nos rogo le diessemos
nuestro parescer Yo respondia que me parescia
que por ninguna manera deuia dexar los nauios
sin que primero quedassen en puerto seguro y poblado, y que mirasse que los pilotos no andauan
ciertos, ni se affirmauan en vna misma cosa, ni sauian a que parte estauan, y que allende desto los ca
uallos no estauan para que en ninguna necessidad
que se ofresciesse nos pudiessemos aprouechar dellos, y que sobre todo esto yuamos mudos y sin
lengua, por donde mal nos podiamos entender con

los indios, ni saber lo que de la tierra queriamos, y que entrauamos por tierra de que ninguna relacion teniamos, ni sabiamos de que suerte era, ni lo que en ella auia, ni de que gente estaua poblada, ni a que parte della estauamos, y que sobre todo esto no teniamos bastimentos para entrar adonde no sabiamos. Porque visto lo que en los nauios auia no se podia dar a cada hombre de racion para entrar por la tierra mas de vna libra de vizcocho y otra de tocino, y que mi parescer era que se deuia embarcar e yr a buscar puerto y tierra que fuesse mejor para poblar, pues lo que auiamos visto en si era tan despoblada y tan pobre quanto nunca en aquellas partes se auia hallado Al Comissario le parescio todo lo contrario, diziendo que no se auia de embarcar, sino que yendo siempre hazia la costa fuessen en busca del puerto, pues los pilotos dezian que no estaria sino diez o quinze leguas de alli la via de Panuco, e que no era possible, yendo siempre á la costa, que no topassemos con el, porque dezian que entraua doze leguas adentro por la tierra, y que los primeros que lo hallassen esperassen alli a los otros, y que embarcarse era tentar a Dios, pues desque partimos de Castilla tantos trabajos auiamos passado, tantas tormentas, tantas perdidas de nauios y de gente auiamos tenido hasta llegar alli, y que por estas razones el se deuia de yr por luengo de costa hasta llegar al puerto, y que los otros nauios con la otra gente se yrian la misma via hasta llegar al mismo puerto. A todos los que alli estauan parescio bien que esto se hiziesse assi, saluo al escriuano, que dixo que primero que desamparasse los nauios los deuia de dexar en puerto conoscido y seguro y en parte que fuesse poblada; que esto hecho podria entrar por la tierra adentro y hazer lo que le pareciesse. El Gouernador siguio su parescer y lo que los otros le aconsejauan, yo, vista su determinacion, requerile de parte de Vuestra Magestad que no dexasse los nauios sin que quedassen en puerto y seguros, y ansi lo pedi por testimonio al escriuano que alli teniamos El respondio que pues el se conformaua con el parescer de los mas de los otros officiales y comissario, que yo no era parte para hazerle estos requerimientos, y pidio al escriuano le diesse por testimonio como por no auer en aquella tierra mantenimientos para poder poblar, ni puerto para los nauios, leuantaua el pueblo que alli auia assentado e yua con el en busca del puerto y de tierra que fuesse mejor Y luego mando apercebir la gente que auia de yr con el, que se proueyessen de lo que era menester para la jornada. Y despues desto proueydo, en presencia de los que alli estauan me dixo que pues yo tanto estoruaua y temia la entrada por la tierra, que me quedasse y tomasse cargo de los nauios y la gente que en ellos quedaua, y poblasse si yo llegasse primero que el Yo me escusé desto. Y despues de salidos de alli, aquella misma tarde, diziendo que no le parescia que de nadie se podia fiar aquello, me embio a dezir que me rogaua que tomasse cargo dello. Y viendo que importunandome tanto, yo todavia me escusaua, me pregunto ¿que era la causa porque huya de aceptallo? A lo qual respondi que yo huya de encargarme de aquello porque tenia por cierto y sabia que el no auia de ver mas los nauios, ni los nauios a el, y que esto entendia viendo que tan sin aparejo se entrauan por la tierra adentro, y que yo queria mas auenturarme al peligro que el y los otros se auenturauan, y passar por lo que el y ellos passassen, que no encargarme de los nauios y dar ocasion que se dixesse que como auia contradicho la entrada me quedaua por temor, y mi honrra anduuiesse en disputa, y que yo queria mas auenturar la vida que poner mi honrra en esta condicion. El, viendo que comigo no aprouechaua, rogó a otros muchos que me hablassen en ello y me lo rogassen, a los quales respondi lo mismo que a el, y ansi proueyo por su teniente, para que quedasse en los nauios, a vn alcalde que traya, que se llamaua Carauallo

CAPITULO CINCO

COMO DEXO LOS NAUIOS EL GOUERNADOR

Sabado, primero de mayo, el mismo dia que esto auia passado, mando dar a cada vno de los que auian de yr con el dos libras de vizcocho y media libra de tozino, y ansi nos partimos para entrar en la tierra. La suma de toda la gente que lleuauamos eran trezientos hombres; en ellos yua el Comissario fray Juan Suarez y otro frayle que se dezia fray Juan de Palos y tres clerigos y los officiales. La gente de cauallo que con estos yuamos eramos quarenta de cauallo, y ansi anduuimos con aquel bastimento que lleuauamos quinze dias, sin hallar otra cosa que comer, saluo palmitos de la manera de los del Andaluzia. En todo este tiempo no hallamos indio ninguno, ni vimos casa ni poblado, y al cabo llegamos a vn rio que lo passamos con muy gran trabajo a nado y en balsas; detuuimonos vn dia en passarlo, que traya muy gran corriente. Passados a la otra parte salieron a nosotros hasta dozientos indios, poco mas o menos; el Gouernador salio a ellos y despues de auerlos hablado por señas ellos nos señalaron de suerte que nos ouimos de rebouler con ellos y prendimos cinco o seys, y estos nos lleuaron a sus casas, que estauan hasta media legua de alli, en las quales hallamos gran cantidad de maiz que estaua ya para cogerse, y dimos infinitas gracias a Nuestro Señor por auernos socorrido en tan gran necessidad, porque ciertamente, como eramos nueuos en los trabajos, allende del cansancio que trayamos, veniamos muy fatigados de hambre; y a tercero dia que alli llegamos nos juntamos el Contador y Veedor y Comissario e yo, y rogamos al Gouernador que embiasse a buscar la mar por ver si hallariamos puerto, porque los indios dezian que la mar no estaua muy lexos de alli. El nos respondio que no curassemos de hablar en aquello, porque estaua muy lexos de alli. Y como yo era el que mas le importunaua, dixome que me fuesse yo a descubrirla y que buscasse puerto, y que auia de yr a pie con quarenta hombres, y ansi, otro dia yo

me parti con el capitan Alonso del Castillo y con
quarenta hombres de su compañia, y assi anduuimos hasta hora de medio dia, que llegamos a vnos
placeles de la mar que parescia que entrauan mucho por la tierra, anduuimos por ellos hasta legua
y media con el agua hasta la mitad de la pierna,
pisando por encima de hostiones, de los quales rescebimos muchas cuchilladas en los pies y nos fueron causa de mucho trabajo, hasta que llegamos
en el rio que primero auiamos atrauessado, que
entraua por aquel mismo ancon. Y como no lo podimos passar por el mal aparejo que para ello teniamos, boluimos al real y contamos al Gouernador lo que auiamos hallado y como era menester
otra vez passar por el rio por el mismo lugar que
primero lo auiamos passado, para que aquel ancon
se descubriesse bien y viessemos si por alli auia
puerto; y otro dia mando a vn capitan que se llamaua Valençuela, que con sesenta hombres y seys
de cauallo passasse el rio y fuesse por el abaxo
hasta llegar a la mar y buscar si auia puerto, el
qual, despues de dos dias que alla estuuo, boluio y
dixo que el auia descubierto el ancon y que todo
era baya baxa hasta la rodilla y que no se hallaua
puerto, y que auia visto cinco o seys canoas de indios que passauan de vna parte a otra y que lleuauan puestos muchos penachos. Sabido esto, otro
dia partimos de alli, yendo siempre en demanda de
aquella prouincia que los indios nos auian dicho
Apalache, lleuando por guia los que dellos auiamos
tomado, y assi anduuimos hasta diez y siete de Junio, que no hallamos yndios que nos osassen espe-

rar Y alli salio a nosotros vn señor que le traya
vn indio acuestas, cubierto de vn cuero de venado,
pintado, traya consigo mucha gente y delante del
venian tañendo vnas flautas de caña, y assi llegó
do estaua el Gouernador y estuuo vna hora con el
y por señas le dimos a entender que yuamos a
Apalache, y por las que el hizo nos parescio que
era enemigo de los de Apalache y que nos yria a
ayudar contra el. Nosotros le dimos cuentas y cacaueles y otros rescates, y el dio al Gouernador el
cuero que traya cubierto, y assi se boluio y nosotros le fuymos siguiendo por la via que el yua.
Aquella noche llegamos a vn rio, el qual era muy
hondo y muy ancho y la corriente muy rezia, y por
no atreuernos a passar con balsas hezimos vna
canoa para ello, y estuuimos en passarlo vn dia, y
si los indios nos quisieran offender, bien nos pudieran estoruar el passo, y aun con ayudarnos
ellos tuuimos mucho trabajo. Vno de cauallo, que
se dezia Juan Velazquez, natural de Cuellar, por
no esperar entró en el rio, y la corriente, como era
rezia, lo derribo del cauallo y se asió a las riendas
y ahogó assi y al cauallo, y aquellos indios de
aquel señor, que se llamaua Dulchanchellin, hallaron el cauallo y nos dixeron donde hallariamos a
el por el rio abaxo, y assi fueron por el, y su muerte nos dio mucha pena porque hasta entonces ninguno nos auia faltado. El cauallo dio de cenar a
muchos aquella noche. Passados de alli, otro dia
llegamos al pueblo de aquel señor y alli nos embio
maiz. Aquella noche, donde yuan a tomar agua
nos flecharon vn christiano y quiso Dios que no lo

hirieron; otro dia nos partimos de alli sin que indio ninguno de los naturales paresciesse, porque todos auian huydo; mas yendo nuestro camino parescieron indios, los quales venian de guerra y aunque nosotros los llamamos no quisieron boluer ni esperar, mas antes se retiraron siguiendonos por el mismo camino que lleuauamos. El Gouernador dexó vna celada de algunos de cauallo en el camino, que como passaron salieron a ellos y tomaron tres o quatro indios, y estos lleuamos por guias de alli adelante, los quales nos lleuaron por tierra muy trabajosa de andar y marauillosa de ver, porque en ella ay muy grandes montes y los arboles a marauilla altos, y son tantos los que estan caydos en el suelo, que nos embaraçauan el camino de suerte que no podiamos passar sin rodear mucho y con muy gran trabajo, de los que no estauan caydos, muchos estauan hendidos desde arriba hasta abaxo, de rayos que en aquella tierra caen, donde siempre ay muy grandes tormentas y tempestades. Con este trabajo caminamos hasta vn dia despues de Sant Juan, que llegamos a vista de Apalache sin que los indios de la tierra nos sintiessen; dimos muchas gracias a Dios por vernos tan cerca del, creyendo que era verdad lo que de aquella tierra nos auian dicho, que alli se acabauan los grandes trabajos que auiamos passado, assi por el malo y largo camino para andar, como por la mucha hambre que auiamos padescido, porque aunque algunas vezes hallauamos maiz, las mas andauamos siete e ocho leguas sin toparlo, y muchos auia entre nosotros que allende del mucho cansancio y hambre, lleuauan hechas llagas en las espaldas, de lleuar las armas acuestas, sin otras cosas que se ofrescian. Mas con vernos llegados donde desseauamos y donde tanto mantenimiento y oro nos auian dicho que auia, paresciouos que se nos auia quitado gran parte del trabajo y cansancio.

CAPITULO SEYS

COMO LLEGAMOS A APALACHE

Llegados que fuemos a vista de Apalache, el Gouernador mando que yo tomasse nueue de cauallo y cinquenta peones y entrasse en el pueblo, y ansi lo acometimos el Veedor e yo, y entrados no hallamos sino mugeres y muchachos, que los hombres a la sazon no estauan en el pueblo; mas de ay a poco, andando nosotros por el, acudieron y començaron a pelear flechandonos y mataron el cauallo del Veedor, mas al fin huyeron y nos dexaron Alli hallamos mucha cantidad de maiz que estaua ya para cogerse, y mucho seco que tenian encerrado. Hallamosles muchos cueros de venados, y entre ellos algunas mantas de hilo, pequeñas y no buenas, con que las mugeres cubren algo de sus personas Tenian muchos vasos para moler maiz En el pueblo auia quarenta casas pequeñas y edificadas baxas y en lugares abrigados, por temor de las grandes tempestades que continuamente en aquella tierra suelen auer. El edificio es de paja y estan cercados de muy espesso monte y grandes arboledas y muchos pielagos de agua, donde ay tantos y tan grandes arboles caydos que embaraçan y son causa que no se puede por alli andar sin mucho trabajo y peligro

CAPITULO SIETE

DE LA MANERA QUE ES LA TIERRA

La tierra, por la mayor parte, desde donde desembarcamos hasta este pueblo y tierra de Apalache, es llana; el suelo de arena y tierra firme, por toda ella ay muy grandes arboles y montes claros, donde ay nogales y laureles y otros que se llaman liquidambares, cedros, sauinas y enzinas y pinos y robles, palmitos baxos de la manera de los de Castilla. Por toda ella ay muchas lagunas grandes y pequeñas, algunas muy trabajosas de passar, parte por la mucha hondura, parte por tantos arboles como por ellas estan caydos El suelo dellas es arena y las que en la comarca de Apalache hallamos son muy mayores que las de hasta alli. Ay en esta prouincia muchos maizales, y las casas estan tan esparzidas por el campo de la manera que estan las de los Gelues. Los animales que en ellas vimos son venados de tres mineras, conejos y liebres, ossos y leones y otras saluaginas. entre los quales vimos vn animal que trae los hijos en vna bolsa que en la barriga tiene y todo el tiempo que son pequeños los traen alli hasta que saben buscar de comer, y si acaso estan fuera buscando de comer y acude gente, la madre no huye hasta que los ha recogido en su bolsa. Por alli la tierra es muy fria, tiene muy buenos pastos para ganados, ay aues de muchas maneras, ansares en gran cantidad, patos, anades, patos reales, dorales y garçotas y garças, perdizes, vimos muchos halcones, neblis, gauilanes, esmerejones y otras muchas aues. Dos oras despues que llegamos a Palache, los indios que de alli auian huydo vinieron a nosotros de paz, pidiendonos a sus mugeres e hijos, y nosotros se los dimos, saluo que el Gouernador detuuo vn cacique dellos consigo, que fue causa por donde ellos fueron escandalizados y luego otro dia boluieron de guerra y con tanto denuedo y presteza nos acometieron que llegaron a nos poner fuego a las casas en que estauamos, mas como salimos, huyeron y acogieronse a las lagunas que tenian muy cerca, y por esto y por los grandes maizales que auia no les podimos hazer daño, saluo a vno que matamos. Otro dia siguiente, otros indios de otro pueblo que estaua de la otra parte vinieron a nosotros y acometieronnos de la mesma arte que los primeros, y de la mesma manera se escaparon y tambien murio vno dellos. Estuuimos en este pueblo veynte y cinco dias, en que hezimos tres entradas por la tierra y hallamosla muy pobre de gente y muy mala de andar por los malos passos y montes y lagunas que tenia. Preguntamos al cacique que les auiamos detenido y a los otros indios que trayamos con nosotros, que eran vezinos y enemigos dellos, por la manera y poblacion de la tierra y la calidad de la gente y por los bastimentos y todas las otras cosas della. Respondieronnos cada vno por si, que el mayor pueblo de toda aquella tierra era aquel Apalache, y que adelante auia menos gente y muy mas pobre que ellos, y que la tierra era mal poblada y los moradores della muy repartidos, y que yendo adelante auia grandes lagunas y espesura de montes y grandes desiertos y despoblados. Preguntamosle luego por la tierra que estaua hazia el Sur, ¿que pueblos y mantenimientos tenia? Dixeron que por aquella via, yendo a la mar, nueue jornadas, auia vn pueblo que llamauan Aute, y los indios del tenian mucho maiz y que tenian frisoles y calabaças, y que por estar tan cerca de la mar alcançauan pescados, y que estos eran amigos suyos. Nosotros, vista la pobreza de la tierra y las malas nueuas que de la poblacion y de todo lo demas nos dauan, y como los indios nos hazian continua guerra hiriendonos la gente y los cauallos en los lugares donde yuamos a tomar agua, y esto desde las lagunas y tan a su saluo que no los podiamos ofender, porque metidos en ellas nos flechauan y mataron vn señor de Tescuco que se llamaua don Pedro, que el Comissario lleuaua consigo, acordamos de partir de alli e yr a buscar la mar y aquel pueblo de Aute que nos auian dicho, y assi nos partimos a cabo de veynte y cinco dias que alli auiamos llegado. El primero dia passamos aquellas lagunas y passos sin ver indio ninguno; mas al segundo dia llegamos a una laguna de muy mal passo, porque daua el agua a los pechos y auia en ella muchos arboles caydos. Ya que estauamos en medio della nos acometieron muchos indios que estauan abscondidos detras de los arboles porque no los viessemos, otros estauan sobre los caydos, y començaronnos a flechar de manera que nos hirieron muchos hombres y cauallos y nos tomaron la guia que lleuauamos, antes que de la laguna saliessemos, y despues de salidos della nos tornaron a seguir queriendonos estoruar el passo, de manera que no nos aprouechaua salirnos afuera, ni hazernos mas fuertes y querer pelear con ellos, que se metian luego en la laguna y desde alli nos herian la gente y cauallos. Visto esto, el Gouernador mando a los de cauallo que se apeassen y les acometiessen a pie. El Contador se apeo con ellos y assi los acometieron y todos entraron a bueltas en vna laguna y assi les ganamos el passo. En esta rebuelta ouo algunos de los nuestros heridos, que no les valieron buenas armas que lleuauan, y ouo hombres este dia que juraron que auian visto dos robles, cada vno dellos tan gruesso como la pierna por baxo, passados de parte a parte de las flechas de los indios, y esto no es tanto de marauillar vista la fuerça y maña con que las echan, porque yo mismo vi vna flecha en vn pie de vn alamo, que entraua por el vn xeme. Quantos indios vimos desde la Florida aqui, todos son flecheros, y como son tan crescidos de cuerpo y andan desnudos, desde lexos parescen gigantes. Es gente a marauilla bien dispuesta, muy enxutos y de muy grandes fuerças y ligereza. Los arcos que vsan son gruessos como el braço, de onze o doze palmos de largo, que fle-

chan a dozientos passos con tan gran tiento que
ninguna cosa yerran Passados que fuymos deste
passo, de ay a vna legua llegamos a otra de la misma manera, saluo que por ser tan larga que duraua media legua era muy peor; este passamos libremente y sin estoruo de indios, que como auian gastado en el primero toda la municion que de flechas
tenian, no quedo con que osarnos acometer. Otro
dia siguiente, passando otro semejante passo, yo
hallé rastro de gente que yua adelante y di auiso
dello al Gouernador, que venia en la retaguarda,
y ansi, aunque los indios salieron a nosotros, como
yuamos apercebidos no nos pudieron offender, y
salidos a lo llano fueronnos todavia siguiendo,
boluimos a ellos por dos partes y matamosles dos
indios e hirieronme a mi y dos o tres christianos,
y por acogerseños al monte no les podimos hazer
mas mal ni daño. Desta suerte caminamos ocho
dias y desde este passo que he contado no salieron
mas indios a nosotros, hasta vna legua adelante,
que es lugar donde he dicho que yuamos Alli.
yendo nosotros por nuestro camino, salieron indios
y sin ser sentidos dieron en la retaguarda, y a los
gritos que dio vn muchacho de vn hidalgo de los
que alli yuan, que se llamaua Auellaneda, el Auellaneda boluio y fue a socorrerlos y los indios le
acertaron con vna flecha por el canto de las coraças, y fue tal la herida que passo casi toda la flecha
por el pescueço y luego alli murio y lo lleuamos
hasta Aute. En nueue dias de camino desde Apalache hasta alli, llegamos, y quando fuymos llegados hallamos toda la gente del, yda, y las casas

quemadas, y mucho maiz y calabaças y frisoles que ya todo estaua para empeçarse a coger. Descansamos alli dos dias y estos passados el Gouernador me rogo que fuesse a descubrir la mar, pues los indios dezian que estaua tan cerca de alli; ya en este camino la auiamos descubierto por vn rio muy grande que en el hallamos, a quien auiamos puesto por nombre el rio de la Magdalena. Visto esto, otro dia siguiente yo me parti a descubrirla, juntamente con el Comissario y el capitan Castillo y Andres Dorantes y otros siete de cauallo y cinquenta peones, y caminamos hasta hora de visperas que llegamos a vn ancon o entrada de la mar, donde hallamos muchos hostiones con que la gente holgo y dimos muchas gracias a Dios por auernos traydo alli. Otro dia, de mañana, embié XX hombres a que conosciessen la costa y mirassen la disposicion della, los quales boluieron otro dia en la noche diziendo que aquellos ancones y bayas eran muy grandes y entrauan tanto por la tierra adentro que estoruauan mucho para descubrir lo que queriamos, y que la costa estaua muy lexos de alli. Sabidas estas nueuas y vista la mala dispusicion y aparejo que para descubrir la costa por alli auia, yo me bolui al Gouernador y quando llegamos hallamosle enfermo con otros muchos, y la noche passada los indios auian dado en ellos y puestolos en grandissimo trabajo por la razon de la enfermedad que les auia sobreuenido; tambien les auian muerto vn cauallo. Yo di cuenta de lo que auia hecho y de la mala dispusicion de la tierra. Aquel dia nos detuuimos alli

CAPITULO OCHO

COMO PARTIMOS DE AUTE

Otro dia siguiente partimos de Aute y caminamos todo el dia hasta llegar donde yo auia estado. Fue el camino en extremo trabajoso, porque ni los cauallos bastauan a lleuar los enfermos, ni sabiamos que remedio poner, porque cada dia adolescian, que fue cosa de muy gran lastima y dolor ver la necessidad y trabajo en que estauamos. Llegados que fuymos, visto el poco remedio que para yr adelante auia, porque no auia donde, ni aunque lo ouiera la gente pudiera passar adelante, por estar los mas enfermos y tales que pocos auia de quien se pudiesse auer algun prouecho. Dexo aqui de contar esto mas largo, porque cada vno puede pensar lo que se passaria en tierra tan estraña y tan mala y tan sin ningun remedio de ninguna cosa, ni para estar, ni para salir della, mas como el mas cierto remedio sea Dios nuestro Señor, y deste nunca desconfiamos, suscedio otra cosa que agrauaua mas que todo esto, que entre la gente de cauallo se començo la mayor parte dellos a yr secretamente, pensando hallar ellos por si remedio y desamparar al Gouernador y a los enfermos, los quales estauan sin algunas fuerças y poder. Mas como entre ellos auia muchos hijosdalgo y hombres de buena suerte, no quisieron que esto passasse sin dar parte al Gouernador y a los officiales de Vuestra Magestad, y como les afeamos su proposito y les pusimos delante el tiempo en que desamparauan a su capitan, y los que estauan enfermos y sin poder, y apartarse, sobre todo, del seruicio de Vuestra Magestad, acordaron de quedar y que lo que fuesse de vno fuesse de todos, sin que ninguno desamparasse a otro Visto esto por el Gouernador, los llamo a todos y a cada vno por si, pidiendo parescer de tan mala tierra, para poder salir della y buscar algun remedio, pues alli no lo auia, estando la tercia parte de la gente con gran enfermedad y cresciendo esto cada hora, que teniamos por cierto todos lo estariamos assi, de donde no se podia seguir sino la muerte, que por ser en tal parte se nos hazia mas graue, y vistos estos y otros muchos inconuenientes, y tentados muchos remedios, acordamos en vno, harto dificil de poner en obra, que era hazer nauios en que nos fuessemos. A todos parescia impossible, porque nosotros no los sabiamos hazer, ni auia herramientas, ni hierro, ni fragua, ni estopa, ni pez, ni xarcias; finalmente, ni cosa ninguna de tantas como son menester, ni quien supiesse nada para dar industria en ello, y sobre todo no auer que comer entre tanto que se hiziessen, y los que auian de trabajar, del arte que auiamos dicho Y considerando todo esto acordamos de pensar en ello mas de espacio, y ceso la platica aquel dia y cada vno se fue encomendandolo a Dios nuestro Señor que lo encaminase por donde el fuesse mas seruido. Otro dia quiso Dios que vno de la compaña vino diziendo que el haria vnos cañones de palo, y con vnos cueros de venado se harian vnos fuelles, y como estauamos en tiempo que qualquiera cosa que tuuiesse alguna sobrehaz de remedio nos parescia bien, diximos que se pusiesse por obra, y acordamos de hazer de los estribos y espuelas y ballestas y de las otras cosas de hierro que auia, los clauos y sierras y hachas y otras herramientas de que tanta necessidad auia para ello, y dimos por remedio que para auer algun mantenimiento en el tiempo que esto se hiziesse, se hiziessen quatro entradas en Aute con todos los cauallos y gente que pudiessen yr, y que a tercero dia se matasse vn cauallo, el qual se repartiesse entre los que trabajauan en la obra de las varcas y los que estauan enfermos, las entradas se hizieron con la gente y cauallos que fue possible y en ellas se traxeron hasta quatrocientas hanegas de maiz, aunque no sin contiendas y pendencias con los indios. Hezimos coger muchos palmitos para aprouecharnos de la lana y cobertura dellos, torciendola y aderesçandola para vsar en lugar de estopa para las varcas, las quales se començaron a hazer con vn solo carpintero que en la compañia auia, y tanta diligencia pusimos que començandolas a quatro dias de Agosto, a veynte dias del mes de Setiembre eran acabadas cinco varcas de a veynte y dos codos cada vna, calafeteadas con las estopas de los palmitos, y brcamoslas con cierta pez de alquitran que hizo vn griego llamado don Theodoro, de vnos pinos, y de la misma ropa de los palmitos y de las colas y crines de los cauallos hezimos cuerdas y xarcias, y de las nuestras camisas, velas, y de las sabinas que alli auia hezimos los remos que nos parescio que era menester. Y tal era la tierra en que nuestros peccados nos auian puesto, que con muy gran trabajo podiamos hallar piedras para lastre y ancles de las varcas, ni en toda ella auiamos visto ninguna. Dessollamos tambien las piernas de los cauallos, enteras, y curtimos los cueros dellas para hazer botas en que lleuassemos agua. En este tiempo algunos andauan cogiendo marisco por los rincones y entradas de la mar, en que los indios, en dos vezes que dieron en ellos, nos mataron diez hombres a vista del real, sin que los pudiessemos socorrer, los quales hallamos de parte a parte passados con flechas, que aunque algunos tenian buenas armas no bastaron a resistir para que esto no se hiziesse, por flechar con tanta destreza y fuerça como arriba he dicho. Y a dicho y juramento de nuestros pilotos, desde la baya que pusimos nombre de la Cruz, hasta aqui, anduuimos dozientas y ochenta leguas, poco mas o menos; en toda esta tierra no vimos sierra, ni tuuimos noticia della en ninguna manera; y antes que nos embarcassemos, sin los que los indios nos mataron se murieron mas de quarenta hombres de enfermedad y hambre A veynte y dos dias del mes de Setiembre se acabaron de comer los cauallos, que solo vno quedó, y este dia nos embarcamos por esta orden. Que en la varca del Gouernador yuan quarenta y nueue hombres En otra, que dio al Contador y Comissario, yuan otros tantos. La tercera dio al capitan Alonso del Castillo y Andres Dorantes, con quarenta y ocho hombres, y otra dio a dos capitanes que se llamauan Tellez y Peñalosa, con quarenta y siete hombres La otra dio al Veedor y a mi, con quarenta y nueue hombres; y despues de embarcados los bastimentos y ropa no quedó a las varcas mas de vn xeme de bordo fuera del agua, y allende desto yuamos tan apretados que no nos podiamos menear, y tanto puede la necessidad que nos hizo auenturar a yr desta manera y meternos en vna mar tan trabajosa y sin tener noticia de la arte del marear ninguno de los que alli yuan.

CAPITULO NUEUE

COMO PARTIMOS DE BAYA DE CAUALLOS

Aquella baya de donde partimos ha por nombre la baya de Cauallos, y anduuimos siete dias por aquellos ancones, entrados en el agua hasta la cinta, sin señal de ver ninguna cosa de costa, y al cabo dellos llegamos a vna ysla que estaua cerca de la tierra. Mi varca yua delante, y della vimos venir cinco canoas de indios, los quales las desampararon y nos las dexaron en las manos, viendo que yuamos a ellas; las otras varcas passaron adelante y dieron en vnas casas de la misma ysla, donde hallamos muchas liças y hueuos dellas, que estauan secas, que fue muy gran remedio para la necessidad que lleuauamos. Despues de tomadas passamos adelante y dos leguas de alli passamos vn estrecho que la ysla con la tierra hazia, al qual llamamos de Sant Miguel por auer salido en su dia por el, y salidos llegamos a la costa, donde con las cinco canoas que yo auia tomado a los indios remediamos algo de las varcas, haziendo falcas dellas y añadiendolas de manera que subieron dos palmos de bordo sobre el agua. Y con esto tornamos a caminar por luengo de costa la via del rio de Palmas, cresciendo cada dia la sed y la hambre, porque los bastimentos eran muy pocos e yuan muy al cabo, y el agua se nos acabó porque las botas que hezimos de las piernas de los cauallos luego fueron podridas y sin ningun prouecho; algunas vezes entramos por ancones y bayas que entrauan mucho por la tierra adentro, todas las hallamos baxas y peligrosas. Y ansi anduuimos por ellas treynta dias, donde algunas vezes hallauamos indios pescadores, gente pobre y miserable Al cabo ya destos treynta dias, que la necessidad del agua era en extremo, yendo cerca de costa, vna noche sentimos venir vna canoa, y como la vimos esperamos que llegasse, y ella no quiso hazer cara y aunque la llamamos no quiso boluer ni aguardarnos, y por ser de noche no la seguimos y fuymonos nuestra via; quando amanescio vimos vna ysla pequeña y fuymos a ella por ver si hallariamos agua, mas nuestro trabajo fue embalde, porque no la auia Estando alli surtos nos tomó vna tormenta muy grande, por que nos detuuimos seys dias sin que osassemos salir a la mar, y como auia cinco dias que no beuiamos, la sed fue tanta

que nos puso en necessidad de beuer agua salada
y algunos se desatentaron tanto en ello que supitamente se nos murieron cinco hombres Cuento
esto assi breuemente porque no creo que ay necessidad de particularmente contar las miserias y
trabajos en que nos vimos, pues considerando el
lugar donde estauamos y la poca esperança de remedio que teniamos, cada vno puede pensar mucho de lo que alli passaria, y como vimos que la
sed crescia y el agua nos mataua, aunque la tormenta no era cessada acordamos de encomendarnos a Dios nuestro señor y auenturarnos antes al
peligro de la mar, que esperar la certinidad de la
muerte que la sed nos daua, y assi salimos la via
donde auiamos visto la canoa la noche que por
alli veniamos. Y en este dia nos vimos muchas
vezes anegados y tan perdidos que ninguno ouo
que no tuuiesse por cierta la muerte Plugo a
Nuestro Señor, que en las mayores necessidades
suele mostrar su fauor, que a puesta del sol boluimos vna punta que la tierra haze, adonde hallamos mucha bonança y abrigo Salieron a nosotros
muchas canoas y los indios que en ellas venian
nos hablaron y sin querernos aguardar se boluieron Era gente grande y bien dispuesta y no trayan flechas, ni arcos. Nosotros les fuymos siguiendo hasta sus casas, que estauan cerca de alli a la
lengua del agua, y saltamos en tierra y delante de
las casas hallamos muchos cantaros de agua y
mucha cantidad de pescado guisado, y el señor de
aquellas tierras ofrescio todo aquello al Gouernador y tomandolo consigo lo lleuo a su casa. Las

casas destos eran de esteras, que a lo que paresçio eran estantes; y despues que entramos en casa del cacique nos dio mucho pescado, y nosotros le dimos del maiz que trayamos y lo comieron en nuestra presencia y nos pidieron mas y se lo dimos, y el Gouernador le dio muchos rescates; el qual, estando con el cacique en su casa, a media hora de la noche supitamente los indios dieron en nosotros y en los que estauan muy malos, echados en la costa, y acometieron tambien la casa del cacique donde el Gouernador estaua y lo hirieron de vna piedra en el rostro Los que alli se hallaron prendieron al cacique, mas como los suyos estauan tan cerca soltoseles y dexoles en las manos vna manta de martas zebelinas, que son las mejores que creo yo que en el mundo se podrian hallar y tienen vn olor que no paresce sino de ambar y almizcle, y alcança tan lexos, que de mucha cantidad se siente; otras vimos alli, mas ningunas eran tales como estas. Los que alli se hallaron, viendo al Gouernador herido lo metimos en la varca e hezimos que con el se recogiesse toda la mas gente a sus varcas y quedamos hasta cinquenta en tierra para contra los indios, que nos acometieron tres vezes aquella noche y con tanto impetu que cada vez nos hazian retraer mas de vn tiro de piedra; ninguno ouo de nosotros que no quedasse herido, e yo lo fuy en la cara, y si como se hallaron pocas flechas, estuuieran mas proueydos dellas, sin dubda nos hizieran mucho daño. La vltima vez se pusieron en celada los capitanes Dorantes y Peñalosa y Tellez con quinze hombres, y dieron en ellos por las espaldas y de tal manera les hizieron huyr que nos dexaron. Otro dia, de mañana, yo les rompi mas de treynta canoas, que nos aprouecharon para vn norte que hazia, que por todo el dia ouimos de estar alli con mucho frio, sin osar entrar en la mar por la mucha tormenta que en ella auia. Esto passado nos tornamos a embarcar y nauegamos tres dias, y como auiamos tomado poca agua y los vasos que teniamos para lleuar, assimesmo eran muy pocos, tornamos á caer en la primera necessidad, y siguiendo nuestra via entramos por vn estero y estando en el vimos venir vna canoa de indios; como los llamamos vinieron a nosotros, y el Gouernador, a cuya varca auian llegado, pidioles agua, y ellos la ofrescieron con que les diessen en que la traxessen, y vn christiano griego llamado Dorotheo Theodoro, de quien arriba se hizo mencion, dixo que queria yr con ellos; el Gouernador y otros se lo procuraron estoruar mucho y nunca lo pudieron, sino que en todo caso queria yr con ellos, y assi se fue y lleuo consigo vn negro, y los indios dexaron en rehenes dos de su compañia, y a la noche los yndios boluieron y traxeronnos nuestros vasos sin agua, y no traxeron los christianos que auian lleuado, y los que auian dexado por rehenes, como los otros los hablaron quisieronse echar al agua. Mas los que en la varca estauan los detuuieron y ansi se fueron huyendo los indios de la canoa y nos dexaron muy confusos y tristes por auer perdido aquellos dos christianos.

CAPITULO DIEZ

DE LA REFRIEGA QUE NOS DIERON LOS INDIOS

Venida la mañana vinieron a nosotros muchas canoas de indios, pidiendonos los dos compañeros que en la varca auian quedado por rehenes. El Gouernador dixo que se los daria con que traxessen los dos christianos que auian lleuado. Con esta gente venian cinco o seys señores y nos parescio ser la gente mas bien dispuesta y de mas autoridad y concierto que hasta alli auiamos visto, aunque no tan grandes como los otros de quien auemos contado. Trayan los cabellos sueltos y muy largos, y cubiertos con mantas de martas de la suerte de las que atras auiamos tomado, y algunas dellas hechas por muy estraña manera, porque en ellas auia vnos lazos de labores de vnas pieles leonadas que parescian muy bien. Rogauannos que nos fuessemos con ellos y que nos darian los christianos y agua y otras muchas cosas, y contino acudian sobre nosotros muchas canoas procurando de tomar la boca de aquella entrada, y assi por esto como porque la tierra era muy peligrosa para estar en ella, nos salimos a la mar, donde estuuimos hasta medio dia con ellos. Y como no nos quisiessen dar los christianos, y por este respecto nosotros no les diessemos los indios, començaronnos a tirar piedras con hondas, y varas, con muestras de flecharnos, aunque en todos ellos no vimos sino tres o quatro arcos. Estando en esta contienda el viento refrescó y ellos se boluieron y nos dexaron, y assi nauegamos aquel dia hasta hora de visperas que mi varca, que yua delante, descubrio vna punta que la tierra hazia, y del otro cabo se via vn rio muy grande, y en vna ysleta que hazia la punta hize yo surgir por esperar las otras varcas. El Gouernador no quiso llegar, antes se metio por vna baya muy cerca de alli en que auia muchas isletas, y alli nos juntamos y desde la mar tomamos agua dulce, porque el rio entraua en la mar de auenida. Y por tostar algun maiz de lo que trayamos, porque ya auia dos dias que lo comiamos crudo, saltamos en aquella isla; mas como no hallamos leña acordamos de yr al rio que estaua detras de la punta, vna legua de alli, e yendo era tanta la corriente que no nos dexaua en ninguna manera llegar, antes nos apartaua de la tierra, y nosotros trabajando y porfiando por tomarla. El norte que venia de la tierra començo a crescer tanto que nos metio en la mar sin que nosotros pudiessemos hazer otra cosa, y a media legua que fuymos metidos en ella fondamos y hallamos que con treynta braças no podimos tomar hondo, y no podiamos entender si la corriente era causa que no lo pudiessemos tomar, y assi nauegamos dos dias, todavia trabajando por tomar tierra, y al cabo dellos, vn poco antes que el sol saliesse, vimos muchos humeros por la costa y trabajando por llegar alla nos hallamos en tres braças de agua, y por ser de noche no osamos tomar tierra, porque como auiamos visto tantos humeros, creyamos que se nos podia recrescer algun peligro, sin nosotros poder ver, por la mucha obscuridad, lo que auiamos de hazer. Y por esto determinamos de esperar a la mañana, y como amanescio, cada varca se hallo por si perdida de las otras. Yo me hallé en treynta braças, y siguiendo mi viage, a hora de visperas vi dos varcas y como fuy a ellas vi que la primera a que llegué era la del Gouernador, el qual me pregunto que me parescia que deuiamos hazer. Yo le dixe que deuia recobrar aquella varca que yua delante y que en ninguna manera la dexasse, y que juntas todas tres varcas siguiessemos nuestro camino donde Dios nos quisiesse lleuar. El me respondio que aquello no se podia hazer porque la varca yua muy metida en la mar y el queria tomar la tierra, y que si la queria yo seguir, que hiziesse que los de mi varca tomassen los remos y trabajassen, porque con fuerça de braços se auia de tomar la tierra, y esto le aconsejaua vn capitan que consigo lleuaua, que se llamaua Pantoia, diziendole que si aquel dia no tomaua la tierra, que en otros seys no la tomaria, y en este tiempo era necessario morir de hambre. Yo, vista su voluntad, tomé mi remo, y lo mismo hizieron todos los que en mi varca estauan para ello, y bogamos hasta casi puesto el sol, mas como el Gouernador lleuaua la mas sana y rezia gente que entre toda auia, en ninguna manera lo podimos seguir, ni tener con ella. Yo, como vi esto, pedile que para poderle seguir me diesse vn cabo de su varca, y el me respondio que no harian ellos poco si solos aquella noche pudiessen llegar a tierra. Yo le dixe que pues via la poca possibilidad que en nosotros auia para poder seguirle y hazer lo que auia mandado, que me dixesse que era lo que mandaua que yo hiziesse. El me respondio que ya no era tiempo de mandar vnos a otros; que cada vno hiziesse lo que mejor le paresciesse que era para saluar la vida, que el ansi lo entendía de hazer. Y diziendo esto se alargo con su varca y como no le pude seguir arribé sobre la otra varca que yua metida en la mar, la qual me esperó y llegado a ella hallé que era la que lleuauan los capitanes Peñalosa y Tellez. Y ansi nauegamos quatro dias en compañia, comiendo por tasa cada dia medio puño de maiz crudo. A cabo destos quatro dias nos tomó vna tormenta que hizo perder la otra varca y por gran misericordia que Dios tuuo de nosotros no nos hundimos del todo, segun el tiempo hazia, y con ser inuierno y el frio muy grande y tantos dias que padesciamos hambre, con los golpes que de la mar auiamos rescebido, otro dia la gente començo mucho a desmayar, de tal manera que quando el sol se puso todos los que en mi varca venian estauan caydos en ella, vnos sobre otros, tan cerca de la muerte que pocos auia que tuuiessen sentido, y entre todos ellos a esta hora no auia cinco hombres en pie. Y quando vino la noche no quedamos sino el maestre e yo que pudiessemos marear la varca, y a dos horas de la noche el maestre me dixo que yo tuuiesse cargo della, porque el estaua tal que creya aquella noche morir. Y assi yo tomé el leme y passada media noche yo llegué por ver si era muerto el maestre, y el me respondio que el antes estaua mejor y que el gouernaria hasta el dia. Yo, cierto, aquella hora de muy mejor voluntad tomara la muerte que no ver tanta gente delante de mi de tal manera Y despues que el maestre tomo cargo de la varca yo reposé vn poco muy sin reposo, ni auia cosa mas lexos de mi entonces que el sueño Ya cerca del alua paresciome que oya el tumbo de la mar, porque como la costa era baxa sonaua mucho, y con este sobresalto llamé al maestre, el qual me respondio que creya que eramos cerca de tierra, y tentamos y hallamonos en siete braças y paresciole que nos deuiamos tener a la mar hasta que amanesciesse. Y assi yo tomé vn remo y bogué de la vanda de la tierra, que nos hallamos vna legua della, y dimos la popa a la mar Y cerca de tierra nos tomó vna ola que echó la varca fuera del agua vn juego de herradura, y con el gran golpe que dio, casi toda la gente que en ella estaua como muerta, tornó en sí. Y como se vieron cerca de la tierra se començaron a descolgar y con manos y pies andando, y como salieron a tierra a vnos barrancos, hezimos lumbre y tostamos del maiz que trayamos y hallamos agua de la que hauia llouido, y con el calor del fuego la gente tornó en si y començaron algo a esforçarse. El dia que aqui llegamos era sexto del mes de Nouiembre.

CAPITULO ONZE

DE LO QUE ACAESCIO A LOPE DE OUIEDO CON VNOS INDIOS

Desque la gente ouo comido mandé a Lope de Ouiedo, que tenia mas fuerça y estaua mas rezio que todos, se llegasse a vnos arboles que cerca de alli estauan y subido en vno dellos descubriesse la tierra en que estauamos y procurasse de auer alguna noticia della. El lo hizo assi y entendio que estauamos en ysla y vio que la tierra estaua cauada a la manera que suele estar tierra donde anda ganado, y paresciole por esto que deuia ser tierra de christianos y ansi nos lo dixo. Yo le mandé que la tornasse a mirar muy mas particularmente y viesse si en ella auia algunos caminos que fuessen seguidos, y esto sin alargarse mucho, por el peligro que podia auer. El fue y topando con vna vereda se fue por ella adelante hasta espacio de media legua y halló vnas choças de vnos indios que estauan solas porque los indios eran ydos al campo, y tomó vna olla dellos y vn perrillo pequeño y vnas pocas de liças y assi se boluio a nosotros. Y paresciendonos que se tardaua embié otros dos christianos para que le buscassen y viessen que le auia suscedido, y ellos le toparon cerca de alli y vieron que tres indios con arcos y flechas venian tras del llamandole, y el assimismo llamaua a ellos por señas. Y assi llego donde estauamos y los indios se quedaron vn poco atras, assentados en la misma ribera, y dende a media hora acudieron otros cien indios flecheros que, agora ellos fuessen grandes, o no, nuestro miedo les hazia parescer gigantes, y pararon cerca de nosotros, donde los tres primeros estauan. Entre nosotros escusado era pensar que auria quien se defendiesse, porque difficilmente se hallaron seys que del suelo se pudiessen leuantar El veedor e yo salimos a ellos y llamamosles y ellos se llegaron a nosotros y lo mejor que podimos procuramos de assegurarlos y assegurarnos, y dimosles cuentas y cascaueles, y cada uno dellos me dio vna flecha, que es señal de amistad, y por señas nos dixeron que a la mañana boluerian y nos traerian de comer, porque entonces no lo tenian.

CAPITULO DOZE

COMO LOS INDIOS NOS TRUXERON DE COMER

Otro dia, saliendo el sol, que era la hora que los indios nos auian dicho, vinieron a nosotros como lo auian prometido y nos traxeron mucho pescado y de vnas rayzes que ellos comen y son como nuezes, algunas mayores o menores; la mayor parte dellas se sacan debaxo del agua y con mucho trabajo. A la tarde boluieron y nos traxeron mas pescado y de las mismas rayzes e hizieron venir sus mugeres e hijos para que nos viessen, y ansi se boluieron ricos de cascaueles y cuentas que les dimos, y otros dias nos tornaron a visitar con lo mismo que estotras vezes. Como nosotros viamos que estauamos proueydos de pescado y de rayzes y de agua y de las otras cosas que pedimos, acordamos de tornarnos a embarcar y seguir nuestro camino, y desenterramos la varca de la arena en que estaua metida y fue menester que nos desnudassemos todos y passassemos gran trabajo para echarla al agua, porque nosotros estauamos tales que otras cosas muy mas liuianas bastauan para ponernos en el Y assi, embarcados, a dos tiros de ballesta dentro en la mar, nos dio tal golpe de agua que nos mojo a todos y como yuamos desnudos y el frio que hazia era muy grande, soltamos los remos de las manos, y a otro golpe que la mar nos dio trastornó la varca; el veedor y otros dos se asieron della para escaparse, mas suscedio muy al reues, que la varca los tomo debaxo y se ahogaron. Como la costa es muy braua, el mar, de vn tumbo, echó a todos los otros, embueltos en las olas y medio ahogados, en la costa de la misma ysla, sin que faltassen mas de los tres que la varca auia tomado debaxo. Los que quedamos escapados, desnudos como nascimos y perdido todo lo que trayamos, y aunque todo valia poco, para entonces valia mucho. Y como entonces era por Nouiembre y el frio muy grande y nosotros tales que con poca difficultad nos podian contar los huessos, estauamos hechos propria figura de la muerte. De mi se dezir que desde el mes de Mayo passado yo no auia comido otra cosa sino maiz tostado, y algunas vezes me vi en necessidad de comerlo crudo, porque aunque se mataron los cauallos entre tanto que las varcas se hazian, yo nunca pude comer dellos y no fueron diez vezes las que comi pescado. Esto digo por escusar razones, porque pueda cada vno ver que tales estariamos. Y sobre todo lo dicho auia sobreuenido viento norte, de suerte que mas estauamos cerca de la muerte que de la vida; plugo a Nuestro Señor que buscando los tizones del fuego que alli auiamos hecho hallamos lumbre con que hezimos grandes fuegos, y ansi estuuimos pidiendo a Nuestro Señor misericordia y perdon de nuestros peccados, derramando muchas lagrimas, auiendo cada vno lastima, no solo de si, mas de todos los otros que en el mismo estado vian. Y a hora de puesto el sol, los indios, creyendo que no nos auiamos ydo, nos boluieron a buscar y a traernos de comer, mas quando ellos nos vieron ansi en tan diferente habito del primero y en manera tan estraña, espantaronse tanto que se boluieron atras. Yo sali a ellos y llamelos y vinieron muy espantados, hizelos entender por señas como se nos auia hundido vna varca y se auian ahogado tres de nosotros, y alli en su presencia ellos mismos vieron dos muertos y los que quedauamos yuamos aquel camino. Los indios, de ver el desastre que nos auia venido y el desastre en que estauamos con tanta desuentura y miseria, se sentaron entre nosotros y con el gran dolor y lastima que ouieron de vernos en tanta fortuna, començaron todos a llorar rezio y tan de verdad que lexos de alli se podia oyr, y esto les duro mas de media hora, y cierto, ver que estos hombres tan sin razon y tan crudos, a manera de brutos, se dolian tanto de nosotros, hizo que en mi y en otros de la compañia cresciesse mas la passion y la consideracion de nuestra desdicha. Sossegado ya este llanto yo pregunté a los christianos y dixe que si a ellos parescia rogaria a aquellos indios que nos lleuassen a sus casas, y algunos dellos, que auian estado en la Nueua España, respondieron que no se deuia hablar en ello, porque si a sus casas nos lleuauan nos sacrificarian a sus idolos; mas visto que otro remedio no auia y que por qualquier otro camino estaua mas cerca y mas cierta la muerte, no curé de lo que dezian, antes rogué a los indios que nos lleuassen a sus casas, y ellos mostraron que auian gran plazer dello y que esperassemos vn poco, que ellos harian lo que queriamos, y luego treynta dellos se cargaron de leña y se fueron a sus casas, que estauan lexos de alli, y quedamos con los otros hasta cerca de la noche, que nos tomaron y lleuandonos asidos y con mucha priessa fuymos a sus casas, y por el gran frio que hazia y temiendo que en el camino alguno no muriesse o desmayasse, proueyeron que ouiesse quatro o cinco fuegos muy grandes puestos a trechos, y en cada vno dellos nos escalentauan y desque vian que auiamos tomado alguna fuerça y calor nos lleuauan hasta el otro, tan apriessa que casi los pies no nos dejauan poner en el suelo, y desta manera fuymos hasta sus casas, donde hallamos que tenian hecha vna casa para nosotros y muchos fuegos en ella, y desde a vn hora que auiamos llegado començaron a baylar y hazer grande fiesta (que duró toda la noche) aunque para nosotros no auia plazer, fiesta, ni sueño, esperando quando nos auian de sacrificar, y a la mañana nos tornaron a dar pescado y rayzes y hazer tan buen tratamiento que nos asseguramos algo y perdimos algo el miedo del sacrificio

CAPITULO TREZE

COMO SUPIMOS DE OTROS CHRISTIANOS

Este mismo dia yo vi a vn indio de aquellos vn resgate y conosci que no era de los que nosotros les auiamos dado, y preguntando donde le auian auido ellos, por señas me respondieron que se lo auian dado otros hombres como nosotros que estauan atras. Yo, viendo esto, embié dos christianos y dos indios que les mostrassen aquella gente, y muy cerca de alli toparon con ellos, que tambien venian a buscarnos porque los indios que alla quedauan los auian dicho de nosotros, y estos eran los capitanes Andres Dorantes y Alonso del Castillo con toda la gente de su varca. Y llegados a nosotros se espantaron mucho de vernos de la manera que estauamos y rescibieron muy gran pena por no tener que darnos, que ninguna otra ropa trayan sino la que tenian vestida. Y estuuieron alli con nosotros y nos contaron como a cinco de aquel mismo mes su varca auia dado al traues legua y media de alli y ellos auian escapado sin perderse ninguna cosa, y todos juntos acordamos de adobar su varca e yrnos en ella los que tuuiessen fuerça y dispusicion para ello; los otros, quedarse alli hasta que conualeciessen, para yrse como pudiessen por luengo de costa y que esperassen alli hasta que Dios los lleuasse con nosotros a tierra de christianos. Y como lo pensamos assi nos pusimos en ello. Y antes que echassemos la varca al agua, Tauera, vn cauallero de nuestra compañia, murio, y la varca que nosotros pensauamos lleuar hizo su fin y no se pudo sostener a ssi misma, que luego fue hundida Y como quedamos del arte que he dicho y los mas desnudos y el tiempo tan rezio para caminar, y passar rios y ancones a nado, ni tener bastimento alguno, ni manera para lleuarlo, determinamos de hazer lo que la necessidad pedia, que era inuernar alli. Y acordamos tambien que quatro hombres que mas rezios estauan fuessen a Panunco, creyendo que estauamos cerca de alli, y que si Dios nuestro Señor fuesse seruido de lleuarlos alla diessen auiso de como quedauamos en aquella ysla y de nuestra necessidad y trabajo. Estos eran muy grandes nadadores y al vno llamauan Aluaro Fernandez, portugues, carpintero y marinero; el segundo se llamaua Mendez, y al tercero Figueroa, que era natural de Toledo, el quarto, Astudillo, natural de Çafra. Lleuauan consigo vn indio que era de la ysla.

CAPITULO CATORZE

COMO SE PARTIERON CUATRO CHRISTIANOS

Partidos estos quatro christianos, dende a pocos dias suscedio tal tiempo de frios y tempestades que los indios no podian arrancar las rayzes, y de los cañales en que pescauan ya no auia prouecho ninguno, y como las casas eran tan desabrigadas començose a morir la gente y cinco christianos que estauan en rancho en la costa llegaron a tal estremo que se comieron los vnos a los otros hasta que quedó vno solo, que por ser solo no huuo quien lo comiesse. Los nombres dellos son estos: Sierra, Diego Lopez, Corral, Palacios, Gonçalo Ruyz. Deste caso se alteraron tanto los indios y ouo entre ellos tan gran escandalo, que sin dubda si al principio ellos lo vieran, los mataran y todos nos vieramos en grande trabajo, finalmente, en muy poco tiempo, de ochenta hombres que de ambas partes alli llegamos quedaron viuos solos quinze, y despues de muertos estos dio a los indios de la tierra vna enfermedad de estomago de que murio la mitad de la gente dellos, y creyeron que nosotros eramos los que los matauamos, y teniendolo por muy cierto, concertaron entre si de matar a los que auiamos quedado. Ya que lo venian a poner en efecto, vn indio que a mi me tenia les dixo que no creyessen que nosotros eramos los que lo matauamos, porque si nosotros tal poder tuuieramos, escusaramos que no murieran tantos de nosotros como ellos vian que auian muerto sin que les pudieramos poner remedio, y que ya no quedauamos sino muy pocos y que ninguno hazia daño ni perjuyzio, que lo mejor era que nos dexassen Y quiso Nuestro Señor que los otros siguieron este consejo y parescer y ansi se estoruo su proposito. A esta ysla pusimos por nombre ysla de Malhado La gente que alli hallamos son grandes y bien dispuestos, no tienen otras armas sino flechas y arcos, en que son por extremo diestros. Tienen los hombres la vna teta horadada de vna parte a otra, y algunos ay que las tienen ambas, y por el agujero que hazen traen vna caña atrauessada, tan larga como dos palmos y medio y tan gruessa como dos dedos, traen tambien horadado el labio de abaxo y puesto en el vn pedaço de la caña, delgada como medio dedo Las mugeres son para mucho trabajo. La habitacion que en esta ysla hazen es desde Octubre hasta en fin de Hebrero El su mantenimiento es las rayzes que he dicho, sacadas debaxo el agua por Nouiembre y Deziembre Tienen cañales y no tienen mas peces de para este tiempo; de ay adelante comen las rayzes. En fin de Hebrero van a otras partes a buscar con que mantenerse, porque entonces las rayzes comiençan a nascer y no son buenas Es la gente del mundo que mas aman a sus hijos y mejor tratamiento les hazen, y quando acaesce que alguno se le muere el hijo, lloranle los padres y los parientes y todo el pueblo, y el llanto dura vn año cumplido, que cada dia por la mañana, antes que amanezca comiençan primero a llorar los padres y tras esto todo el pueblo, y esto mismo hazen al medio dia y quando amanesce, y passado vn año que los han llorado, hazenle las honrras del muerto y lauanse y limpianse del tizne que traen A todos los defuntos lloran desta manera, saluo a los viejos, de quien no hazen caso porque dizen que ya han passado su tiempo y dellos ningun prouecho ay, antes occupan la tierra y quitan el mantenimiento a los niños Tienen por costumbre de enterrar los muertos, sino son los que entre ellos son fisicos, que a estos quemanlos y mientras el fuego arde todos estan baylando y haziendo muy gran fiesta, y hazen poluos los huessos Y passado vn año, quando se hazen sus honrras todos se jassan en ellas y a los parientes dan aquellos poluos a beuer, de los huessos, en agua Cada vno tiene vna muger conoscida Los fisicos son los hombres mas libertados, pueden tener dos y tres y entre estas ay muy gran amistad y conformidad. Quando viene que alguno casa su hija, el que la toma por muger, dende el dia que con ella se casa todo lo que matare caçando. o pescando, todo lo trae la muger a la casa de su padre, sin osar tomar, ni comer, alguna cosa dello, y de casa del suegro le lleuan a el de comer, y en todo este tiempo el suegro, ni la suegra, no entran en su casa, ni el ha de entrar en casa de los suegros, ni cuñados, y si acaso se toparen por alguna parte se desuian vn tiro de ballesta el vno del otro, y entre tanto que assi van apartandose (1), lleuan la cabeça baxa y los ojos en tierra

---

(1) En la edición de 1555 *aportandose*.

puestos, porque tienen por cosa mala verse ni hablarse. Las mugeres tienen libertad para comunicar y conuersar con los suegros y parientes. Y esta costumbre se tiene desde la ysla hasta mas de cinquenta leguas por la tierra adentro. Otra costumbre ay y es que quando algun hijo o hermano muere, en la casa donde muriere, tres meses no buscan de comer, antes se dexan morir de hambre, y los parientes y los vezinos les proueen de lo que han de comer. Y como en el tiempo que aqui estuuimos murio tanta gente dellos, en las mas casas auia muy gran hambre por guardar tambien su costumbre y cerimonia, y los que lo buscauan, por mucho que trabajauan, por ser el tiempo tan rezio no podian auer sino muy poco. Y por esta causa los indios que a mi me tenian se salieron de la ysla y en vnas canoas se passaron a tierra firme a vnas bayas adonde tenian muchos hostiones, y tres meses del año no comen otra cosa y beuen muy mala agua. Tienen gran falta de leña, y de mosquitos muy grande abundancia. Sus casas son edificadas de esteras sobre muchas caxcaras de hostiones, y sobre ellos duermen en cueros y no los tienen sino es acaso. Y assi estuuimos hasta en fin de Abril, que fuymos a la costa de la mar, a do comimos moras de çarças todo el mes, en el qual no cessan de hazer sus areytos y fiestas.

CAPITULO QUINZE

DE LO QUE NOS ACAESCIO EN LA VILLA DE MALHADO

En aquella ysla que he contado nos quisieron hazer fisicos, sin examinarnos ni pedirnos los titulos, porque ellos curan las enfermedades soplando al enfermo y con aquel soplo y las manos echan dél la enfermedad, y mandaronnos que hiziessemos lo mismo y siruiessemos en algo; nosotros nos reyamos dello, diziendo que era burla y que no sabiamos curar, y por esto nos quitauan la comida hasta que hiziessemos lo que nos dezian. Y viendo nuestra porfia, vn indio me dixo a mi que yo no sabia lo que dezia en dezir que no aprouecharia nada aquello que el sabia, ca las piedras y otras cosas que se crian por los campos tienen virtud, y que el con vna piedra caliente, trayendola por el estomago, sanaua y quitaua el dolor, y que nosotros, que eramos hombres, cierto era que teniamos mayor virtud y poder. En fin nos vimos en tanta necessidad que lo ouimos de hazer sin temer que nadie nos lleuasse por ello la pena. La manera que ellos tienen en curarse es esta, que en viendose enfermos llaman vn medico y despues de curado no solo le dan todo lo que posseen, mas entre sus parientes buscan cosas para dalle. Lo que el medico haze es dalle unas sajas adonde tiene el dolor, y chupanles alderredor dellas. Dan cauterios de fuego, que es cosa entre ellos tenida por muy prouechosa e yo lo he experimentado y me suscedio bien dello, y despues desto soplan aquel lugar que les duele y con esto creen ellos que se les quita el mal. La manera con que nosotros curamos era santiguandolos y soplarlos y rezar vn Pater noster y vn Aue Maria y rogar lo mejor que podiamos a Dios nuestro Señor que les diesse salud y espirasse en ellos que nos hiziessen algun buen tratamiento. Quiso Dios nuestro Señor y su misericordia que todos aquellos por quien suplicamos, luego que los santiguamos dezian a los otros que estauan sanos y buenos, y por este respecto nos hazian buen tratamiento y dexauan ellos de comer por darnoslo a nosotros y nos dauan cueros y otras cosillas. Fue tan extremada la hambre que alli se passo que muchas vezes estuue tres dias sin comer ninguna cosa, y ellos tambien lo estauan, y paresciame ser cosa impossible durar la vida, aunque en otras mayores hambres y necessidades me vi despues, como adelante dire. Los indios que tenian a Alonso del Castillo y Andres Dorantes y a los demas que auian quedado viuos, como eran de otra lengua y de otra parentela se passaron a otra parte de la tierra firme a comer hostiones y alli estuuieron hasta el primero dia del mes de Abril y luego boluieron a la ysla, que estaua de alli hasta dos leguas por lo mas ancho del agua, y la ysla tiene media legua de traues y cinco en largo. Toda la gente desta tierra anda desnuda: solas las mugeres traen de sus cuerpos algo cubierto con vna lana que en los arboles se cria. Las moças se cubren con vnos cueros de venados. Es gente muy partida de lo que tienen,

vnos con otros. No ay entre ellos señor. Todos los
que son de vn linaje andan juntos Habitan en ella
dos maneras de lenguas a los vnos llaman de Ca-
poques, y a los otros de Han; tienen por costumbre quando se conoscen y de tiempo a tiempo se
veen, primero que se hablen estar media hora
llorando, y acabado esto aquel que es visitado se
leuanta primero y da al otro todo quanto possee,
y el otro lo rescibe y de ay a vn poco se va con
ello y aun algunas vezes despues de rescebido se
van sin que hablen palabra Otras estrañas costumbres tienen, mas yo he contado las mas principales y mas señaladas, por passar adelante y contar lo que mas nos suscedio.

CAPITULO DIEZ Y SEYS

COMO SE PARTIERON LOS CHRISTIANOS DE LA YSLA DE MALHADO

Despues que Dorantes y Castillo boluieron a la
ysla recogieron consigo todos los christianos, que
estauan algo esparzidos, y hallaronse por todos
catorze Yo, como he dicho, estaua en la otra parte en tierra firme, donde mis indios me auian lleuado y donde me auia dado tan gran enfermedad, que
ya que alguna otra cosa me diera esperança de
vida, aquella bastaua para del todo quitarmela. Y
como los christianos esto supieron dieron a vn indio la manta de martas que del cacique auiamos to-

mado, como arriba diximos, porque los passasse
donde yo estaua, para verme. Y assi vinieron doze,
porque los dos quedaron tan flacos que no se atre-
uieron a traerlos consigo; los nombres de los que
entonces vinieron son Alonso del Castillo, Andres Dorantes y Diego Dorantes, Valdiuiesso, Es-
trada, Tostado, Chaues, Gutierrez, Esturiano, clerigo, Diego de Huelua, Esteuanico el negro, Beni-
tez. Y como fueron venidos a tierra firme hallaron
otro que era de los nuestros, que se llamaua Francisco de Leon, y todos treze por luengo de costa.
Y luego que fueron passados, los indios que me
tenian me auisaron dello y como quedauan en la
ysla Hieronymo de Alaniz y Lope de Ouiedo. Mi
enfermedad estoruó que no les pude seguir, ni los
vi. Yo huue de quedar con estos mismos indios de
la ysla mas de vn año, y por el mucho trabajo que
me dauan y mal tratamiento que me hazian determiné de huyr dellos e yrme a los que moran en los
montes y tierra firme, que se llaman los de Cha-
rruco, porque yo no podia sufrir la vida que con
estos otros tenia, porque entre otros trabajos muchos, auia de sacar las rayzes para comer, debaxo
del agua, y entre las cañas donde estauan metidas
en la tierra, y desto traya yo los dedos tan gasta-
dos que vna paja que me tocasse me hazia sangre
dellos y las cañas me rompian por muchas partes
porque muchas dellas estauan quebradas y auia
de entrar por medio dellas con la ropa que he
dicho que traya. Y por esto yo puse en obra de
passarme a los otros y con ellos me suscedio algo
mejor, y porque yo me hize mercader procuré de

vsar el officio lo mejor que supe y por esto ellos me dauan de comer y me hazian buen tratamiento y rogauanme que me fuesse de vnas partes a otras por cosas que ellos auian menester, porque por razon de la guerra que contino traen, la tierra no se anda ni se contrata tanto. E ya con mis tratos y mercaderias entraua la tierra adentro todo lo que queria y por luengo de costa me alargaua quarenta ó cinquenta leguas. Lo principal de mi trato era pedaços de caracoles de la mar y coraçones dellos y conchas con que ellos cortan vna fruta que es como frisoles, con que se curan y hazen sus bayles y fiestas, y esta es la cosa de mayor prescio que entre ellos ay, y cuentas de la mar y otras cosas. Assi esto era lo que yo lleuaua la tierra adentro. Y en cambio y trueco dello traya cueros y almagra con que ellos se vntan y tiñen las caras y cabellos, pedernales para puntas de flechas, engrudo y cañas duras para hazerlas, y vnas borlas que se hazen de pelos de venados, que las tiñen y paran coloradas, y este officio me estaua a mi bien, porque andando en el tenia libertad para yr donde queria y no era obligado a cosa alguna y no era esclauo, y donde quiera que yua me hazian buen tratamiento y me dauan de comer, por respecto de mis mercaderias, y lo mas principal porque andando en ello yo buscaua por donde me auia de yr adelante, y entre ellos era muy conoscido, holgauan mucho quando me vian y les traya lo que auian menester, y los que no me conoscian me procurauan y desseauan ver, por mi fama. Los trabajos que en esto passé seria largo contarlos, assi de peligros y hambres como de tempestades y frios, que muchos dellos me tomaron en el campo y solo, donde por gran misericordia de Dios nuestro Señor escapé. Y por esta causa yo no trataua el officio en inuierno, por ser tiempo que ellos mismos en sus choças y ranchos metidos no podian valerse ni ampararse. Fueron casi seys años el tiempo que yo estuue en esta tierra solo entre ellos y desnudo como todos andauan La razon por que tanto me detuue fue por lleuar comigo vn christiano que estaua en la ysla, llamado Lope de Ouiedo El otro compañero de Alaniz que con el auia quedado quando Alonso del Castillo y Andres Dorantes con todos los otros se fueron, murio luego, y por sacarlo de alli yo passaua a la ysla cada año y le rogaua que nos fuessemos a la mejor maña que pudiessemos en busca de christianos, y cada año me detenia, diziendo que el otro siguiente nos yriamos En fin, al cabo lo saqué y le passé el ancon e quatro rios que ay por la costa, porque el no sabia nadar. Y ansi fuymos con algunos indios adelante hasta que llegamos a vn ancon que tiene vna legua de traues y es por todas partes hondo, y por lo que del nos parescio y vimos es el que llaman del Spiritu Sancto, y de la otra parte del vimos vnos indios que vinieron a ver los nuestros y nos dixeron como mas adelante auia tres hombres como nosotros y nos dixeron los nombres dellos. Y preguntandoles por los demas nos respondieron que todos eran muertos de frio y de hambre. Y que aquellos indios de adelante, ellos mismos, por su passatiempo, auian muerto a Diego Dorantes y a Valdeuieso y a Diego de Huelua porque se auian passado de vna casa a otra, y que los otros indios sus vezinos, con quien agora estaua el capitan Dorantes, por razon de vn sueño que auian soñado auian muerto a Esquiuel y a Mendez. Preguntamosles que tales estauan los viuos, dixeronnos que muy mal tratados porque los mochachos y otros indios que entre ellos son muy holgazanes y de mal trato les dauan muchas coces y bofetones y palos, y que esta era la vida que con ellos tenian. Quesimonos informar de la tierra adelante y de los mantenimientos que en ella auia, respondieron que era muy pobre de gente y que en ella no auia que comer, y que morian de frio porque no tenian cueros, ni con que cubrirse Dixeronnos tambien si queriamos ver aquellos tres christianos, que de ay a dos dias los indios que los tenian vernian a comer nuezes, vna legua de alli a la vera de aquel rio, y porque viessemos que lo que nos auian dicho del mal tratamiento de los otros era verdad, estando con ellos dieron al compañero mio de bofetones y palos, e yo no quedé sin mi parte, y de muchos pellazos de lodo que nos tirauan, y nos ponian cada dia las flechas al coraçon diziendo que nos querian matar como a los otros nuestros compañeros. Y temiendo esto Lope de Ouiedo mi compañero, dixo que queria boluerse con vnas mugeres de aquellos indios con quien auiamos passado el ancon que quedaua algo atras. Yo porfié mucho con el que no lo hiziesse, y passé muchas cosas y por ninguna via lo pude detener y assi se boluio e yo quede solo con aquellos indios, los quales se llamauan Queuenes, y los otros con quien el se fue, llaman Deaguanes.

CAPITULO DIEZ Y SIETE

COMO VINIERON LOS INDIOS Y TRUXERON A ANDRES DORANTES Y A CASTILLO Y A ESTEUANICO

Desde a dos dias que Lope de Ouiedo se auia ydo, los indios que tenian a Alonso del Castillo y Andres Dorantes vinieron al mesmo lugar que nos auian dicho, a comer de aquellas nuezes de que se mantienen, moliendo vnos granillos con ellas, dos meses del año, sin comer otra cosa, y aun esto no lo tienen todos los años, porque acuden vno, y otro no; son del tamaño de las de Galizia y los arboles son muy grandes y ay gran numero dellos Un indio me auiso como los christianos eran llegados y que si yo queria verlos me hurtasse e huyesse a vn canto de vn monte que el me señalo, porque el y otros parientes suyos auian de venir a ver aquellos indios y que me lleuarian consigo adonde los christianos estauan. Yo me confié dellos y determiné de hazerlo porque tenian otra lengua distinta de la de mis indios. Y puesto por obra, otro dia fueron y me hallaron en el lugar que estaua señalado, y assi me lleuaron consigo. Ya que llegué cerca de donde tenian su aposento, Andres Dorantes salio a ver quien era, porque los indios

le auian tambien dicho como venia vn christiano,
y quando me vio fue muy espantado porque auia
muchos dias que me tenian por muerto y los indios
assi lo auian dicho Dimos muchas gracias a Dios
de vernos juntos, y este dia fue vno de los de mayor plazer que en nuestros dias auemos tenido. Y
llegado donde Castillo estaua me preguntaron que
donde yua. Yo le dixe que mi proposito era de passar a tierra de christianos y que en este rastro y
busca yua. Andres Dorantes respondio que muchos dias auia que el rogaua a Castillo y a Esteuanico que se fuessen adelante, y que no lo osauan
hazer porque no sabian nadar y que temian mucho
los rios y ancones por donde auian de passar, que
en aquella tierra ay muchos Y pues Dios nuestro
señor auia sido seruido de guardarme entre tantos
trabajos y enfermedades y al cabo traerme en su
compañia, que ellos determinauan de huyr, que yo
los passaria de los rios y ancones que topassemos,
y auisaronme que en ninguna manera diesse a entender a los indios, ni conosciessen de mi, que yo
queria passar adelante, porque luego me matarian,
y que para esto era menester que yo me detuuiesse con ellos seys meses, que era tiempo en que
aquellos indios yuan a otra tierra a comer tunas.
Esta es vna fruta que es del tamaño de hueuos, y
son bermejas y negras y de muy buen gusto Co-
menlas tres meses del año, en los quales no comen
otra cosa alguna, porque al tiempo que ellos las co-
gian venian a ellos otros indios de adelante que
trayan arcos, para contratar y cambiar con ellos;
y que cuando aquellos se boluiessen nos huyriamos

de los nuestros y nos bolueriamos con ellos. Con este concierto yo quedé alli y me dieron por esclauo a vn indio con quien Dorantes estaua, el qual era tuerto y su muger y vn hijo que tenia y otro que estaua en su compañia, de manera que todos eran tuertos. Estos se llaman Marianes, y Castillo estaua con otros sus vezinos llamados Yguases Y estando aqui ellos me contaron que despues que salieron de la ysla de Malhado, en la costa de la mar hallaron la varca en que yua el Contador y los frayles, al traues, y que yendo passando aquellos rios, que son quatro muy grandes y de muchas corrientes, les lleuo las varcas en que passauan, a la mar, donde se ahogaron quatro dellos, y que assi fueron adelante hasta que passaron el ancon, y lo passaron con mucho trabajo, y a quinze leguas adelante hallaron otro, y que quando alli llegaron ya se les auian muerto dos compañeros en sesenta leguas que auian andado, y que todos los que quedauan estauan para lo mismo, y que en todo el camino no auian comido sino cangrejos e yerua pedrera, y llegados a este vltimo ancon dezian que hallaron en el indios que estauan comiendo moras y como vieron a los christianos se fueron de alli a otro cabo, y que estando procurando y buscando manera para passar el ancon, passaron a ellos vn indio y vn christiano, y que llegado conoscieron que era Figueroa, vno de los quatro que auiamos embiado adelante en la ysla de Malhado, y alli les conto como el y sus compañeros auian llegado hasta aquel lugar, donde se auian muerto dos dellos y vn indio, todos tres de frio y de hambre porque auian venido y estado en el mas rezio tiempo del mundo, e que a el y a Mendez auian tomado los indios. Y que estando con ellos Mendez auia huydo, yendo la via, lo mejor que pudo, de Panuco, y que los indios auian ydo tras el e que lo auian muerto e que estando el con estos indios supo dellos como con los Mariames estaua vn christiano que auia passado de la otra parte e lo auia hallado con los que llamauan Queuenes, y que este christiano era Hernando de Esquiuel, natural de Badajoz, el qual venia en compañia del comissario, e que el supo de Esquiuel el fin en que auian parado el Gouernador, y Contador, y los demas, y le dixo que el Contador y los frayles auian echado al traues su varca entre los rios, y viniendose por luengo de costa llego la varca del Gouernador con su gente en tierra, y el se fue con su varca hasta que llegaron a aquel ancon grande y que alli torno a tomar la gente y la passo del otro cabo y boluio por el Contador y los frayles y todos los otros. Y contó como estando desembarcados el Gouernador auia reuocado el poder que el Contador tenia de lugarteniente suyo y dio el cargo a vn capitan que traya consigo, que se dezia Pantoja, e que el Gouernador se quedo en su varca y no quiso aquella noche salir a tierra y quedaron con el vn maestre y un page que estaua malo, y en la varca no tenian agua ni cosa ninguna que comer, e que a media noche el norte vino tan rezio que saco la varca a la mar sin que ninguno la viesse, porque no tenia por reson sino vna piedra, y que nunca mas supieron del; e que visto esto, la gente que en tierra quedaron se fueron por luengo de costa e que como hallaron tanto estoruo de agua hizieron balsas con mucho trabajo, en que pasaron de la otra parte, e que yendo adelante llegaron a vna punta de vn monte, orilla del agua, e que hallaron indios que como los vieron venir metieron sus casas en sus canoas y se passaron de la otra parte a la costa, y los christianos, viendo el tiempo que era, porque era por el mes de Nouiembre, pararon en este monte porque hallaron agua y leña y algunos cangrejos y mariscos, donde de frio y de hambre se començaron poco a poco a morir. Allende desto, Pantoja, que por teniente auia quedado, les hazia mal tratamiento, y no lo podiendo sufrir Sotomayor, hermano de Vasco Porcallo, el de la ysla de Cuba, que en el armada auia venido por maestre de campo, se reboluio con el y le dio vn palo de que Pantoja quedo muerto, y assi se fueron acabando Y los que morian, los otros los hazian tasajos, y el vltimo que murió fue Sotomayor, y Esquiuel lo hizo tasajos y comiendo del se mantuuo hasta primero de Março, que vn indio de los que alli auian huydo vino a ver si eran muertos y lleuo a Esquiuel consigo, y estando en poder deste indio el Figueroa lo habló y supo dél todo lo que auemos contado y le rogó que se viniesse con el para yrse ambos la via del Panuco, lo qual Esquiuel no quiso hazer, diziendo que el auia sabido de los frayles que Panuco auia quedado atras, y assi se quedo alli y Figueroa se fue a la costa adonde solia estar.

CAPITULO DIEZ Y OCHO

DE LA RELACION QUE DIO DE ESQUIUEL

Esta cuenta toda dio Figueroa por la relacion que de Esquiuel auia sabido, y assi de mano en mano llego a mi, por donde se puede ver y saber el fin que toda aquella armada ouo y los particulares casos que a cada vno de los demas acontescieron. Y dixo mas, que si los christianos algun tiempo andauan por alli, podria ser que viessen a Esquiuel, porque sabia que se auia huydo de aquel indio con quien estaua, a otros que se dezian los Mareames, que eran alli vezinos. Y como acabó de dezir, él y el Asturiano se quisieran yr a otros indios que adelante estauan, mas como los indios que lo tenian lo sintieron, salieron a ellos y dieronles muchos palos y desnudaron al Asturiano y passaronle vn braço con vna flecha, y en fin, fin, se escaparon huyendo y los christianos se quedaron con aquellos indios y acabaron con ellos que los tomassen por esclauos, aunque estando siruiendoles fueron tan mal tratados dellos como nunca esclauos ni hombres de ninguna suerte lo fueron, porque de seys que eran, no contentos con darles muchas bofetadas y apalearlos y pelarles las baruas por su passatiempo, por solo passar de vna casa a otra mataron tres, que son los que arriba dixe Diego Dorantes, y Valdeuiesso y Diego de Huelua. Y los otros tres que quedauan esperauan parar en esto mismo, y por no sufrir esta vida Andres Dorantes se huyo y se passo a los Mareames, que eran aquellos adonde Esquiuel auia parado, y ellos le contaron como auian tenido alli a Esquiuel y como estando alli se quiso huyr porque vna muger auia soñado que le auia de matar vn hijo, y los indios fueron tras el y lo mataron y mostraron a Andres Dorantes su espada y sus cuentas y libro y otras cosas que tenia. Esto hazen estos por vna costumbre que tienen, y es que matan sus mismos hijos por sueños, y a las hijas en nasciendo las dexan comer a perros y las echan por ay. La razon porque ellos lo hazen es, segun ellos dizen, porque todos los de la tierra son sus enemigos y con ellos tienen continua guerra, y que si acaso casassen sus hijas multiplicarian tanto sus enemigos que los subjetarian y tomarian por esclauos, y por esta causa querian mas matallas que no que dellas mismas nasciesse quien fuesse su enemigo. Nosotros les diximos que ¿por que no las casauan con ellos mismos y tambien entre ellos?, dixeron que era fea cosa casarlas con sus parientes y que era muy mejor matarlas que darlas a sus parientes, ni a sus enemigos, y esta costumbre vsan estos y otros sus vezinos que se llaman los Yguazes, solamente, sin que ningunos otros de la tierra la guarden. Y quando estos se han de casar compran las mugeres a sus enemigos, y el precio que cada vno da por la suya es vn arco, el mejor que puede auer, con dos flechas, y si acaso no tiene arco, vna red hasta vna braça en ancho y otra en largo, matan sus hijos y mercan los agenos, no dura el casamiento mas de quanto estan contentos y con una higa deshazen el casamiento. Dorantes estuuo con estos y desde a pocos dias se huyo. Castillo y Esteuanico se

vinieron dentro a la tierra firme a los Yeguazes.
Toda esta gente son flecheros y bien dispuestos,
aunque no tan grandes como los que atras dexamos, e traen la teta y el labio horadados. Su mantenimiento principalmente es rayzes de dos o tres
maneras y buscanlas por toda la tierra; son muy
malas e hinchan los hombres que las comen Tardan dos dias en assarse y muchas dellas son muy
amargas, y con todo esto se sacan con mucho trabajo. Es tanta la hambre que aquellas gentes tienen que no se pueden passar sin ellas, y andan dos
o tres leguas buscandolas. Algunas vezes matan
algunos venados, y a tiempos toman algun pescado, mas esto es tan poco y su hambre tan grande
que comen arañas e hueuos de hormigas y gusanos e lagartijas e salamanquesas e culebras y biuoras que matan los hombres que muerden, y comen tierra y madera e todo lo que pueden auer, y
estiercol de venados y otras cosas que dexo de
contar, y creo aueriguadamente que si en aquella
tierra ouiesse piedras, las comerian Guardan las
espinas del pescado que comen e de las culebras y
otras cosas, para molerlo despues todo e comer el
poluo dello Entre estos no se cargan los hombres,
ni lleuan cosa de peso, mas lleuanlo las mugeres y
los viejos, que es la gente que ellos en menos tienen No tienen tanto amor a sus hijos como los que
arriba diximos Ay algunos entre ellos que vsan
peccado contra natura. Las mugeres son muy trabajadas y para mucho, porque de veynte y quatro
horas que ay entre dia y noche no tienen sino seys
horas de descanso y todo lo mas de la noche pa-

ssan en atizar sus hornos para secar aquellas rayzes que comen. Y desque amanesce comiençan a cauar y a traer leña y agua a sus casas y dar orden en las otras cosas de que tienen necessidad. Los mas destos son grandes ladrones, porque aunque entre si son bien partidos, en boluiendo vno la cabeça, su hijo mesmo o su padre le toma lo que puede. Mienten muy mucho y son grandes borrachos y para esto beuen ellos vna cierta cosa. Estan tan vsados a correr que sin descansar ni cansar corren desde la mañana hasta la noche y siguen vn venado y desta manera matan muchos dellos, porque los siguen hasta que los cansan y algunas vezes los toman viuos. Las casas dellos son de esteras puestas sobre quatro arcos; lleuanlas acuestas y mudanse cada dos o tres dias para buscar de comer, ninguna cosa siembran que se puedan aprouechar; es gente muy alegre; por mucha hambre que tengan, por esso no dexan de baylar ni de hazer sus fiestas y areytos. Para ellos el mejor tiempo que estos tienen es quando comen las tunas, porque entonces no tienen hambre y todo el tiempo se les passa en baylar, y comen dellas de noche y de dia todo el tiempo que les duran; exprimenlas y abrenlas y ponenlas a secar y despues de secas ponenlas en vnas seras, como higos, y guardanlas para comer por el camino quando se bueluen, y las caxcaras dellas muelenlas y hazenlas poluo. Muchas vezes estando con estos nos acontescio tres o quatro dias estar sin comer porque no lo auia, ellos, por alegrarnos nos dezian que no estuuiessemos tristes, que presto auria tunas y comeriamos muchas y beueriamos del çumo dellas y terniamos las barrigas muy grandes y estariamos muy contentos y alegres y sin hambre alguna. Y desde el tiempo que esto nos dezian hasta que las tunas se ouiessen de comer auia cinco o seys meses, y en fin ouimos de esperar aquestos seys meses y quando fue tiempo fuymos a comer las tunas; hallamos por la tierra muy gran cantidad de moxquitos de tres maneras, que son muy malos y enojosos y todo lo mas del verano nos dauan mucha fatiga. Y para deffendernos dellos haziamos al derredor de la gente muchos fuegos de leña podrida y mojada para que no ardiessen e hiziessen humo, y esta defension nos daua otro trabajo, porque en toda la noche no haziamos sino llorar, del humo que en los ojos nos daua, y sobre esto gran calor que nos causauan los muchos fuegos, y saliamos a dormir a la costa y si alguna vez podiamos dormir recordauannos a palos para que tornassemos a encender los fuegos. Los de la tierra adentro, para esto vsan otro remedio tan incomportable y mas que este que he dicho, y es andar con tizones en las manos, quemando los campos y montes que topan, para que los mosquitos huyan, y tambien para sacar debaxo de tierra lagartijas y otras semejantes cosas, para comerlas Y tambien suelen matar venados cercandolos con muchos fuegos Y vsan tambien esto por quitar a los animales el pasto [y] que la necessidad les haga yr a buscarlo a donde ellos quieren, porque nunca hazen assiento con sus casas sino donde ay agua y leña, y alguna vez se cargan todos desta prouision e van a buscar los venados, que muy ordinariamente estan donde no ay agua ni leña, y el dia que llegan matan venados y algunas otras cosas que pueden y gastan todo el agua y leña en guisar de comer y en los fuegos que hazen para defenderse de los mosquitos, y esperan otro dia para tomar algo que lleuen para el camino. Y quando parten, tales van de los mosquitos que paresce que tienen enfermedad de Sant Lazaro Y desta manera satisfazen su hambre dos o tres vezes en el año, a tan grande costa como he dicho, y por auer passado por ello puedo affirmar que ningun trabajo que se sufra en el mundo yguala con este. Por la tierra ay muchos venados y otras aues e animales de las que atras he contado. Alcançan aqui vacas e yo las he visto tres vezes y comido dellas y paresceme que seran del tamaño de las de España, tienen los cuernos pequeños, como moriscas, y el pelo muy largo, merino como vna bernia; vnas son pardillas y otras negras y a mi parescer tienen mejor y mas gruessa carne que de las de aca. De las que no son grandes hazen los indios mantas para cubrirse, y de las mayores hazen çapatos y rodelas; estas vienen de hazia el norte por la tierra adelante hasta la costa de la Florida, y tiendense por toda la tierra mas de quatrocientas leguas, y en todo este camino por los valles por donde ellas vienen, baxan las gentes que por alli habitan y se mantienen dellas y meten en la tierra grande (1) cantidad de cueros.

---

(1) En la edicion de 1555 *contidad*.

CAPITULO DIEZ Y NUEUE

DE COMO NOS APARTARON LOS INDIOS

Quando fueron cumplidos lo seys meses que yo estuue con los christianos esperando á poner en efecto el concierto que teniamos hecho, los indios se fueron a las tunas, que auia de alli adonde las auian de coger hasta treynta leguas, e ya que estauamos para huyrnos, los indios con quien estauamos vnos con otros riñeron sobre vna muger y se apuñearon (1) y apalearon y descalabraron vnos a otros, y con el grande enojo que ouieron, cada vno tomo su casa y se fue a su parte, de donde fue necessario que todos los christianos que alli eramos tambien nos apartassemos y en ninguna manera nos podimos juntar hasta otro año Y en este tiempo yo passe muy mala vida, ansi por la mucha hambre como por el mal tratamiento que de los indios rescibia, que fue tal que yo me huue de huyr tres vezes de los amos que tenia y todos me anduuieron a buscar y poniendo diligencia para matarme, y Dios nuestro Señor por su misericordia (2) me quiso guardar y amparar dellos. Y quando el tiempo de las tunas torno, en aquel mismo lugar nos tornamos a juntar. Ya que teniamos concertado de huyrnos y señalado el dia, aquel mismo dia

---

(1) En la edicion de 1555 *opuñearon.*
(2) En la misma *mia.*

los indios nos apartaron y fuymos cada vno por su parte e yo dixe a los otros compañeros que yo los esperaria en las tunas hasta que la luna fuesse llena, y este dia era primero de Setiembre y primero dia de luna, y auiselos que si en este tiempo no viniessen al concierto, yo me yria solo y los dexaria. Y ansi nos apartamos y cada vno se fue con sus indios e yo estuue con los mios hasta treze de luna, e yo tenia acordado de me huyr a otros indios en siendo la luna llena. Y a treze dias del mes llegaron adonde yo estaua Andres Dorantes y Esteuanico y dixeronme como dexauan a Castillo con otros indios que se llamauan Anagados y que estauan cerca de alli, y que auian passado mucho trabajo y que auian andado perdidos Y que otro dia adelante nuestros indios se mudaron hazia donde Castillo estaua e yuan á juntarse con los que lo tenian y hazerse amigos vnos de otros, porque hasta alli auian tenido guerra, y desta manera cobramos a Castillo. En todo el tiempo que comiamos las tunas teniamos sed y para remedio desto beuiamos el çumo de las tunas y sacauamoslo en vn hoyo que en la tierra haziamos, y desque estaua lleno beuiamos del hasta que nos hartauamos. Es dulce y de color de arrope, esto hazen por falta de otras vasijas. Ay muchas maneras de tunas y entre ellas ay algunas muy buenas, aunque a mi todas me parescian assi y nunca la hambre me dio espacio para escogerlas, ni parar mientes en quales eran mejores. Todas las mas destas gentes beuen agua llouediza y recogida en algunas partes, porque aunque ay rios, como nunca estan de assiento nunca tienen agua conoscida ni señalada. Por toda la tierra ay muy grandes y hermosas dehesas y de muy buenos pastos para ganados, e paresceme que seria tierra muy fructifera si fuesse labrada y habitada de gente de razon. No vimos sierra en toda ella en tanto que en ella estuuimos Aquellos indios nos dixeron que otros estauan mas adelante, llamados Camones, que viuen hazia la costa y auian muerto toda la gente que venia en la varca de Peñalosa y Tellez, y que venian tan flacos que aunque los matauan no se deffendian, y assi los acabaron todos, y nos mostraron ropas y armas dellos y dixeron que la varca estaua alli al traues. Esta es la quinta varca que faltaua, porque la del Gouernador ya diximos como la mar la lleuó, y la del Contador y los frayles la auian visto echada al traues en la costa, y Esquiuel conto el fin dellos. Las dos en que Castillo e yo e Dorantes yuamos ya hemos contado como junto a la isla de Malhado se hundieron

CAPITULO VEYNTE

DE COMO NOS HUYMOS

Despues de auernos mudado, desde a dos dias nos encomendamos a Dios nuestro Señor y nos fuymos huyendo, confiando que aunque era ya tarde y las tunas se acabauan, con los frutos que quedarian en el campo podriamos andar buena parte de tierra. Yendo aquel dia nuestro camino con harto temor que los indios nos auian de seguir, vimos vnos humos e yendo a ellos despues de visperas llegamos alla, do vimos vn indio que como vio que yuamos a el huyo sin querernos aguardar, nosotros embiamos al negro tras del y como vio que yua solo, aguardolo. El negro le dixo que yuamos a buscar aquella gente que hazía aquellos humos. El respondio que cerca de alli estauan las casas y que nos guiaria alla, y assi lo fuymos siguiendo y el corrio a dar auiso de como yuamos, e a puesta del sol vimos las casas e dos tiros de vallesta antes que llegassemos a ellas hallamos quatro indios que nos esperauan y nos rescibieron bien. Diximosles en lengua de Mareames que yuamos a buscallos, e ellos mostraron que se holgauan con nuestra compañia, e ansi nos lleuaron a sus casas, e a Dorantes e al negro aposentaron en casa de vn fisico, e a mi e a Castillo en casa de otro. Estos tienen otra lengua e llamanse Auauares, e son aquellos que solian lleuar los arcos a los nuestros e yuan a contratar con ellos, y aunque son de otra nacion y lengua entienden la lengua de aquellos con quien antes estauamos, y aquel mismo dia auian llegado alli con sus casas. Luego el pueblo nos ofrescio muchas tunas porque ya ellos tenian noticia de nosotros, y como curauamos y de las marauillas que nuestro Señor con nosotros obraua, que aunque no ouiera otras, harto grandes eran abrirnos caminos por tierra tan despoblada y darnos gente por donde muchos tiempos no la auia y librarnos de tantos peligros y no permitir que nos matassen y substentarnos con tanta hambre y poner aquellas gentes en coraçon que nos tratassen bien, como adelante diremos.

CAPITULO VEYNTE Y UNO

DE COMO CURAMOS AQUI VNOS DOLIENTES

Aquella misma noche que llegamos vinieron vnos indios a Castillo y dixeronle que estauan muy malos de la cabeça, ruegandole que los curasse, y despues que los huuo santiguado y encomendado a Dios, en aquel punto los indios dixeron que todo el mal se les auia quitado, y fueron a sus casas y truxeron muchas tunas y vn pedaço de carne de venado, cosa que no sabiamos que cosa era, y como esto entre ellos se publico vinieron otros muchos enfermos en aquella noche a que los sanasse y cada vno traya vn pedaço de venado, y tantos eran que no sabiamos adonde poner la carne Dimos muchas gracias a Dios porque cada dia yua cresciendo su misericordia y mercedes Y despues que se acabaron las curas començaron a baylar y hazer sus areytos y fiestas hasta otro dia que el sol salio, y duro la fiesta tres dias, por auer nosotros venido, y al cabo dellos les preguntamos por la tierra de adelante y por la gente que en ella hallariamos y los mantenimientos que en ella auia. Respondieronnos que por toda aquella tierra auia muchas tunas, mas que ya eran acabadas, y que ninguna gente auia, porque todos eran ydos a sus casas con auer ya cogido las tunas, y que la tierra era muy fria y en ella auia muy pocos cueros. Nosotros, viendo esto, que ya el inuierno y tiempo frio entraua, acordamos de passarlo con estos. A cabo de cinco dias que alli auiamos llegado se partieron a buscar otras tunas a donde auia otra gente de otras nasciones y lenguas. Y andadas cinco jornadas con muy grande hambre, porque en el camino no auia tunas ni otra fruta ninguna, allegamos a vn rio donde assentamos nuestras casas y despues de assentadas fuymos a buscar vna fruta de vnos arboles, que es como hieros, y como por toda esta tierra no ay caminos yo me detuue mas en buscarla, la gente se boluio e yo quedé solo, y veniendo a buscarlos aquella noche me perdi y plugo a Dios que hallé vn arbol ardiendo y al fuego del passé aquel frio aquella noche, y a la mañana yo me cargué de leña y tomé dos tizones y bolui a buscarlos y anduue desta manera cinco dias, siempre con mi lumbre y carga de leña, porque si el fuego se me matasse en parte donde no tuuiesse leña, como en muchas partes no la auia, tuuiesse de que hazer otros tizones y no me quedasse sin lumbre, porque para el frio yo no tenia otro remedio, por andar desnudo como nasci, y para las noches yo tenia este remedio, que me yua a las matas del monte que estaua cerca de los rios y paraua en ellas antes que el sol se pusiesse, y en la tierra hazia vn hoyo y en el echaua mucha leña que se cria en muchos arboles de que por alli ay muy gran cantidad, e juntaua mucha leña

de la que estaua cayda y seca de los arboles, y al
derredor de aquel hoyo hazia quatro fuegos en
cruz e yo tenia cargo y cuydado de rehazer el fuego de rato en rato, y hazia vnas gauillas de paja
larga que por alli ay, con que me cobria en aquel
hoyo, e desta manera me amparaua del frio de las
noches, y vna dellas el fuego cayo en la paja con
que yo estaua cubierto y estando yo durmiendo en
el hoyo començo a arder muy rezio, e por mucha
priessa que yo me di a salir todavia saqué señal en
los cabellos del peligro en que auia estado. En
todo este tiempo no comi bocado, ni hallé cosa que
pudiesse comer, y como traya los pies descalços
corriome dellos mucha sangre Y Dios vso comigo de misericordia que en todo este tiempo no
ventó el norte, porque de otra manera ningun remedio auia de yo viuir. Y a cabo de cinco dias llegué a vna ribera de vn rio donde yo hallé a mis
indios, que ellos y los christianos me contauan ya
por muerto e siempre creyan que alguna biuora
me auia mordido Todos ouieron gran plazer de
verme, principalmente los christianos, y me dixeron que hasta entonces auian caminado con mucha hambre, que esta era la causa que no me auian
buscado, y aquella noche me dieron de las tunas
que tenian Y otro dia partimos de alli y fuymos
donde hallamos muchas tunas con que todos satis-
fizieron su gran hambre. Y nosotros dimos muchas gracias a Nuestro Señor porque nunca nos
faltaua su remedio.

CAPITULO VEYNTE Y DOS

COMO OTRO DIA NOS TRUXERON OTROS ENFERMOS

Otro dia de mañana vinieron alli muchos indios y trayan cinco enfermos que estauan tollidos y muy malos y venian en busca de Castillo que los curasse, e cada vno de los enfermos ofrescio su arco y flechas, y el los rescibio y a puesta del sol los santiguo y encomendo a Dios nuestro Señor y todos le suplicamos con la mejor manera que podiamos les embiasse salud, pues el via que no auia otro remedio para que aquella gente nos ayudasse y saliessemos de tan miserable vida, y el lo hizo tan misericordiosamente que venida la mañana todos amanescieron tan buenos y sanos y se fueron tan rezios como si nunca ouieran tenido mal ninguno. Esto causó entre ellos muy gran admiracion y a nosotros desperto que diessemos muchas gracias a Nuestro Señor a que mas enteramente conosciessemos su bondad y tuuiessemos firme esperança que nos auia de librar y traer donde le pudiessemos seruir. Y de mi se dezir que siempre tuue esperança en su misericordia que me auia de sacar de aquella captiuidad, y assi yo lo hablé siempre a mis compañeros Como los indios fueron ydos e lleuaron sus indios sanos, partimos donde estauan otros comiendo tunas, y estos se llaman Cutalches e Malicones, que son otras lenguas, y junto con ellos auia otros que se llamauan Coayos e Susolas, y de otra parte otros llamados Atayos, y estos tenian guerra con los Susolas, con quien se flechauan cada dia. Y como por toda la tierra no se hablasse sino en los misterios que Dios nuestro Señor con nosotros obraua, venian de muchas partes a buscarnos para que los curassemos, y a cabo de dos dias que alli llegaron vinieron a nosotros vnos indios de los Susolas e rogaron a Castillo que fuesse a curar vn herido e otros enfermos, y dixeron que entre ellos quedaua vno que estaua muy al cabo. Castillo era medico muy temeroso, principalmente quando las curas eran muy temerosas e peligrosas, e creya que sus peccados auian de estoruar que no todas vezes suscediesse bien el curar. Los indios me dixeron que yo fuesse a curarlos, porque ellos me querian bien e se acordauan que les auia curado en las nuezes e por aquello nos auian dado nuezes e cueros, y esto auia passado quando yo vine a juntarme con los christianos, e assi huue de yr con ellos y fueron comigo Dorantes y Esteuanico. Y quando llegue cerca de los ranchos que ellos tenian yo vi el enfermo que yuamos a curar, que estaua muerto, porque estaua mucha gente al derredor del llorando, y su casa deshecha, que es señal que el dueño estaua muerto. Y ansi, quando yo llegué hallé el indio los ojos bueltos e sin ningun pulso e con todas señales de muerto, segun a mi me parescio, e lo mismo dixo Dorantes. Yo le quité vna estera que tenia encima con que estaua cubierto, y lo mejor que pude supliqué a nuestro Señor fuesse seruido de dar salud a aquel y a todos los otros que della tenian necessidad. Y despues de santiguado e soplado muchas vezes me traxeron su arco y me lo dieron y una sera de tunas molidas, e lleuaronme a curar otros muchos que estauan malos de modorra y me dieron otras dos seras de tunas, las quales di a nuestros indios que con nosotros auian venido, y hecho esto nos boluimos a nuestro aposento y nuestros indios a quien di las tunas se quedaron alla, y a la noche se boluieron a sus casas y dixeron que aquel que estaua muerto e yo auia curado, en presencia dellos se auia leuantado bueno y se auia passeado y comido e hablado con ellos, e que todos quantos auia curado quedauan sanos y muy alegres. Esto causo muy gran admiracion y espanto y en toda la tierra no se hablaua en otra cosa. Todos aquellos a quien esta fama llegaua nos venian a buscar para que los curassemos y santiguassemos sus hijos. Y quando los indios que estauan en compañia de los nuestros, que eran los Cutalchiches, se ouieron de yr a su tierra, antes que se partiessen nos ofrescieron todas las tunas que para su camino tenian, sin que ninguna les quedasse, y dieronnos pedernales tan largos como palmo y medio, con que ellos cortan, y es entre ellos cosa de muy gran estima. Rogaronnos que nos acordassemos dellos y rogassemos a Dios que siempre estuuiessen buenos, y nosotros se lo prometimos y con esto partieron los mas contentos hombres del mundo, auiendonos dado todo lo mejor que tenian Nosotros estuuimos con aquellos indios Auauares ocho meses, y esta cuenta haziamos por las lunas En todo este tiempo nos venian de muchas partes a buscar y dezian que verdaderamente nosotros eramos hijos del Sol. Dorantes y el negro hasta alli no auian curado, mas por la mucha importunidad que teniamos viniendonos de muchas partes a buscar, venimos todos a ser medicos, aunque en atreuimiento y osar acometer qualquier cura era yo mas señalado entre ellos, y ninguno jamas curamos que no nos dixesse que quedaua sano, y tanta confiança tenian que auian de sanar si nosotros los curassemos, que creyan que en tanto que nosotros alli estuuiessemos ninguno dellos auia de morir. Estos y los de mas atras nos contaron vna cosa muy estraña, y por la cuenta que nos figuraron parescia que auia quinze o diez y seys años que auia acontescido, que dezian que por aquella tierra anduuo vn hombre que ellos llaman mala cosa, y que era pequeño de cuerpo y que tenia baruas, aunque nunca claramente le pudieron ver el rostro, y que quando venia a la casa donde estauan se les leuantauan los cabellos y temblauan y luego parescía á la puerta de la casa vn tizón ardiendo e luego aquel hombre entraua y tomaua al que queria dellos e dauales tres cuchilladas grandes por las hijadas con vn pedernal muy agudo, tan ancho como vna mano e dos palmos en luengo, y metia la mano por aquellas cuchilladas y sacauales las tripas, y que cortaua de vna tripa poco más o menos de vn palmo y aquello que cortaua echaua en las brasas; y luego le daua tres cuchilladas en vn braço, e la segunda daua por la sangradura y desconcertauaselo, y dende a poco se lo tornaua a concertar y poniale las manos sobre las heridas; y deziannos que luego quedauan sanos, y que muchas vezes quando baylauan aparescia entre ellos, en habito de muger vnas vezes, y otras como hombre, e quando el queria tomaua el buhyo o casa y subiala en alto y dende a vn poco caya con ella y daua muy gran golpe También nos contaron que muchas vezes le dieron de comer y que nunca jamas comio e que le preguntauan donde venia e a que parte tenia su casa, e que les mostro una hendedura de la tierra e dixo que su casa era alla debaxo. Destas cosas que ellos nos dezian nosotros nos reyamos mucho, burlando dellas, e como ellos vieron que no lo creyamos, truxeron muchos de aquellos que dezian que el auia tomado y vimos las señales de las cuchilladas que el auia dado en los lugares, en la manera que ellos contauan. Nosotros les diximos que aquel era vn malo, y de la mejor manera que podimos les dauamos a entender que si ellos creyessen en Dios nuestro Señor e fuessen christianos como nosotros, no ternian miedo de aquel, ni el osaria venir a hazelles aquellas cosas, y que tuuiessen por cierto que en tanto que nosotros en la tierra estuuiessemos el no osaria parescer en ella. Desto se holgaron ellos mucho y perdieron mucha parte del temor que tenian. Estos indios nos dixeron que auian visto al Esturiano y a Figueroa con otros que adelante en la costa estauan, a quien nosotros llamauamos de los higos Toda esta gente no conoscian los tiempos por el sol, ni la luna, ni tienen cuenta del mes y año, y mas entienden y saben las differencias de los tiempos quando las frutas vienen a madurar, y en tiempo que muere el pescado, y el aparescer de las estrellas, en que son muy diestros y exercitados. Con estos siempre fuymos bien tratados, aunque lo que auiamos de comer lo cauauamos, y trayamos nuestras cargas de agua y leña. Sus casas y mantenimientos son como las de los passados, aunque tienen muy mayor hambre, porque no alcançan maiz, ni vellotas, ni nuezes. Anduuimos siempre en cueros como ellos y de noche nos cubriamos con cueros de venado. De ocho meses que con ellos estuuimos, los seys padescimos mucha hambre, que tanpoco alcançan pescado. Y al cabo deste tiempo ya las tunas començauan a madurar y sin que dellos fuessemos sentidos nos fuemos a otros que adelante estauan, llamados Maliacones, estos estauan vna jornada de alli donde yo y el negro llegamos. A cabo de los tres dias embie que traxesse a Castillo y a Dorantes. Y venidos nos partimos todos juntos con los indios que yuan a comer vna frutilla de vnos arboles, de que se mantienen diez o doze dias entre tanto que las tunas vienen. Y alli se juntaron con estos otros indios que se llaman Arbadaos, y a estos hallamos muy enfermos y flacos e hinchados, tanto que nos marauillamos mucho, y los indios con quien auiamos venido se boluieron por el mismo camino. Y nosotros les diximos que nos queriamos quedar con aquellos, de que ellos mostraron pesar, y assi nos quedamos en el campo con aquellos cerca de aquellas casas. Y quando ellos nos vieron juntaronse despues de auer hablado entre si, y cada vno dellos tomo el suyo por la mano y nos lleuaron a sus casas. Con estos padescimos mas hambre que con los otros, porque en todo el dia no comiamos mas de dos puños de aquella fruta, la qual estaua verde, tenia tanta leche que nos quemaua las bocas, y con tener falta de agua daua mucha sed a quien la comia Y como la hambre fuesse tanta, nosotros compramosles dos perros y a trueco dellos les dimos vnas redes y otras cosas e vn cuero con que yo me cubria. Ya he dicho como por toda esta tierra anduuimos desnudos, y como no estauamos acostumbrados a ello, a manera de serpientes mudauamos los cueros dos vezes en el año, y con el sol y ayre haziansenos en los pechos e en las espaldas vnos empeynes muy grandes, de que rescebiamos muy gran pena por razon de las muy grandes cargas que trayamos, que eran muy pesadas y hazian que las cuerdas se nos metian por los braços Y la tierra es tan aspera y tan cerrada que muchas vezes haziamos leña en montes, que quando la acabauamos de sacar nos corria por muchas partes sangre, de las espinas y matas con que topauamos, que nos rompian por donde alcançauan. A las vezes me acontescio hazer leña donde despues de auerme costado mucha sangre no la podia sacar, ni acuestas, ni arrastrando. No tenia, quando en estos trabajos me via, otro remedio ni consuelo sino pensar en la passion de nuestro redemptor Jesuchristo y en la sangre que por mi derramo, e considerar quanto mas seria el tormento que de las espinas el padescio, que no aquel que yo entonces sufria. Contrataua con estos indios haziendoles peynes, y con arcos e con flechas e con redes. Haziamos esteras, que son cosas de que ellos tienen mucha necessidad e aunque lo saben hazer no quieren ocuparse en nada, por buscar entretanto que comer Y quando entienden en esto passan muy gran hambre. Otras vezes me mandauan raer cueros y ablandarlos Y la mayor prosperidad en que yo alli me vi era el dia que me dauan a raer alguno, porque yo lo raya muy mucho y comia de aquellas raeduras y aquello me bastaua para dos o tres dias Tambien nos acontescio con estos y con los que atras auemos dexado, darnos vn pedaço de carne y comernoslo assi crudo, porque si lo pusieramos a assar, el primer indio que llegaua se lo lleuaua y comia; parescianos que no era bien ponerla en esta ventura, y tambien nosotros no estauamos tales que nos dauamos pena comerlo asado e no lo podiamos tambien passar como crudo. Esta es la vida que alli tuuimos y aquel poco substentamiento lo ganauamos con los rescates que por nuestras manos hezimos.

CAPITULO VEYNTE Y TRES

COMO NOS PARTIMOS DESPUES DE AUER COMIDO LOS PERROS

Despues que comimos los perros, paresciendonos que teniamos algun esfuerço para poder yr adelante, encomendandonos a Dios nuestro Señor para que nos guiasse, nos despedimos de aquellos indios y ellos nos encaminaron a otros de su lengua que estauan cerca de alli. E yendo por nuestro camino llouio e todo aquel dia anduuimos con agua, y allende desto perdimos el camino e fuymos a parar a vn monte muy grande e cogimos muchas hojas de tunas e assamoslas aquella noche en vn horno que hezimos, e dimosles tanto fuego que a la mañana estauan para comer. Y despues de auerlas comido encomendamonos a Dios y partimonos y hallamos el camino que perdido auiamos. Y passado el monte hallamos otras casas de indios y llegados alla vimos dos mugeres y mochachos que se espantaron, que andauan por el monte y en vernos huyeron de nosotros y fueron a llamar a los indios que andauan por el monte Y venidos pararonse a mirarnos detras de vnos arboles, y llamamosles y allegaronse con mucho temor, y despues de auerlos hablado nos dixeron que tenian mucha hambre y que cerca de alli estauan muchas casas dellos proprios y dixeron que nos lleuarian a ellas Y aquella noche llegamos adonde auia cinquenta casas y se espantauan de vernos y mostrauan mucho temor. Y despues que estuuieron algo asossegados de nosotros, allegauannos con las manos al rostro y al cuerpo y despues trayan ellos sus mismas manos por sus caras y sus cuerpos Y assi estuuimos aquella noche y venida la mañana traxeronnos los enfermos que tenian, rogandonos que los santiguassemos, y nos dieron de lo que tenian para comer, que eran hojas de tunas y tunas verdes asadas. Y por el buen tratamiento que nos hazian y porque aquello que tenian nos lo dauan de buena gana y voluntad e holgauan de quedar sin comer por darnoslo, estuuimos con ellos algunos dias. Y estando alli vinieron otros de mas adelante. Quando se quisieron partir diximos a los primeros que nos queriamos yr con aquellos. A ellos les peso mucho y rogaronnos muy ahincadamente que no nos fuessemos, y al fin nos despedimos dellos y los dexamos llorando por nuestra partida, porque les pesaua mucho en gran manera.

CAPITULO VEYNTE Y QUATRO

DE LAS COSTUMBRES DE LOS INDIOS DE AQUELLA TIERRA

Desde la ysla de Malhado, todos los indios que hasta esta tierra vimos tienen por costumbre desde el dia que sus mugeres se sienten preñadas no dormir juntos hasta que passen dos años que han criado los hijos, los quales maman hasta que son de edad de doze años, que ya entonces estan en edad que por si saben buscar de comer. Preguntamosles que porque los criauan assi y dezian que por la mucha hambre que en la tierra auia, que acontescia muchas vezes, como nosotros viamos, estar dos o tres dias sin comer, e a las vezes quatro, y por esta causa los dexauan mamar porque en los tiempos de hambre no muriessen, e ya que algunos escapassen, saldrian muy delicados y de pocas fuerças. Y si acaso acontesce caer enfermos algunos, dexanlos morir en aquellos campos si no es hijo, y todos los demas, si no pueden yr con ellos, se quedan; mas para lleuar vn hijo o hermano se cargan y lo lleuan acuestas Todos estos acostumbran dexar sus mugeres quando entre ellos no ay conformidad, y se tornan a casar con quien quieren; esto es entre los mancebos, mas los que tienen hijos permanescen con sus mugeres y no las dexan. Y quando en algunos pueblos riñen y trauan quistiones vnos con otros, apuñeanse y apaleanse hasta que estan muy cansados, y entonces se desparten; algunas vezes los desparten mugeres entrando entre ellos, que hombres no entran a despartirlos, y por ninguna passion que tengan no meten en ella arcos, ni flechas Y desque se han apuñeado y passado su quistion, toman sus casas y mugeres y vanse a viuir por los campos y apartados de los otros hasta que se les passa el enojo. Y quando ya estan desenojados y sin yra, tornanse a su pueblo y de ay adelante son amigos como si ninguna cosa ouiera passado entre ellos, ni es menester que nadie haga las amistades, porque desta manera se haze. Y si los que riñen no son casados vanse a otros sus vezinos y aunque sean sus enemigos los resciben bien y se huelgan mucho con ellos y les dan de lo que tienen, de suerte que quando es passado el enojo bueluen a su pueblo y vienen ricos Toda es gente de guerra y tienen tanta astucia para guardarse de sus enemigos como ternian si fuessen criados en Ytalia y en continua guerra. Quando estan en parte que sus enemigos los pueden ofender assientan sus casas a la orilla del monte mas aspero y de mayor espessura que por alli hallan, y junto a el hazen vn fosso y en este duermen Toda la gente de guerra esta cubierta con leña menuda y hazen sus saeteras, y estan tan cubiertos y dissimulados que aunque esten cabe ellos no los veen. Y hazen vn camino muy angosto y entra hasta en medio del monte y alli hazen lugar para que duerman las mugeres y niños, y quando viene la noche encienden lumbres en sus casas para que si ouiere espias crean que estan en ellas Y antes del alua tornan a encender los mismos fuegos y si acaso los enemigos vienen a dar en las mismas casas, los que estan en el fosso salen a ellos y hazen desde las trincheas mucho daño sin que los de fuera los vean ni los puedan hallar Y quando no ay montes en que ellos puedan desta manera esconderse y hazer sus celadas, assientan en llano en la parte que mejor les paresce y cercanse de trincheas cubiertas con leña menuda y hazen sus saeteras con que flechan a los indios, y estos reparos hazen para de noche. Estando yo con los de Aguenes, no estando auisados vinieron sus enemigos a media noche e dieron en ellos y mataron tres e hirieron otros muchos, de suerte que huyeron de sus casas por el monte adelante, y desque sintieron que los otros se auian ydo, boluieron a ellas y recogieron todas las flechas que los otros les auian echado, y lo más encubiertamente que pudieron los siguieron y estuuieron aquella noche sobre sus casas sin que fuessen sentidos, y al quarto del alua les acometieron y les mataron cinco, sin muchos otros que fueron heridos, y les hizieron huyr e dexar sus casas y arcos con toda su hazienda. Y de ay a poco tiempo vinieron las mugeres de los que se llamauan Queuenes y entendieron entre ellos y los hizieron amigos, aunque algunas vezes ellas son principio de la guerra. Todas estas gentes quando tienen enemistades particulares, quando no son de vna familia se matan de noche por assechanças y vsan vnos con otros grandes crueldades.

CAPITULO VEYNTE Y CINCO

COMO LOS INDIOS SON PRESTOS A VN ARMA

Esta es la mas presta gente para vn arma de quantas yo he visto en el mundo, porque si se temen de sus enemigos, toda la noche estan despiertos con sus arcos a par de si y vna dozena de flechas, y el que duerme tienta su arco y si no le halla en cuerda le da la buelta que ha menester. Salen muchas vezes fuera de las casas, baxados por el suelo de arte que no pueden ser vistos, y miran y atalayan por todas partes para sentir lo que ay, y si algo sienten en vn punto son todos en el campo con sus arcos y flechas, y assi estan hasta el dia corriendo a vnas partes y otras donde veen que es menester o piensan que pueden estar sus enemigos. Quando viene el dia tornan a afloxar sus arcos hasta que salen a caça Las cuerdas de los arcos son nieruos de venados. La manera que tienen de pelear es abaxados por el suelo, y mientra se flechan andan hablando y saltando, siempre de vn cabo para otro, guardandose de las flechas de sus enemigos, tanto que en semejantes partes pueden rescebir muy poco daño de ballestas y arcabuzes, antes los indios burlan dellos porque estas armas no aprouechan para ellos en campos llanos adonde ellos andan sueltos, son buenas para estrechos y lugares de agua; en todo lo demas los cauallos son los que han de sojuzgar y lo que los indios vniuersalmente temen Quien contra ellos ouiere de pelear a de estar muy auisado que no le sientan flaqueza, ni cobdicia de lo que tienen. Y mientras durare la guerra hanlos de tratar muy mal, porque si temor les conocen o alguna cobdicia, ella es gente que sabe conoscer tiempos en que vengarse y toman esfuerço del temor de los contrarios. Quando se han flechado en la guerra y gastado su municion, bueluense cada vno su camino sin que los vnos sigan a los otros, aunque los vnos sean muchos y los otros pocos, y esta es costumbre suya. Muchas vezes se passan de parte a parte con las flechas y no mueren de las heridas si no toca en las tripas o en el coraçon, antes sanan presto Veen y oyen mas y tienen mas agudo sentido que quantos hombres yo creo que ay en el mundo Son grandes sufridores de hambre y de sed y de frio, como aquellos que estan mas acostumbrados y hechos a ello que otros. Esto he querido contar porque allende que todos los hombres dessean saber las costumbres y exercicios de los otros, los que algunas vezes se vinieren a ver con ellos esten auisados de sus costumbres y ardides, que suelen no poco aprouechar en semejantes casos.

CAPITULO VEYNTE Y SEYS

DE LAS NASCIONES Y LENGUAS

Tambien quiero contar sus nasciones y lenguas que desde la ysla de Malhado hasta los vltimos ay. En la ysla de Malhado ay dos lenguas: los vnos llaman de Caoques y a los otros llaman de Han. En la tierra firme, enfrente de la ysla, ay otros que se llaman de Chorruco y toman el nombre de los montes donde viuen. Adelante, en la costa de la mar habitan otros que se llaman Doguenes Y enfrente dellos otros que tienen por nombre los de Mendica Mas adelante en la costa estan los Queuenes Y enfrente dellos, dentro en la tierra firme, los Mariames, e yendo por la costa adelante estan otros que se llaman Guaycones Y enfrente destos, dentro en la tierra firme, los Yguazes. Cabo destos estan otros que se llaman Atayos, y detras destos otros Acubadaos, y destos ay muchos por esta vereda adelante. En la costa viuen otros llamados Quitoles. Y enfrente destos, dentro en la tierra firme, los Auauares. Con estos se juntan los Maliacones y otros Cutalchiches y otros que se llaman Susolas y otros que se llaman Comos, y adelante en la costa estan los Camoles, y en la misma costa adelante otros a quien nosotros llamamos los de los higos. Todas estas gentes tienen habitaciones y pueblos y lenguas diuersas Entre estos ay vna lengua en que llaman a los hombres por mira aca, arre aca, a los perros, xo; en toda la tierra se emborrachan con vn humo y dan quanto tienen por el. Beuen tambien otra cosa que sacan de las hojas de los arboles como de enzina, y tuestanla en vnos botes al fuego y despues que la tienen tostada hinchen el bote de agua y assi lo tienen sobre el fuego, e quando ha heruido dos vezes echanle en vna vasija y estan enfriandola con media calabaça y quando esta con mucha espuma beuenla tan caliente quanto pueden sufrir, y desde que la sacan del bote hasta que la beuen estan dando bozes diziendo que ¿quien quiere beuer? Y quando las mugeres oyen estas bozes luego se paran sin osarse mudar, y aunque esten mucho cargadas no osan hazer otra cosa. Y si acaso alguna dellas se mueue, la deshonrran y la dan de palos y con muy gran enojo derraman el agua que tienen para beuer, y la que han beuido la tornan a lançar, lo qual ellos hazen muy ligeramente y sin pena alguna. La razon de la costumbre dan ellos y dizen. Que si quando ellos quieren beuer aquella agua las mugeres se mueuen de donde les toma la boz, que en aquella agua se les mete en el cuerpo vna cosa mala y que dende a poco les haze morir. Y todo el tiempo que el agua esta coziendo a de estar el bote atapado. Y si acaso esta desatapado y alguna muger passa, lo derraman y no beuen mas de aquella agua; es amarilla, y estan beuiendola

tres dias sin comer, y cada dia beue cada vno
arroba y media della. Y quando las mugeres estan
con su costumbre no buscan de comer mas de para
si solas, porque ninguna otra persona come de lo
que ella trae. En el tiempo que assi estaua entre
estos vi vna diablura y es que vi vn hombre casa-
do con otro, y estos son vnos hombres amarionados, impotentes, y andan tapados como mugeres y
hazen officio de mugeres y tiran arco y lleuan muy
gran carga, y entre estos vimos muchos dellos
assi amarionados como digo, y son mas membrudos que los otros hombres y mas altos, sufren muy
grandes cargas.

CAPITULO VEYNTE Y SIETE

DE COMO NOS MUDAMOS Y FUYMOS BIEN RESCEBIDOS

Despues que nos partimos de los que dexamos
llorando fuymonos con los otros a sus casas, y de
los que en ellas estauan fuymos bien rescebidos y
truxeron sus hijos para que les tocassemos las manos, y dauannos mucha harina de mezquiquez.
Este mezquiquez es vna fruta que quando esta en
el arbol es muy amarga y es de la manera de algarrouas y comese con tierra y con ella está dulce
y bueno de comer. La manera que tienen con ella
es esta que hazen vn hoyo en el suelo, de la hondura que cada vno quiere, y despues de echada la
fruta en este hoyo, con vn palo tan gordo como la

pierna y de braça y media en largo la muelen hasta muy molida, y demas que se le pega de la tierra del hoyo traen otros puños y echanla en el hoyo e tornan otro rato a moler, y despues echanla en vna vasija de manera de vna espuerta y echanle tanta agua que basta a cubrirla de suerte que que de agua por cima, y el que la ha molido prueuala y si le paresce que no esta dulce pide tierra y rebueluela con ella, y esto haze hasta que la halla dulce, y assientanse todos alrededor y cada vno mete la mano y saca lo que puede, y las pepitas dellas tornan a echar sobre vnos cueros, y las caxcaras. Y el que lo ha molido las coge y las torna a echar en aquella espuerta y echa agua como de primero y tornan a expremir el çumo y agua que dello sale, y las pepitas y caxcaras tornan a poner en el cuero, y desta manera hazen tres o quatro vezes cada moledura. Y los que en este banquete, que para ellos es muy grande, se hallan, quedan las barrigas muy grandes de la tierra y agua que han beuido. Y desto nos hizieron los indios muy gran fiesta y ouo entre ellas muy grandes bayles y areytos en tanto que alli estuuimos. Y quando de noche durmiamos a la puerta del rancho donde estauamos, nos velauan a cada vno de nosotros seys hombres con gran cuydado, sin que nadie nos osasse entrar dentro hasta que el sol era salido. Quando nosotros nos quisimos partir dellos llegaron alli vnas mugeres de otros que viuian adelante, e informados dellas donde estauan aquellas casas nos partimos para alla, aunque ellos nos rogaron mucho que por aquel dia nos detuuiessemos, porque las casas adonde yuamos estauan lexos y no auia camino para ellas, y que aquellas mugeres venian cansadas, y descansando otro dia se yrian con nosotros y nos guiarian; y ansi nos despedimos. Y dende a poco las mugeres que auian venido, con otras del mismo pueblo, se fueron tras nosotros; mas como por la tierra no auia caminos, luego nos perdimos y ansi anduuimos quatro leguas y al cabo dellas llegamos a beuer a vn agua adonde hallamos las mugeres que nos seguian y nos dixeron el trabajo que auian passado por alcançarnos. Partimos de alli lleuandolas por guia y passamos vn rio quando ya vino la tarde, que nos daua el agua a los pechos, seria tan ancho como el de Seuilla y corria muy mucho Y a puesta del sol llegamos a cien casas de indios y antes que llegassemos salio toda la gente que en ellas auia a rescebirnos, con tanta grita que era espanto, y dando en los muslos grandes palmadas, trayan las calabaças horadadas, con piedras dentro, que es la cosa de mayor fiesta y no las sacan sino a baylar, o para curar, ni las osa nadie tomar sino ellos, y dizen que aquellas calabaças tienen virtud y que vienen del cielo, porque por aquella tierra no las ay, ni saben donde las aya, sino que las traen los rios quando vienen de auenida. Era tanto el miedo y turbacion que estos tenian, que por llegar mas presto los vnos que los otros a tocarnos nos apretaron tanto que por poco nos ouieran de matar, y sin dexarnos poner los pies en el suelo nos lleuaron a sus casas, y tantos cargauan sobre nosotros y de tal manera nos apretauan que nos

metimos en las casas que nos tenian hechas, y
nosotros no consentimos en ninguna manera que
aquella noche hiziessen mas fiesta con nosotros.
Toda aquella noche passaron entre si en areytos
y bayles, y otro dia de mañana nos traxeron
toda la gente de aquel pueblo para que los tocassemos y santiguassemos como auiamos hecho
a los otros con quien auiamos estado. Y despues
desto hecho dieron muchas flechas a las mugeres
del otro pueblo que auian venido con las suyas.
Otro dia partimos de alli y toda la gente del pueblo fue con nosotros y como llegamos a otros
indios fuymos bien rescebidos, como de los passados, y ansi nos dieron de lo que tenian y los
venados que aquel dia auian muerto. Y entre estos vimos vna nueua costumbre y es que los que
venian a curarse, los que con nosotros estauan les
tomauan el arco y las flechas y çapatos y cuentas,
si las trayan, y despues de auerlas tomado nos las
trayan delante de nosotros para que los curassemos, y curados se yuan muy contentos diziendo
que estauan sanos. Assi nos partimos de aquellos
y nos fuymos a otros de quien fuymos muy bien
rescebidos y nos traxeron sus enfermos, que santiguandolos dezian que estauan sanos, y el que no
sanaua creya que podiamos sanarle, y con lo que
los otros que curauamos les dezian, hazian tantas
alegrias y bayles que no nos dexauan dormir

CAPITULO VEYNTE Y OCHO

DE OTRA NUEUA COSTUMBRE

Partidos destos fuymos a otras muchas casas y desde aqui començo otra nueua costumbre, y es que rescibiendonos muy bien, que los que yuan con nosotros los començaron a hazer tanto mal que les tomauan las haziendas y les saqueauan las casas sin que otra cosa ninguna les dexassen, desto nos peso mucho, por ver el mal tratamiento que a aquellos que tan bien nos rescebian se hazia (1). Y tambien porque temiamos que aquello seria o causaria alguna alteracion y escandalo entre ellos; mas como no eramos parte para remediarlo, ni para osar castigar los que esto hazian, y ouimos por entonces de sufrir hasta que mas autoridad entre ellos tuuiessemos, y tambien los indios mismos que perdian la hazienda, conosciendo nuestra tristeza nos consolaron diziendo que de aquello no rescibiessemos pena, que ellos estauan tan contentos de auernos visto que dauan por bien empleadas sus haziendas, y que adelante serian pagados de otros que estauan muy ricos Por todo este camino teniamos muy gran trabajo por la mucha gente que nos seguia, y no podiamos huyr della aunque lo procurauamos, porque era muy grande la priessa que tenian por llegar a tocarnos,

---

(1) En la edicion de 1555: *hazian*.

y era tanta la importunidad de ellos sobre esto, que passauan tres horas que no podiamos acabar con ellos que nos dexassen. Otro dia nos traxeron toda la gente del pueblo, y la mayor parte dellos son tuertos de nuues, y otros dellos son ciegos dellas mismas, de que estauamos espantados Son muy bien dispuestos y de muy buenos gestos, mas blancos que otros ningunos de quantos hasta alli auiamos visto. Aqui empeçamos a ver sierras y parescia que venian seguidas de hazia el mar del Norte, y assi, por la relacion que los indios desto nos dieron, creemos que estan quinze leguas de la mar De aqui nos partimos con estos indios hazia estas sierras que dezimos, y lleuaronnos por donde estauan vnos parientes suyos, porque ellos no nos querian lleuar sino por do habitauan sus parientes, y no querian que sus enemigos alcançassen tanto bien como les parescia que era vernos. Y quando fuymos llegados, los que con nosotros yuan saquearon a los otros, y como sabian la costumbre, primero que llegassemos escondieron algunas cosas y despues que nos ouieron rescebido con mucha fiesta y alegria sacaron lo que auian escondido y vinieronnoslo a presentar Y esto era cuentas y almagra y algunas taleguillas de plata. Nosotros, segun la costumbre, dimoslo luego a los indios que con nos venian, y quando nos lo ouieron dado començaron sus bayles y fiestas y embiaron a llamar otros de otro pueblo que estaua cerca de alli, para que nos viniessen a ver, y a la tarde vinieron todos y nos traxeron cuentas y arcos y otras cosillas que tambien repartimos Y

otro dia, queriendonos partir, toda la gente nos
queria lleuar a otros amigos suyos que estauan a
la punta de las sierras, y dezian que alli auia muchas casas y gente e que nos darian muchas cosas, mas por ser fuera de nuestro camino no quesimos yr a ellos y tomamos por lo llano cerca de
las sierras, las quales creyamos que no estauan
lexos de la costa. Toda la gente della es muy
mala, y teniamos por mejor de atrauessar la tierra, porque la gente que esta mas metida adentro
es mas bien acondicionada y tratauannos mejor, y
teniamos por cierto que hallariamos la tierra mas
poblada y de mejores mantenimientos. Lo vltimo,
haziamos esto porque atrauessando la tierra viamos muchas particularidades della, porque si Dios
nuestro Señor fuesse seruido de sacar alguno de
nosotros y traerlo a tierra de christianos, pudiesse
dar nueuas y relacion della. Y como los indios
vieron que estauamos determinados de no yr por
donde ellos nos encaminauan, dixeronnos que por
donde nos queriamos yr no auia gente, ni tunas,
ni otra cosa alguna que comer, y rogaronnos que
estuuiessemos alli aquel dia, e ansi lo hezimos.
Luego ellos embiaron dos indios para que buscassen gente por aquel camino que queriamos yr, y
otro dia nos partimos lleuando con nosotros muchos dellos, y las mugeres yuan cargadas de agua,
y era tan grande entre ellos nuestra autoridad
que ninguno osaua beuer sin nuestra licencia. Dos
leguas de alli topamos los indios que auian ydo a
buscar la gente e dixeron que no la hallauan, de
lo qual los indios mostraron pesar y tornaronnos

a rogar que nos fuessemos por la sierra. No lo quesimos hazer, y ellos, como vieron nuestra voluntad, aunque con mucha tristeza se despidieron de nosotros e se boluieron el rio abaxo a sus casas. Y nosotros caminamos por el rio arriba y desde a vn poco topamos dos mugeres cargadas que como nos vieron pararon y descargaronse e traxeronnos de lo que lleuauan, que era harina de maiz, y nos dixeron que adelante en aquel rio hallariamos casas e muchas tunas y de aquella harina. Y ansi nos despedimos dellas porque yuan a los otros donde auiamos partido. Y anduuimos hasta puesta del sol y llegamos a vn pueblo de hasta veynte casas, adonde nos rescibieron llorando y con grande tristeza porque sabian ya que adonde quiera que llegauamos eran todos saqueados y robados de los que nos acompañauan, y como nos vieron solos perdieron el miedo y dieronnos tunas y no otra cosa ninguna. Estuuimos alli aquella noche, y al alua, los indios que nos auian dexado el dia passado, dieron en sus casas. Y como los tomaron descuydados y seguros tomaronles quanto tenian, sin que tuuiessen lugar donde asconder ninguna cosa, de que ellos lloraron mucho, y los robadores, para consolarles los dezian que eramos hijos del Sol y que teniamos poder para sanar los enfermos y para matarlos, y otras mentiras aun mayores que estas. Como ellos las saben mejor hazer quando sienten que les conuiene, y dixeronles que nos lleuassen con mucho acatamiento y tuuiessen cuydado de no enojarnos en ninguna cosa y que nos diessen todo quanto tenian y procurassen de lleuarnos donde auia mucha gente, y que donde llegassemos robassen ellos y saqueasen (1) lo que los otros tenian, porque assi era costumbre.

CAPITULO VEYNTE Y NUEUE

DE COMO SE ROBAUAN LOS VNOS A LOS OTROS

Despues de auerlos informado y señalado bien lo que auian de hazer, se boluieron y nos dexaron con aquellos, los quales, teniendo en la memoria lo que los otros les auian dicho nos començaron á tratar con aquel mismo temor y reuerencia que los otros, e fuymos con ellos tres jornadas y lleuaronnos adonde auia mucha gente. Y antes que llegassemos a ellos auisaron como yuamos y dixeron de nosotros todo lo que los otros les auian enseñado y añadieron mucho mas, porque toda esta gente de indios son grandes amigos de nouelas y muy mentirosos, mayormente donde pretenden algun interesse Y quando llegamos cerca de las casas salio toda la gente a rescebirnos con mucho plazer y fiesta, y entre otras cosas, dos físicos dellos nos dieron dos calabaças, y de aqui començamos a lleuar calabaças con nosotros y añadimos a nuestra autoridad esta cerimonia que para con ellos es muy grande. Los que nos auian acompañado saquearon

---

(1) En la edición de 1555 *saquease*

las casas, mas como eran muchas y ellos pocos no pudieron lleuar todo quanto tomaron y mas de la mitad dexaron perdido, y de aqui por la halda de la sierra nos fuymos metiendo por la tierra adentro mas de cinquenta leguas y al cabo dellas hallamos quarenta casas, y entre otras cosas que nos dieron ouo Andres Dorantes vn cascauel gordo grande de cobre y en el figurado vn rostro, y esto mostrauan ellos que lo tenian en mucho y les dixeron que lo auian auido de otros sus vezinos, e preguntandoles que donde auian auido aquellos, dixeronles que lo auian traydo de hazia el Norte y que alli auia mucho y era tenido en grande estima, y entendimos que do quiera que aquello auia venido auia fundicion y se labraua de vaziado. Y con esto nos partimos otro dia y atrauessamos vna sierra de siete leguas y las piedras della eran de escorias de hierro, y a la noche llegamos a muchas casas que estauan assentadas a la ribera de vn muy hermoso rio y los señores dellas salieron a medio camino a rescebirnos con sus hijos acuestas y nos dieron muchas taleguillas de margarita y de alcohol molido, con esto se vntan ellos la cara; y dieron muchas cuentas y muchas mantas de vacas y cargaron a todos los que venian con nosotros de todo quanto ellos tenian. Comian tunas e piñones; ay por aquella tierra pinos chicos y las piñas dellos (1) son como hueuos pequeños, mas los piñones son mejores que los de Castilla, porque tienen las caxcaras muy delgadas y quando estan verdes

---

(1) En la edicion de 1555. *dellas.*

muelenlos y hazenlos pellas y ansi los comen, y si estan secos los muelen con caxcaras y los comen hechos poluos. Y los que por alli nos rescebian, desque nos auian tocado boluian corriendo hasta sus casas y luego dauan buelta a nosotros y no cessauan de correr yendo y viniendo Desta manera trayannos muchas cosas para el camino. Aqui me traxeron vn hombre e me dixeron que auia mucho tiempo que le auian herido con vna flecha por el espalda derecha, y tenia la punta de la flecha sobre el coraçon, dezia que le daua mucha pena e que por aquella causa siempre estaua enfermo. Yo le toque y senti la punta de la flecha y vi que la tenia atrauessada por la ternilla, y con vn cuchillo que tenia le abri el pecho hasta aquel lugar y vi que tenia la punta atrauessada y estaua muy mala de sacar, torne a cortar mas y meti la punta del cuchillo y con gran trabajo en fin la saque. Era muy larga y con vn huesso de venado; vsando de mi officio de medicina le di dos puntos, y dados se me desangraua, y con raspa de vn cuero le estanque la sangre e quando huue sacado la punta pidieronmela e yo se la di y el pueblo todo vino a verla y la embiaron por la tierra adentro para que la viessen los que alla estauan, y por esto hizieron muchos bayles y fiestas como ellos suelen hazer. Y otro dia le corte los dos puntos al indio y estaua sano y no parescia la herida que le auia hecho sino como vna raya de la palma de la mano, y dixo que no sentia dolor ni pena alguna Y esta cura nos dio entre ellos tanto credito por toda la tierra quanto ellos podian y sabian estimar y encarescer.

Mostramosles aquel caxcauel que trayamos y dixeronnos que en aquel lugar de donde aquel auia venido auia muchas planchas de aquello enterradas, y que aquello era cosa que ellos tenian en mucho, y auia casas de assiento, y esto creemos nosotros que es la mar del Sur, que siempre tuuimos noticia que aquella mar es mas rica que la del Norte Destos nos partimos y anduuimos por tantas suertes de gentes y de tan diuersas lenguas que no basta memoria a poderlas contar. Y siempre saqueauan los vnos a los otros y assi los que perdian como los que ganauan quedauan muy contentos. Lleuauamos tanta compañia que en ninguna manera podiamos valernos con ellos Por aquellos valles donde yuamos cada vno dellos lleuaua vn garrote tan largo como tres palmos y todos yuan en ala y en saltando alguna liebre (que por alli auia hartas) cercauanla luego y cayan tantos garrotes sobre ella que era cosa de marauilla, y desta manera la hazian andar de vnos para otros, que a mi ver era la mas hermosa caça que se podia pensar, porque muchas vezes ellas se venian hasta las manos, y quando a la noche parauamos eran tantas las que nos auian dado que traya cada vno de nosotros ocho o diez cargas dellas. Y los que trayan arcos no parescian delante de nosotros, antes se apartauan por la sierra a buscar venados y a la noche quando venian trayan para cada vno de nosotros cinco o seys venados, y paxaros y codornizes y otras caças, finalmente, todo quanto aquella gente hallauan y matauan nos lo ponian delante, sin que ellos osassen tomar ninguna cosa aunque muriessen de hambre, que assi lo tenian ya por costumbre despues que andauan con nosotros, y sin que primero lo santiguassemos, y las mugeres trayan muchas esteras de que ellos nos hazian casas, para cada vno la suya aparte, y con toda su gente conoscida, y quando esto era hecho mandauamos que asassen aquellos venados y liebres y todo lo que auian tomado, y esto tambien se hazia muy presto en vnos hornos que para esto ellos hazian, y de todo ello nosotros tomauamos vn poco y lo otro dauamos al principal de la gente que con nosotros venia, mandandole que lo repartiesse entre todos Cada vno con la parte que le cabia venian a nosotros para que la soplassemos y santiguassemos, que de otra manera no osaran comer della, y muchas vezes trayamos con nosotros tres o quatro mil personas y era tan grande nuestro trabajo que a cada vno auiamos de soplar y santiguar lo que auian de comer y beuer, y para otras muchas cosas que querian hazer nos venian a pedir licencia, de que se puede ver que tanta importunidad rescebiamos. Las mugeres nos trayan las tunas y arañas y gusanos y lo que podian auer, porque aunque se muriessen de hambre ninguna cosa auian de comer sin que nosotros la diessemos. E yendo con estos passamos vn gran rio que venia del Norte y passados vnos llanos de treynta leguas hallamos mucha gente que de lexos de alli venia a rescebirnos, y salian al camino por donde auiamos de yr e nos rescibieron de la manera de los passados

CAPITULO TREYNTA

DE COMO SE MUDO LA COSTUMBRE DEL RESCEBIRNOS

Desde aqui ouo otra manera de rescebirnos, en quanto toca al saquearse, porque los que salian de los caminos a traernos alguna cosa, a los que con nosotros venian no los robauan, mas despues de entrados en sus casas ellos mismos nos ofrescian quanto tenian y las casas con ello, nosotros las dauamos a los principales para que entre ellos las partiessen, y siempre los que quedauan despojados nos seguian, de donde crescia mucha gente para satisfazerse de su perdida y dezianles que se guardassen y no escondiessen cosa alguna de quantas tenian, porque no podia ser sin que nosotros lo supiessemos y hariamos luego que todos muriessen, porque el Sol nos lo dezia Tan grandes eran los temores que les ponian, que los primeros dias que con nosotros estauan nunca estauan sino temblando, e sin osar hablar, ni alçar los ojos al cielo. Estos nos guiaron por mas de cinquenta leguas de despoblado de muy asperas sierras, y por ser tan secas no auia caça en ellas y por esto passamos mucha hambre, y al cabo vn rio muy grande, que el agua nos daua hasta los pechos, y desde aqui nos començo mucha de la gente que trayamos a adolescer, de la mucha hambre y trabajo que por aquellas sierras auian passado, que por extremo eran agras y trabajosas. Estos mismos nos lleuaron a vnos llanos al cabo de las sierras, donde venian a rescebirnos de muy lexos de alli y nos rescibieron como los passados e dieron tanta hazienda a los que con nosotros venian, que por no poderla lleuar dexaron la mitad y diximos a los indios que lo auian dado que lo tornassen a tomar y lo lleuassen porque no quedasse alli perdido. Y respondieron que en ninguna manera lo harian, porque no era su costumbre despues de auer vna vez ofrescido, tornarlo a tomar, y assi no lo teniendo en nada lo dexaron todo perder. A estos diximos que queriamos yr a la puesta del sol. Y ellos respondieronnos que por alli estaua la gente muy lexos. Y nosotros les mandauamos que embiassen a hazerles saber como nosotros yuamos alla, y desto se escusaron lo mejor que ellos podian porque ellos eran sus enemigos y no querian que fuessemos a ellos, mas no osaron hazer otra cosa. Y assi embiaron dos mugeres, vna suya y otra que dellos tenian captiua, y embiaron estas porque las mugeres pueden contratar aunque aya guerra. Y nosotros las seguimos e paramos en vn lugar donde estaua concertado que las esperassemos, mas ellas tardaron cinco dias y los indios dezian que no deuian de hallar gente. Diximosles que nos lleuassen hazia el Norte, respondieron de la misma manera, diziendo que por alli no auia gente, sino muy lexos, e que no auia que comer, ni se hallaua agua. Y con todo esto nosotros porfiamos y diximos que por alli queriamos yr, y ellos todavia se escusauan de la mejor manera que podian y por esto nos enojamos e yo me sali vna noche a dormir en el campo,

apartado dellos, mas luego fueron donde yo estaua
y toda la noche estuuieron sin dormir y con mucho
miedo y hablandome y diziendome quan atemorizados estauan, rogandonos que no estuuiessemos
mas enojados e que aunque ellos supiessen morir
en el camino nos lleuarian por donde nosotros quisiessemos yr. Y como nosotros todavia fingiamos
estar enojados y porque su miedo no se quitasse, suscedio vna cosa estraña, y fue que este dia
mesmo adolescieron muchos dellos y otro dia siguiente murieron ocho hombres Por toda la tierra
donde esto se supo ouieron tanto miedo de nosotros que parescia en vernos que de temor auian
de morir. Rogaronnos que no estuuiessemos enojados, ni quisiessemos que mas dellos muriessen, y
tenian por muy cierto que nosotros los matauamos con solamente quererlo. Y a la verdad nosotros rescebiamos tanta pena desto que no podia
ser mayor, porque allende de ver los que morian
temiamos que no muriessen todos, o nos dexassen
solos, de miedo, y todas las otras gentes de ay adelante hiziessen lo mismo viendo lo que a estos
auia acontescido Rogamos a Dios nuestro Señor
que lo remediasse, y ansi començaron a sanar todos aquellos que auian enfermado. Y vimos vna
cosa que fue de grande admiracion, que los padres
y hermanos y mugeres de los que murieron, de
verlos en aquel estado tenian gran pena, y despues
de muertos ningun sentimiento hizieron, ni los vimos llorar, ni hablar vnos con otros, ni hazer otra
ninguna muestra, ni osauan llegar a ellos hasta
que nosotros los mandauamos lleuar a enterrar

Y mas de quinze dias que con aquellos estuuimos a ninguno vimos hablar vno con otro, ni los vimos reyr, ni llorar a ninguna criatura, antes porque vna lloro la lleuaron muy lexos de alli y con vnos dientes de raton, agudos, la sajaron desde los hombros hasta casi todas las piernas. E yo, viendo esta crueldad y enojado dello les pregunte que por que lo hazían, e respondieronme que para castigarla porque auia llorado delante de mi. Todos estos temores que ellos tenian ponian a todos los otros que nueuamente venian a conoscernos, a fin que nos diessen todo quanto tenian, porque sabian que nosotros no tomauamos nada y lo auiamos de dar todo a ellos. Esta fue la mas obediente gente que hallamos por esta tierra, y de mejor condicion, y comunmente son muy dispuestos. Conualescidos los dolientes e ya que auia tres dias que estauamos alli llegaron las mugeres que auiamos embiado, diziendo que auian hallado muy poca gente y que todos auian ydo a las vacas, que era en tiempo dellas. Y mandamos a los que auian estado enfermos que se quedassen, y los que estuuiessen buenos fuessen con nosotros, y que dos jornadas de alli aquellas mismas dos mugeres yrian con dos de nosotros a sacar gente y traerla al camino para que nos rescibiessen, e con esto otro dia de mañana todos los que mas rezios estauan partieron con nosotros e a tres jornadas paramos, y el siguiente dia partio Alonso del Castillo con Esteuanico el negro lleuando por guia las dos mugeres, e la que dellas era captiua los lleuo a vn rio que corria entre vnas sierras, donde estaua vn pueblo en que su padre viuia, y estas fueron las primeras casas que vimos que tuuiessen parescer y manera dello Aqui llegaron Castillo y Esteuanico y despues de auer hablado con los indios, a cabo de tres dias vino Castillo adonde nos auia dexado y traxo cinco o seys de aquellos indios y dixo como auia hallado casas de gente e de assiento y que aquella gente comia frisoles y calabaças, y que auia visto maiz Esta fue la cosa del mundo que mas nos alegro y por ello dimos infinitas gracias a Nuestro Señor. Y dixo que el negro vernia con toda la gente de las casas a esperar al camino cerca de alli. Y por esta causa partimos y andada legua y media topamos con el negro y la gente que venian a rescebirnos, y nos dieron frisoles y muchas calabaças para comer e para traer agua, y mantas de vacas y otras cosas (1). Y como estas gentes y las que con nosotros venian eran enemigos y no se entendian, partimonos de los primeros dandoles lo que nos auian dado, e fuymonos con estos y a seys leguas de alli, ya que venia la noche llegamos a sus casas, donde hizieron muchas fiestas con nosotros. Aqui estuuimos vn dia y el siguiente nos partimos y lleuamoslos con nosotros a otras casas de assiento donde comian lo mismo que ellos Y de ay adelante ouo otro nueuo vso, que los que sabian de nuestra yda no salian a rescebirnos a los caminos, como los otros hazian, antes los hallauamos en sus casas y tenian hechas otras para nosotros, y estauan todos assentados y todos tenian

---

(1) En la edicion de 1555· *cosa*.

bueltas las caras hazia la pared y las cabeças baxas y los cabellos puestos delante de los ojos y su hazienda puesta en monton en medio de la casa. Y de aqui adelante començaron a darnos muchas mantas de cueros y no tenian cosa que no nos diessen. Es la gente de mejores cuerpos que vimos y de mayor viueza e habilidad y que mejor nos entendian y respondian en lo que preguntauamos, y llamamoslos de las vacas, porque la mayor parte que dellas mueren es cerca de alli, y por aquel rio arriba mas de cinquenta leguas van matando muchas dellas. Esta gente andan del todo desnudos a la manera de los primeros que hallamos. Las mugeres andan cubiertas con vnos cueros de venado, y algunos pocos de hombres, señaladamente los que son viejos que no siruen para la guerra. Es tierra muy poblada. Preguntamosles como no sembrauan maiz, respondieronnos que lo hazian por no perder lo que sembrassen, porque dos años arreo les auian faltado las aguas y auia sido el tiempo tan seco que a todos les auian perdido los maizes los topos, e que no osarian tornar a sembrar sin que primero ouiesse llouido mucho, y rogauannos que dixessemos al cielo que llouiesse y se lo rogassemos, y nosotros se lo prometimos de hazerlo ansi. Tambien nosotros quesimos saber de donde auian traydo aquel maiz, y ellos nos dixeron que de donde el sol se ponia, e que lo auia por toda aquella tierra, mas que lo mas cerca de alli era por aquel camino. Preguntamosles por donde yriamos bien y que nos informassen del camino, porque no querian yr alla Dixeronnos que el camino era por aquel rio arriba hazia el Norte, e que en diez y siete jornadas no hallariamos otra cosa ninguna que comer sino vna fruta que llaman chacan y que la machucan entre vnas piedras y aun despues de hecha esta diligencia no se puede comer, de aspera y seca, y assi era la verdad, porque alli nos lo mostraron y no lo podimos comer. Y dixeronnos tambien que entre tanto que nosotros fuessemos por el rio arriba yriamos siempre por gente que eran sus enemigos y hablauan su misma lengua, y que no tenian que darnos cosa a comer, mas que nos rescibirian de muy buena voluntad y que nos darian muchas mantas de algodon y cueros y otras cosas de las que ellos tenian, mas que todavia les parescia que en ninguna manera no deuiamos tomar aquel camino. Dubdando lo que hariamos y qual camino tomariamos que mas a nuestro proposito y prouecho fuesse, nosotros nos detuuimos con ellos dos dias. Dauannos a comer frisoles y calabaças; la manera de cozerlas es tan nueua que por ser tal yo la quise aqui poner para que se vea y se conozca quan diuersos y estraños son los ingenios e industrias de los hombres humanos Ellos no alcançan ollas, y para cozer lo que ellos quieren comer hinchen media calabaça grande de agua y en el fuego echan muchas piedras de las que mas facilmente ellos pueden encender y toman el fuego, y quando veen que estan ardiendo tomanlas con vnas tenazas de palo y echanlas en aquella agua que esta en la calabaça hasta que la hazen heruir con el fuego que las piedras lleuan, y quando veen que el agua hierue echan en ella lo que han de cozer, y en todo este tiempo no hazen sino sacar vnas piedras y echar otras ardiendo para que el agua hierua para cozer lo que quieren, y assi lo cuezen

CAPITULO TREYNTA Y UNO

DE COMO SEGUIMOS EL CAMINO DEL MAIZ

Passados dos dias que alli estuuimos determinamos de yr a buscar el maiz y no quesimos seguir el camino de las vacas porque es hazia el Norte. Y esto era para nosotros muy gran rodeo, porque siempre tuuimos por cierto que yendo la puesta del sol auiamos de hallar lo que desseauamos, y ansi seguimos nuestro camino y atrauessamos toda la tierra hasta salir á la mar del Sur, e no basto estoruarnos esto el temor que nos ponian de la mucha hambre que auiamos de passar (como a la verdad la passamos) por todas las diez y siete jornadas que nos auian dicho. Por todas ellas, el rio arriba, nos dieron muchas mantas de vacas, y no comimos de aquella su fruta, mas nuestro mantenimiento era cada dia tanto como vna mano de vnto de venado que para estas necessidades procurauamos siempre de guardar. Y ansi passamos todas las diez y siete jornadas y al cabo dellas trauessamos el rio y caminamos otras diez y siete. A la puesta del sol, por vnos llanos y entre vnas sierras muy grandes que alli se hazen, alli hallamos vna gente que la tercera parte del año no comen sino vnos poluos de paja, y por ser aquel tiempo quando nosotros por alli caminamos, ouimoslo tambien de comer, hasta que acabadas estas jornadas hallamos casas de assiento adonde auia mucho maiz allegado, y dello y de su harina nos dieron mucha cantidad, y de calabaças e frisoles e mantas de algodon, y de todo cargamos a los que alli nos auian traydo e con esto se boluieron los mas contentos del mundo. Nosotros dimos muchas gracias a Dios nuestro Señor por auernos traydo alli, adonde auiamos hallado tanto mantenimiento Entre estas casas auia algunas dellas que eran de tierra, y las otras todas son de esteras de cañas; y de aqui passamos mas de cien leguas de tierra y siempre hallamos casas de assiento y mucho mantenimiento de maiz y frisoles. Y dauannos muchos venados y muchas mantas de algodon mejores que las de la Nueua España. Dauannos tambien muchas cuentas y de vnos corales que ay en la mar del Sur, muchas turquesas muy buenas que tienen de hazia el Norte, y finalmente dieron aqui todo quanto tenian y a mi me dieron cinco esmeraldas hechas puntas de flechas, y con estas flechas hazen ellos sus areytos y bayles Y paresciendome a mi que eran muy buenas les pregunte que donde las auian auido, e dixeron que las trayan de vnas sierras muy altas que estan hazia el Norte y las comprauan a trueco de penachos y plumas de papagayos, y dezian que auia alli pueblos de mucha gente y casas muy grandes Entre estos vimos las mugeres mas honestamente tratadas que a ninguna parte de Indias que ouiessemos visto Traen vnas camisas de algodon que llegan hasta las rodillas e vnas medias mangas encima dellas, de vnas faldillas de cuero de venado sin pelo, que tocan en el suelo, e enxabonanlas con unas rayzes que alimpian mucho y ansi las tienen muy bien tratadas, son abiertas por delante y cerradas con vnas correas, andan calçados con çapatos Toda esta gente venian a nosotros a que los tocassemos y santiguassemos y eran en esto tan importunos que con gran trabajo lo sufriamos, porque dolientes y sanos todos querian yr santiguados. Acontescia muchas vezes que de las mugeres que con nosotros yuan parian algunas, y luego en nasciendo nos trayan la criatura a que la santiguassemos y tocassemos Acompañauannos siempre hasta dexarnos entregados a otros, y entre todas estas gentes se tenia por muy cierto que veniamos del cielo. Entre tanto que con estos anduuimos caminamos todo el dia sin comer hasta la noche, y comiamos tan poco que ellos se espantauan de verlo. Nunca nos sintieron cansancio y a la verdad nosotros estauamos tan hechos al trabajo que tampoco lo sentiamos Teniamos con ellos mucha autoridad y grauedad y para conseruar esto les hablauamos pocas vezes. El negro les hablaua siempre, se informaua de los caminos que queriamos yr y los pueblos que auia y de las cosas que queriamos saber. Passamos por gran numero y diuersidades de lenguas, con todas ellas Dios nuestro Señor nos fauorescio, porque siempre nos entendieron y les entendimos Y ansi preguntauamos y respondian por señas como si ellos hablaran nuestra lengua y nosotros la suya, porque aunque sabiamos seys lenguas no nos podiamos en todas partes aprouechar dellas porque hallamos mas de mil diferencias. Por todas estas tierras los que tenian guerras con los otros se hazian luego amigos para venirnos a rescebir y traernos todo quanto tenian, y desta manera dexamos toda la tierra en paz. Y diximosles por las señas por que nos entendian que en el cielo auia un hombre que llamauamos Dios, el qual auia criado el cielo y la tierra, y que este adorauamos nosotros y teniamos por Señor y que haziamos lo que nos mandaua y que de su mano venian todas las cosas buenas, y que si ansi ellos lo hiziessen les yria muy bien dello Y tan grande aparejo hallamos en ellos, que si lengua ouiera con que perfectamente nos entendieramos, todos los dexaramos christianos. Esto les dimos a entender lo mejor que podimos e de ay adelante quando el sol salia, con muy gran grita abrian las manos juntas al cielo y despues las trayan por todo su cuerpo, y otro tanto hazian quando se ponia. Es gente bien acondicionada y aprouechada y para seguir qualquiera cosa bien aparejada

CAPITULO TREINTA Y DOS

DE COMO NOS DIERON LOS CORAÇONES
DE LOS VENADOS

En el pueblo donde nos dieron las esmeraldas dieron a Dorantes mas de seyscientos coraçones de venado, abiertos, de que ellos tienen siempre mucha abundancia para su mantenimiento, y por esto le pusimos nombre el pueblo de los Coraçones, y por el es la entrada para muchas prouincias que estan a la mar del Sur, y si los que la fueren a buscar por aqui no entraren, se perderan, porque la costa no tiene maiz y comen poluo de bledo y de paja y de pescado que toman en la mar con balsas, porque no alcançan canoas. Las mugeres cubren sus verguenças con hierua y paja. Es gente muy apocada y triste. Creemos que cerca de la costa, por la via de aquellos pueblos que nosotros truximos, ay mas de mil leguas de tierra poblada y tienen mucho mantenimiento porque siembran tres vezes en el año frisoles y maiz. Ay tres maneras de venados: los de la vna dellas son tamaños como nouillos de Castilla; ay casas de assiento que llaman buios, y tienen yerua, y esto es de vnos arboles al tamaño de mançanos e no es menester mas de coger la fruta y vntar la flecha con ella; y si no tiene fruta quiebran vna rama y con la leche que tienen hazen lo mesmo Ay mu-

chos destos arboles que son tan ponçoñosos que si
majan las hojas del e las lauan en alguna agua
allegada, todos los venados y qualesquier otros
animales que della beuen rebientan luego. En este
pueblo estuuimos tres dias y a vna jornada de alli
estaua otro en el qual nos tomaron tantas aguas
que porque vn rio crescio mucho no lo podimos
passar y nos detuuimos alli quinze dias En este
tiempo Castillo vio al cuello de vn indio vna heui-
lleta de talabarte de espada, y en ella cosido vn
clauo de herrar, tomosela y preguntamosle que
cosa era aquella e dixeronnos que auian venido del
cielo Preguntamosle mas que quien la auia traydo
de alla, e respondieron que vnos hombres que trayan baruas como nosotros, que auian venido del
cielo y llegado a aquel rio, y que trayan cauallos
y lanças y espadas y que auian alanceado dos dellos Y lo mas dissimuladamente que podimos les
preguntamos que se auian hecho aquellos hombres, y respondieronnos que se auian ydo a la mar
y que metieron las lanças por debaxo del agua y
que ellos se auian tambien metido por debaxo y
que despues los vieron yr por cima hazia puesta
del sol Nosotros dimos muchas gracias a Dios
nuestro señor por aquello que oymos, porque estauamos desconfiados de saber nueuas de christianos, y por otra parte nos vimos en gran confusion
y tristeza creyendo que aquella gente no seria sino
algunos que auian venido por la mar a descubrir;
mas al fin, como tuuimos tan cierta nueua dellos di-
monos mas priessa a nuestro camino y siempre
hallauamos mas nueua de christianos Y nosotros

les deziamos que les yuamos a buscar para dezirles que no los matassen, ni tomassen por esclauos, ni los sacassen de sus tierras, ni les hiziessen otro mal ninguno, y desto ellos se holgauan mucho. Anduuimos mucha tierra y toda la hallamos despoblada porque los moradores della andauan huyendo por las sierras, sin osar tener casas, ni labrar, por miedo de los christianos. Fue cosa de que tuuimos muy gran lastima viendo la tierra muy fertil y muy hermosa y muy llena de aguas y de rios y ver los lugares despoblados y quemados y la gente tan flaca y enferma, huyda y escondida toda Y como no sembrauan, con tanta hambre se mantenian con cortezas de arboles y rayzes. Desta hambre a nosotros alcançaua parte en todo este camino, porque mal nos podian ellos prouer estando tan desuenturados que parescia que se querian morir. Truxeronnos mantas de las que auian escondido por los christianos y dieronnoslas y aun contaronnos como otras vezes auian entrado los christianos por la tierra e auian destruydo y quemado los pueblos y lleuado la mitad de los hombres y todas las mugeres y muchachos, y que los que de sus manos se auian podido escapar andauan huyendo Como los viamos tan atemorizados, sin osar parar en ninguna parte, y que ni querian ni podian sembrar, ni labrar la tierra, antes estauan determinados de dexarse morir y que esto tenian por mejor que esperar ser tratados con tanta crueldad como hasta alli, y mostrauan grandissimo plazer con nosotros, aunque temimos que llegados a los que tenian la frontera con los christianos y guerra con ellos, nos auian de maltratar y hazer que pagassemos lo que los christianos contra ellos hazian. Mas como Dios nuestro Señor fue seruido de traernos hasta ellos començaronnos a temer y acatar como los passados, y aun algo mas, de que no quedamos poco marauillados, por donde claramente se vee que estas gentes todas para ser atraydos a ser christianos y a obediencia de la Imperial Magestad han de ser lleuados con buen tratamiento, y que este es camino muy cierto, y otro no. Estos nos lleuaron a vn pueblo que está en vn cuchillo de vna sierra y se ha de subir a el por grande aspereza, y aqui hallamos mucha gente que estaua junta, recogidos por miedo de los christianos. Rescibieronnos muy bien y dieronnos quanto tenian y dieronnos mas de dos mil cargas de maiz, que dimos a aquellos miserables y hambrientos que hasta alli nos auian traydo Y otro dia despachamos de alli quatro mensageros por la tierra, como lo acostumbrauamos hazer, para que llamassen y conuocassen toda la mas gente que pudiessen, a vn pueblo que esta tres jornadas de alli Y hecho esto, otro dia nos partimos con toda la gente que alli estaua y siempre hallauamos rastro y señales adonde auian dormido christianos, y a medio dia topamos nuestros mensageros que nos dixeron que no auian hallado gente, que toda andauan por los montes, escondidos, huyendo porque los christianos no los matassen e hiziessen esclauos, y que la noche passada auian visto a los christianos estando ellos detras de vnos arboles mirando lo que hazian y vieron como lleuauan muchos indios en cadenas, y desto se alteraron los que con nosotros venian y algunos dellos se boluieron para dar auiso por la tierra como venian christianos, y muchos mas hizieran esto si nosotros no les dixeramos que no lo hiziessen ni tuuiessen temor, y con esto se asseguraron y holgaron mucho. Venian entonces con nosotros indios de cien leguas de alli y no podiamos acabar con ellos que se boluiessen a sus casas, y por assegurarlos dormimos aquella noche alli, y otro dia caminamos y dormimos en el camino. Y el siguiente dia los que auiamos embiado por mensageros nos guiaron adonde ellos auian visto los christianos, y llegados a hora de visperas vimos claramente que auian dicho la verdad y conoscimos la gente que era de a cauallo, por las estacas en que los cauallos auian estado atados. Desde aqui, que se llama el rio de Petutan, hasta el rio donde llego Diego de Guzman, puede auer hasta el desde donde supimos de christianos, ochenta leguas Y desde alli al pueblo donde nos tomaron las aguas, doze leguas. Y desde alli hasta la mar del Sur auia doze leguas. Por toda esta tierra, donde alcançan sierras vimos grandes muestras de oro y alcohol, hierro, cobre y otros metales. Por donde estan las casas de assiento es caliente, tanto que por Enero haze gran calor. Desde alli hazia el Mediodia de la tierra, que es despoblada hasta la mar del Norte, es muy desastrada y pobre, donde passamos grande e increyble hambre. Y los que por aquella tierra habitan y andan es gente crudelissima y de muy mala inclinacion y costumbres Los indios que tienen casa de assiento y los de atras ningun caso hazen de oro y plata, ni hallan que pueda auer prouecho dello.

CAPITULO TREYNTA Y TRES

COMO VIMOS RASTRO DE CHRISTIANOS

Despues que vimos rastro claro de christianos y entendimos que tan cerca estauamos dellos, dimos muchas gracias a Dios nuestro Señor por querernos sacar de tan triste y miserable captiuerio, y el plazer que desto sentimos juzguelo cada vno quando pensare el tiempo que en aquella tierra estuuimos y los peligros y trabajos por que passamos Aquella noche yo rogue a vno de mis compañeros que fuesse tras los christianos, que yuan por donde nosotros dexauamos la tierra assegurada y auia tres dias de camino. A ellos se les hizo de mal esto, escusandose por el cansancio y trabajo, y aunque cada uno dellos lo pudiera hazer mejor que yo, por ser mas rezios y mas moços, mas vista su voluntad, otro dia por la mañana tome comigo al negro y onze indios y por el rastro que hallaua siguiendo a los christianos passe por tres lugares donde auian dormido, y este dia anduue diez leguas. Y otro dia de mañana alcance quatro christianos de cauallo que rescibieron gran alteracion de verme tan estrañamente vestido y en compañia de indios Estuuieronme mirando mucho espacio de tiempo, tan atonitos que ni me hablauan ni acertauan a preguntarme nada. Yo les dixe que me lleuassen adonde estaua su capitan, y assi fuymos media legua de alli donde estaua Diego de Alcaraz, que era el capitan, y despues de auerlo hablado me dixo que estaua muy perdido alli porque auia muchos dias que no auia podido tomar indios y que no auia por donde yr, porque entre ellos començaua a auer necessidad y hambre. Yo le dixe como atras quedauan Dorantes y Castillo, que estauan diez leguas de alli con muchas gentes que nos auian traydo. Y el embio luego tres de cauallo y cinquenta indios de los que ellos trayan y el negro boluio con ellos para guiarlos e yo quede alli y pedi que me diessen por testimonio el año y el mes y dia que alli auia llegado y la manera en que venia, y ansi lo hizieron. Deste rio hasta el pueblo de los christianos, que se llama Sant Miguel, que es de la gouernacion de la provincia que dizen la Nueva Galizia, ay treynta leguas.

CAPITULO TREYNTA Y QUATRO

DE COMO EMBIE POR LOS CHRISTIANOS

Passados cinco dias llegaron Andres Dorantes y Alonso del Castillo con los que auian ydo por ellos y trayan consigo mas de seyscientas personas que eran de aquel pueblo que los christianos auian hecho subir al monte y andauan ascondidos por la tierra, y los que hasta alli con nosotros auian venido los auian sacado de los montes y entregado a los christianos, y ellos auian despedido todas las otras gentes que hasta alli auian traydo. Y venidos adonde yo estaua, Alcaraz me rogo que embiassemos a llamar la gente de los pueblos que estan a vera del rio, que andauan ascondidos por los montes de la tierra, y que les mandassemos que truxessen de comer, aunque esto no era menester porque ellos siempre tenian cuydado de traernos todo lo que podian Y embiamos luego nuestros mensageros a que los llamassen y vinieron seyscientas personas que nos truxeron todo el maiz que alcançauan, y trayanlo en vnas ollas tapadas con barro en que lo auian enterrado y escondido, y nos truxeron todo lo mas que tenian, mas nosotros no quesimos tomar de todo ello sino la comida, y dimos todo lo otro a los christianos para que entre si la repartiessen. Y despues desto passamos muchas y grandes pendencias con ellos porque nos querian hazer los indios que trayamos, esclauos, y con este enojo al partir dexamos muchos arcos turquescos que trayamos y muchos çurrones y flechas y entre ellas las cinco de las esmeraldas, que no se nos acordo dellas y ansi las perdimos Dimos a los christianos muchas mantas de vaca e otras cosas que trayamos, vimonos con los indios en mucho trabajo porque se boluiessen a sus casas y se assegurassen e sembrassen su maiz. Ellos no querian sino yr con nosotros hasta dexarnos, como acostumbrauan, con otros indios, porque si se boluiessen sin hazer esto temian que se moririan, que para yr con nosotros no temian a los christianos ni a sus lanças. A los christianos les pesaua desto y hazian que su lengua les dixesse que nosotros eramos dellos mismos y nos auiamos perdido mucho tiempo auia y que eramos gente de poca suerte y valor, y que ellos eran los señores de aquella tierra, a quien auian de obedescer y seruir Mas todo esto los indios tenian en muy poco o no nada de lo que les dezian, antes vnos con otros entre si platicauan diziendo que los christianos mentian, porque nosotros veniamos de donde salia el sol y ellos donde se pone, y que nosotros sanauamos los enfermos y ellos matauan los que estauan sanos, y que nosotros veniamos desnudos y descalços y ellos vestidos y en cauallos y con lanças, y que nosotros no teniamos cobdicia de ninguna cosa, antes todo quanto nos dauan tornauamos luego a dar y con nada nos quedauamos, y los otros no tenian otro fin sino robar todo quanto hallauan y nunca dauan nada a nadie; y desta manera relatauan todas nuestras cosas y las encarescian, por el contrario, de los otros. Y assi les res pondieron a la lengua de los christianos y lo mismo hizieron saber a los otros por vna lengua que entre ellos auia, con quien nos entendiamos, y aquellos que la vsan llamamos propriamente Primahaitu, que es como dezir Vascongados, la qual mas de quatrocientas leguas de las que anduuimos hallamos vsada entre ellos sin auer otra por todas aquellas tierras. Finalmente, nunca pudo acabar con los indios creer que éramos de los otros christianos y con mucho trabajo e importunacion los hezimos boluer a sus casas y les mandamos que se assegurassen y assentassen sus pueblos y sembrassen y labrassen la tierra, que de estar despoblada estaua ya muy llena de monte, la qual sin dubda es la mejor de quantas en estas Indias ay e mas fertil y abundosa de mantenimientos, y siembran tres vezes en el año. Tienen muchas frutas y muy hermosos rios y otras muchas aguas muy buenas. Ay muestras grandes y señales de minas de oro e plata, la gente della es muy bien acondicionada; siruen a los christianos (los que son amigos) de muy buena voluntad. Son muy dispuestos, mucho mas que los de Mexico, y finalmente es tierra que ninguna cosa le falta para ser muy buena. Despedidos los indios nos dixeron que harian lo que mandauamos y assentarian sus pueblos si los christianos los dexauan, e yo assi lo digo y affirmo por muy cierto, que si no lo hizieren sera por culpa de los christianos. Despues que ouimos embiado a los indios en paz y regraciandoles el trabajo que con nosotros auian passado, los christianos nos embiaron, debaxo de cautela, a vn Zebieros, alcalde, y con el otros dos. Los quales nos lleuaron por los montes e despoblados por apartarnos de la conuersacion de los indios y porque no viessemos ni entendiessemos lo que de hecho hizieron, donde paresce quanto se engañan los pensamientos de los hombres, que nosotros andavamos a les buscar libertad y quando pensauamos que la teniamos suscedio tan al contrario, porque tenian acordado de yr a dar en los indios que embiauamos assegurados y de paz. Y ansi como lo pensaron lo hizieron, lleuaronnos por aquellos montes dos dias, sin agua, perdidos y sin camino, y todos pensamos perescer de sed y della se nos ahogaron siete hombres, y muchos amigos que los christianos trayan consigo no pudieron llegar hasta otro dia a medio dia adonde aquella noche hallamos nosotros el agua. Y caminamos con ellos veynte y cinco leguas, poco mas o menos, y al fin dellas llegamos a vn pueblo de indios de paz y el alcalde que nos lleuaua nos dexo alli y el passó adelante otras tres leguas a vn pueblo que se llamaua Culiaçan, adonde estaua Melchior Diaz, alcalde mayor y capitan de aquella prouincia.

CAPITULO TREYNTA Y CINCO

DE COMO EL ALCALDE MAYOR NOS RESCIBIO BIEN LA NOCHE QUE LLEGAMOS

Como el alcalde mayor fue auisado de nuestra salida y venida, luego aquella noche partio y vino adonde nosotros estauamos y lloro mucho con nosotros, dando loores a Dios nuestro Señor por auer vsado de tanta misericordia con nosotros, e nos hablo y trato muy bien e de parte del gouernador Nuño de Guzman e suya nos ofrescio todo lo que tenia y podia y mostró mucho sentimiento de la mala acogida y tratamiento que en Alcaraz y los otros auiamos hallado, y tuuimos por cierto que si el se hallara alli se escusara lo que con nosotros y con los indios se hizo. Y passada aquella noche otro dia nos partimos y el alcalde mayor nos rogo mucho que nos detuuiessemos alli y que en esto hariamos muy gran seruicio a Dios y a Vuestra Magestad, porque la tierra estaua despoblada y sin labrarse y toda muy destruyda y los indios andauan escondidos e huydos por los montes sin querer venir a hazer assiento en sus pueblos, y que los embiassemos a llamar y les mandassemos de parte de Dios y de Vuestra Magestad que viniessen y poblassen en lo llano y labrassen la tierra. A nosotros nos parescio esto muy difficultoso de poner en effecto porque no trayamos indio ninguno de los nuestros, ni de los que nos solian acompañar y entender en estas cosas. En fin auenturamos a esto dos indios de los que trayan alli captiuos, que eran de los mismos de la tierra y estos se auian hallado con los christianos quando primero llegamos a ellos y vieron la gente que nos acompañaua y supieron dellos la mucha autoridad y dominio que por todas aquellas tierras auiamos traido y tenido y las marauillas que auiamos hecho y los enfermos que auiamos curado y otras muchas cosas Y con estos indios mandamos a otros del pueblo que juntamente fuessen y llamassen los indios que estauan por las sierras alçados, y los del rio de Petaan, donde auiamos hallado a los christianos, y que les dixessen que viniessen a nosotros porque les queriamos hablar. Y para que fuessen seguros y los otros viniessen les dimos vn calabaço de los que nosotros trayamos en las manos (que era nuestra principal insignia y muestra de gran estado) y con este ellos fueron y anduuieron por alli siete dias y al fin dellos vinieron y truxeron consigo tres señores de los que estauan alçados por las sierras, que trayan quinze hombres y nos truxeron cuentas y turquesas y plumas. Y los mensageros nos dixeron que no auian hallado a los naturales del rio donde auiamos salido, porque los christianos los auian hecho otra vez huyr a los montes. Y el Melchior Diaz dixo a la lengua que de nuestra parte les hablasse a aquellos indios y les dixesse como veniamos de parte de Dios que esta en el cielo y que auiamos andado por el mundo muchos años diziendo á toda la gente que auiamos hallado que creyessen en Dios y lo siruiessen porque era señor de todas quantas cosas auia en el mundo. Y que el daua galardon y pagaua a los buenos, e pena perpetua de fuego a los malos, y que quando los buenos morian los lleuaua al cielo, donde nunca nadie moria, ni tenian hambre, ni frio, ni sed, ni otra necessidad ninguna, sino la mayor gloria que se podria pensar. Y que los que no le querian creer ni obedescer sus mandamientos, los echaua debaxo la tierra en compañia de los demonios y en gran fuego, el qual nunca se auia de acabar, sino atormentarlos para siempre, e que allende desto si ellos quisiessen ser christianos y servir a Dios de la manera que les mandassemos, que los christianos les ternian por hermanos y los tratarian muy bien y nosotros les mandariamos que no les hiziessen ningun enojo, ni los sacassen de sus tierras, sino que fuessen grandes amigos suyos, mas que si esto no quisiessen hazer, los christianos les tratarian muy mal y se los lleuarian por esclauos á otras tierras. A esto respondieron a la lengua que ellos serian muy buenos christianos y seruirian a Dios Y preguntados en que adorauan y sacrificauan y a quien pedian el agua para sus maizales y la salud para ellos, respondieron que a vn hombre que estaua en el cielo Preguntamosles como se llamaua y dixeron que Aguar, e que creyan que el auia criado todo el mundo y las cosas del Tornamosles a preguntar como sabian esto. Y respondieron que sus padres y abuelos se lo auian dicho, que de muchos tiempos tenian noticia desto y sabian que el agua y todas las buenas cosas las embiaua aquel. Nosotros les diximos que aquel que ellos dezian nosotros lo llamauamos Dios, y que ansi lo llamassen ellos y lo siruiessen y adorassen como mandauamos y ellos se hallarian muy bien dello. Respondieron que todo lo tenian muy bien entendido y que assi lo harian. Y mandamosles que baxassen de las sierras y viniessen seguros y en paz y poblassen toda la tierra e hiziessen sus casas e que entre ellas hiziessen vna para Dios y pusiessen a la entrada vna cruz como la que alli teniamos, e que quando viniessen alli los christianos los saliessen a rescebir con las cruzes en las manos, sin los arcos y sin armas, y los lleuassen a sus casas y les diessen de comer de lo que tenian, y por esta manera no les harian mal, antes serian sus amigos. Y ellos dixeron que ansi lo harian como nosotros lo mandauamos Y el capitan les dio mantas y los trato muy bien, y assi se boluieron lleuando los dos que estauan captiuos e auian ydo por mensajeros. Esto passo en presencia del escriuano que alli tenian y otros muchos testigos.

CAPITULO TREYNTA Y SEYS

DE COMO HEZIMOS HAZER YGLESIAS EN AQUELLA TIERRA

Como los indios se boluieron todos, los de aquella prouincia, que eran amigos de los christianos, como tuuieron noticia de nosotros nos vinieron a ver y nos truxeron cuentas y plumas Y nosotros les mandamos que hiziessen yglesias y pusiessen cruzes en ellas, porque hasta entonces no las auian hecho. Y hezimos traer los hijos de los principales señores e baptizarlos. Y luego el capitan hizo pleyto omenaje a Dios, de no hazer ni consentir hazer entrada ninguna, ni tomar esclauo por la tierra y gente que nosotros auiamos assegurado, y que esto guardaria y cumpliria hasta que Su Magestad y el gouernador Nuño de Guzman, o el visorey en su nombre, proueyessen en lo que mas fuesse seruicio de Dios y de Su Magestad Y despues de baptizados los niños nos partimos para la villa de Sant Miguel, donde como fuymos llegados vinieron indios que nos dixeron como mucha gente baxaua de las sierras y poblauan en lo llano y hazian yglesias y cruzes y todo lo que les auiamos mandado, y cada dia teniamos nueuas de como esto se yua haziendo y cumpliendo mas enteramente Y passados quinze dias que alli auiamos estado llego Alcaraz con los christianos que auian ydo en aquella entrada y contaron al capitan como eran baxados de las sierras los indios y auian poblado en lo llano y auian hallado pueblos con mucha gente, que de primero estauan despoblados y desiertos, y que los indios les salieron a rescebir con cruzes en las manos y los lleuaron a sus casas y les dieron de lo que tenian y durmieron con ellos alli aquella noche. Espantados de tal nouedad y de que los indios les dixeron como estauan ya assegurados, mando que no les hiziessen mal, y ansi se despidieron. Dios nuestro Señor por su infinita misericordia quiera que en los dias de Vuestra Magestad y debaxo de vuestro poder y señorio, estas gentes vengan a ser verdaderamente y con entera voluntad subjetas al uerdadero señor que los crio y redimio Lo qual tenemos por cierto que assi sera y que Vuestra Magestad a de ser el que lo ha de poner en effecto (que no sera tan difficil de hazer), porque dos mil leguas que anduuimos por tierra y por la mar en las varcas y otros diez meses que despues de salidos de captiuos sin parar anduuimos por la tierra, no hallamos sacrificios ni ydolatria. En este tiempo trauessamos de vna mar a otra y por la noticia que con mucha diligencia alcançamos a entender de vna costa a la otra, por lo mas ancho puede auer dozientas leguas, y alcançamos a entender que en la costa del Sur ay perlas y mucha riqueza y que todo lo mejor y mas rico está cerca della. En la villa de Sant Miguel estuuimos hasta quinze dias del mes de Mayo, y la causa de detenernos alli tanto fue porque de alli hasta la ciudad de Compostela, donde el gouernador Nuño de Guzman residia, ay cien leguas y todas son despobladas y de enemigos, y ouieron de yr con nosotros gente con que yuan veynte de cauallo que nos acompañaron hasta quarenta leguas, y de alli adelante vinieron con nosotros seys christianos que trayan quinientos indios hechos esclauos. Y llegados en Compostela el gouernador nos rescibio muy bien y de lo que tenia nos dio de vestir, lo qual yo por muchos dias no pude traer, ni podiamos dormir sino en el suelo, y passados diez o doze dias partimos para Mexico y por todo el camino fuymos bien tratados de los christianos y muchos nos salian a ver por los caminos y dauan gracias a Dios de auernos librado de tantos peligros Llegamos a Mexico, domingo, vn dia antes de la vispera de Santiago, donde del Visorey y del Marques del Valle fuymos muy bien tratados y con mucho plazer rescebidos e nos dieron de vestir y ofrescieron todo lo que tenian, y el dia de Santiago ouo fiesta y juego de cañas y toros

CAPITULO TREYNTA Y SIETE

DE LO QUE ACONTESCIO QUANDO ME QUISE VENIR

Despues que descansamos en Mexico dos meses yo me quise venir en estos reynos e yendo a embarcar en el mes de Octubre vino vna tormenta que dio con el nauio al traues y se perdio. Y visto esto acorde de dexar passar el inuierno, porque en aquellas partes es muy rezio tiempo para nauegar en el, y despues de passado el inuierno, por quaresma nos partimos de Mexico Andres Dorantes e yo para la Vera Cruz para nos embarcar, y alli estuuimos esperando tiempo hasta domingo de Ramos que nos embarcamos y estuuimos embarcados mas de quinze dias por falta de tiempo. Y el nauio en que estauamos hazia mucha agua. Yo me sali del y me passe a otros de los que estauan para venir, y Dorantes se quedo en aquel. Y a diez dias del mes de Abril partimos del puerto tres nauios y nauegamos juntos ciento y cinquenta leguas, y por el camino los dos nauios hazian mucha agua y vna noche nos perdimos de su conserua porque los pilotos y maestros (segun despues parescio) no osaron passar adelante con sus nauios y boluieron otra vez al puerto do auian partido, sin darnos cuenta dello ni saber mas dellos, y nosotros seguimos nuestro viaje. Y a quatro dias de Mayo llegamos al puerto de la Hauana, que es en la ysla de Cuba, adonde estuuimos esperando los otros dos nauios, creyendo que vernian, hasta dos dias de Junio que partimos de alli con mucho temor de topar con franceses, que auia pocos dias que auian tomado alli tres nauios nuestros. Y llegados sobre la ysla de la Belmuda nos tomo vna tormenta que suele tomar a todos los que por alli passan. La qual es conforme a la gente que dizen que en ella anda, y toda vna noche nos tuuimos por perdidos. Y plugo a Dios que venida la mañana cesso la tormenta y seguimos nuestro camino. A cabo de veynte y nueue dias que partimos de la Hauana auiamos andado mil y cien leguas que dizen que ay de alli hasta el pueblo de los Açores. Y passando otro dia por la ysla que dizen del Cueruo dimos con vn nauio de franceses, a ora de medio dia nos començo a seguir con vna carauela que traya tomada de portugueses y nos dieron caça y aquella tarde vimos otras nueue velas y estauan tan lexos que no podimos conoscer si eran portogueses o de aquellos mesmos que nos seguian. Y quando anochescio estaua el frances a tiro de lombarda de nuestro nauio y desque fue escuro hurtamos la derrota por desuiarnos del y como yua tan junto de nosotros nos vio y tiro la via de nosotros, y esto hezimos tres o quatro vezes y el nos pudiera tomar si quisiera, sino que lo dexaua para la mañana Plugo a Dios que quando amanescio nos hallamos el frances y nosotros juntos y cercados de las nueue velas que he dicho que a la tarde antes auiamos visto, las quales conosciamos ser de la armada de Portogal, y di gracias a Nuestro Señor por auerme escapado de los trabajos de la tierra y peligros de la mar. Y el frances, como conoscio ser el armada de Portogal, solto la carauela que traya tomada, que venia cargada de negros, la qual traya consigo para que creyessemos que eran portogueses e la esperassemos, y quando la solto dixo al maestre y piloto della que nosotros eramos franceses y de su conserua. Y como dixo esto metio sesenta remos en su nauio y ansi a remo y a vela se començo a yr y andaua tanto que no se puede creer. Y la carauela que solto se fue al galeon y dixo al capitan que el nuestro nauio y el otro eran de franceses, y como nuestro nauio arribo al galeon y como toda la armada via que yuamos sobre ellos, teniendo por cierto que eramos franceses se pusieron a punto de guerra y vinieron sobre nosotros y llegados cerca les saluamos Conoscido que eramos amigos se hallaron burlados por auerseles escapado aquel cossario con auer dicho que eramos franceses y de su compañia, y assi fueron cuatro carauelas tras el Y llegado a nosotros el galeon, despues de auerles saludado nos pregunto el capitan Diego de Silueira que de donde veniamos y que mercaderia trayamos, y le respondimos que veniamos de la Nueua España y que trayamos plata y oro Y preguntonos que tanto seria. El maestro le dixo que traeria trezientos mil castellanos. Respondio el capitan. *boa fee que veiis muito ricos, pero trazedes muy ruyn nauio y muyto ruyn artilleria; ¡o fi de puta! can a renegado frances e que bon bocado perdio, bola Deus Ora sus pos vos auedes escapado, seguime e non vos apartedes de mi; que con aiuda de Deus eu vos porné en Castela.* Y dende a poco boluieron las carauelas que auian seguido tras el frances, porque les parescio que andaua mucho y por no dexar el armada que yua en guarda de tres naos que venian cargadas de especeria. Y assi llegamos a la ysla Tercera, donde estuuimos reposando quinze dias, tomando refresco y esperando otra nao que venia cargada de la India, que era de la conserua de las tres naos que traya el armada. Y passados los quinze dias nos partimos de alli con el armada y llegamos al puerto de Lisbona a nueue de Agosto, bispera de señor Sant Laurencio, año de mil y quinientos y treynta y siete años. Y porque es assi la verdad como arriba en esta relacion digo, lo firmé de mi nombre *Cabeça de Vaca.* Estaua firmado de su nombre y con el escudo de sus armas la relacion donde este se sacó.

CAPITULO TREYNTA Y OCHO

DE LO QUE SUSCEDIO A LOS DEMAS QUE ENTRARON EN LAS INDIAS

Pues he hecho relacion de todo lo susodicho en el viaje y entrada y salida de la tierra hasta boluer a estos reynos, quiero assimesmo hazer memoria y relacion de lo que hizieron los nauios y la gente que en ellos quedó, de lo qual no he hecho memoria en lo dicho atras porque nunca tuuimos noticia dellos hasta despues de salidos, que hallamos mucha gente dellos en la Nueua España, y otros aca en Castilla, de quien supimos el sucesso e todo el fin dello de que manera passo. Despues que dexamos los tres nauios, porque el otro era ya perdido en la costa braua, los quales quedauan a mucho peligro y quedauan en ellos hasta cien personas con pocos mantenimientos. Entre los quales quedauan diez mugeres casadas, y vna dellas auia dicho al gouernador muchas cosas que le acaescieron en el viaje antes que le suscediessen, y esta le dixo quando entraua por la tierra que no entrasse, porque ella creya que el, ni ninguno de los que con el yuan, no saldrian de la tierra, y que si alguno saliesse que haria Dios por el muy grandes milagros, pero creya que fuessen pocos los que escapassen, o no ningunos, y el gouernador entonces le respondio que el y todos los que con el entrauan yuan a pelear y conquistar muchas y muy estrañas gentes y tierras. Y que tenia por muy cierto que conquistandolos auian de morir muchos, pero aquellos que quedassen serian de buena ventura y quedarian muy ricos, por la noticia que el tenia de la riqueza que en aquella tierra auia Y dixole mas, que le rogaua que ella le dixesse las cosas que auia dicho, passadas y presentes, ¿quien se las auia dicho? Ella le respondio y dixo que en Castilla vna mora de Hornachos se lo auia dicho, lo qual antes que partiessemos de Castilla nos lo auia a nosotros dicho y nos auia suscedido todo el viage de la misma manera que ella nos auia dicho. Y despues de auer dexado el gouernador por su teniente y capitan de todos los nauios y gente que alli dexaua, a Caruallo, natural de Cuenca, de Huete, nosotros nos partimos dellos, dexandoles el gouernador mandado que luego en todas maneras se recogiessen todos a los nauios y siguiessen su viaje derecho la via del Panuco, e yendo siempre costeando la costa y buscando lo mejor que ellos pudiessen el puerto, para que en hallandolo parassen en el y nos esperassen En aquel tiempo que ellos se recogian en los nauios dizen que aquellas personas que alli estauan vieron y oyeron todos muy claramente como aquella muger dixo a las otras, que pues sus maridos entrauan por la tierra adentro y ponian sus personas en tan gran peligro, no hiziessen en ninguna manera cuenta dellos y que luego mirassen con quien se auian de casar, porque ella assi lo auia de hazer, y assi lo hizo, que ella y las demas se casaron y amancebaron con los que quedaron en los nauios. Y despues de partidos de alli los nauios hizieron vela y siguieron su viaje y no hallaron el puerto adelante y boluieron atras Y cinco leguas mas abaxo de donde auiamos desembarcado hallaron el puerto que entraua siete o ocho leguas la tierra adentro y era el mismo que nosotros auiamos descubierto, adonde hallamos las caxas de Castilla que atras se ha dicho, a do estauan los cuerpos de los hombres muertos, los quales eran christianos. Y en este puerto y esta costa anduuieron los tres nauios y el otro que vino de la Hauana y el vergantin buscandonos cerca de vn año, y como no nos hallaron fueronse a la Nueua España Este puerto que dezimos es el mejor del mundo y entra la tierra adentro siete o ocho leguas y tiene seys braças a la entrada, y cerca de tierra tiene cinco, y es lama el suelo del e no ay mar dentro, ni tormenta braua, que como los nauios que cabran en el son muchos, tiene muy gran cantidad de pescado. Está cien leguas de la Hauana, que es vn pueblo de christianos en Cuba, y esta a Norte Sur con este pueblo, y aqui reynan las brisas siempre y van y vienen de vna parte a otra en quatro dias, porque los nauios van y vienen a quartel

Y pues he dado relacion de los nauios sera bien que diga quien son y de que lugar destos reynos los que Nuestro Señor fue seruido de escapar destos trabaxos. El primero es Alonso del Castillo Maldonado, natural de Salamanca, hijo del dotor Castillo y de doña Aldonça Maldonado. El segundo es Andres Dorantes, hijo de Pablo Dorantes, natural de Bejar y vezino de Gibraleon El tercero es Aluar Nuñez Cabeça de Vaca, hijo de Francisco de Vera y nieto de Pedro de Vera el que gano a Canaria, y su madre se llamaua doña Teresa Cabeça de Vaca, natural de Xerez de la Frontera, El quarto se llama Esteuanico; es negro alarabe, natural de Azamor

DEO GRACIAS

COMMENTA
RIOS DE ALVAR NVNEZ CABE
ça de vaca, adelantado y gouernador dela pro
uincia del Rio dela Plata.

Scriptos por Pero hernandez scriuano y secretario de la prouincia. Y dirigidos al sereniss.
muy alto y muy poderoso señor
el Infante don Carlos. N. S.

PROHEMIO

AL SERENISSIMO, MUY ALTO Y MUY PODEROSO SEÑOR, EL INFANTE D. CARLOS. N. S., ALUAR NUÑEZ CABEÇA DE VACA, ADELANTADO Y GOUERNADOR DEL RIO DE LA PLATA. PAZ Y FELICIDAD

Hauiendo salido el año de XXXVII de aquella larga y trabajosa peregrinacion de la Florida, donde N. S. vso comigo tantos y tan singulares beneficios, de los quales para testimonio de su antigua misericordia, vsada siempre desde el principio del mundo con los hombres, y particularmente comigo y Dorantes y Castillo Maldonado, que quedamos solos de CCC hombres que hauiamos entrado en la tierra con Pamphilo de Naruaez, y duramos guardados y librados de los muchos peligros que en aquella tierra tan remota y con aquella gente tan barbara por espacio de X años nos acontescieron. Y para exemplo de que otros hombres esten ciertos y seguros que la poderosa mano de Dios (que todo lo abraça) por qualquiera parte del mundo los guiará y ayudará, di quenta a Su M en la breue relacion que con estos *Comentarios* va, porque con su amplissimo & inuictissimo nombre tan extendido, temido y obedescido en la mayor parte de la tierra, vaya la memoria, testi-

monio y exemplo de las mercedes que Dios hizo a
su subdito. Despues, queriendo su altissima magestad continuar comigo sus marauillas mouió al
Emperador vuestro abuelo a que me embiase el
año de XL con vn armada al rio del Paraná (que
llamó Solis rio de la Plata), a socorrer la gente y
proseguir el descubrimiento de D. Pedro de Mendoça (que dixeron de Guadix). En lo qual passé
muy grandes peligros y trabajos, como V A. muy
particularmente vera en estos *Comentarios* (que
con grande diligencia y verdad escriuió Pero Fernandez, secretario del Adelantamiento y gouernacion, a quien yo los encargué), los quales van juntos con mis primeros successos porque la variedad
de las cosas que en la vna parte y en la otra se
tractan, y la de mis acontescimientos, detenga
a V A. con algun gusto en esta lection Que cierto no hay cosa que mas deleyte a los lectores que
las variedades de las cosas y tiempos y las bueltas
de la fortuna, las quales, aunque al tiempo que se
experimentan no son gustosas, quando las traemos a la memoria y leemos, son agradables. He
acordado que como N S ha sido seruido de lleuar
adelante comigo su misericordia y beneficios, que
seria cosa muy justa y muy deuida que para el testimonio y exemplo que arriba dixe, yo tambien lleuasse adelante la memoria y alabança dellos, y
assi como los primeros dirigi a Su M, dirigir estos
a V. A. para que Dios encomiença a mostrar el
señorio y predicacion de tantas tierras y gentes,
porque en abriendo los ojos de su niñez vea V. A.
quan liberalmente reparte Dios su misericordia

con los hombres. Y porque en esta nueua edad se encomiencen a criar en V. A. desseos de recoger con grande clemencia y amor, y con costumbres christianas y leyes sanctas y piadosas tantas gentes como Dios va sacando a luz del Euangelio de Jesu Christo, no permitiendo que esten mas tiempo en las tinieblas y ceguedad y tyrannia del demonio. Deuese esto principalmente a V. A., por hauerse hecho el descubrimiento de que tractamos por mandado del Emperador vuestro abuelo, y por ser negocio propio de reyes, cuyas fuerças solas bastan para estas cosas, por darselas Dios para ello muy cumplidas, y tambien porque assi estos como los scriptos y obras de todos se deuen al grande ingenio y habilidad que haueys mostrado al mundo, el qual todo espantado y attento espera coger en vuestras siguientes edades de juuentud, virilidad y senectud fructos de perfectíssimo rey, las quales todas Dios os concederá, pues os dio al mundo como rey necessario. Y de ver esto cumplido ninguno dubda, ni aun de los muy apartados de vuestra casa, que los que cada dia veen, siruen y tratan a V. A. ya lo han començado a gustar y entre si se congratulan siempre quando veen vuestro excelentissimo ingenio, tan fácil, tractable y dispuesto (que del hiziera la naturaleza vn absolutissimo varon) encomendado a dos tan singulares artifices como D. Antonio de Rojas, vuestro ayo y mayordomo mayor, y Honorato Iuan, vuestro maestro, escogidos ambos para sus officios por manos del Emperador y Rey Príncipe (nuestros señores), entre todos los sabios y caualleros de sus reynos, con tanta diligencia, cuydado y tiempo como sus MM. deuian tener en elegir personas tan sufficientes como para encomendarles la persona real, criança y enseñamiento del mayor successor de la tierra eran menester. Porque D Antonio de Rojas y Velasco, demas de su muy antiguo y muy illustre linaje (que tan grande ornamento es para los que estan tan cerca de los reyes) su grande christiandad y prudencia y modestia y experiencia en el seruicio de las cosas y personas reales, con todas las otras virtudes y gracias que son necessarias en cauallero a quien tan importante negocio se encomendó, y la larga experiencia que sus MM. de su persona y costumbres tenian, por hauer seruido tanto tiempo y en officio de tanta calidad al Rey Principe vuestro padre, y la buena quenta que siempre de todo ha dado, constriñeron a Su M. a que le apartasse de si y le encargasse la criança de su hijo. Con el mesmo zelo eligieron Sus MM. a Honorato Iuan, a quien encomendaron el enseñamiento y erudicion de V. A por tener conoscida su mucha christiandad, virtudes y letras, de los muchos años que en sus casas reales ha seruido, y particularmente el Rey Principe N. S. en sus estudios, el qual despues de ser cauallero muy conoscido del antiguo linaje de los Iuanes de Xatiua, y de tener grande cumplimiento de bienes naturales, su sciencia en todo genero de letras es tanta y tan rara que todos los verdaderamente doctos deste tiempo, italianos, alemanes, franceses, flamencos, ingleses y españoles, admirados han dado tes-

timonio de su muy peregrino ingenio y del mucho
y hondo conoscimiento que en los auctores grie-
gos y latinos y en la philosofia natural y moral y
disciplinas mathematicas tiene En todas las quales, como si las huuiera deprendido en el tiempo
de los antiguos (que ellas mas florescieron) satis-
faze scriuiendo y hablando en ellas con la synceri-
dad del estilo de los antiguos, a las particularidades que solo en aquel su tiempo y de aquellos sus
singulares auctores se podian satisfazer, con tanta
llaneza y perspicuydad que los que le oyen, si saben las sciencias van satisfechos, y si no las saben
las entienden como si fuessen cosas muy vulgares
y llanas y de entre manos, por lo qual su conuersacion es de grande gusto y vtilidad para todos los
que le oyen, y muy abundante de exemplos y de
grande erudicion, porque hablando familiarmente
trahe cosas de auctores muy aclaradas que en ellos
eran muy difficultosas Y no menos sciencia que
esta tiene en los negocios humanos, en los quales,
por ser muy prudente vsa de la substancia de las
letras, sin que ellas parezcan. Todo lo qual V. A.
experimentara en sus estudios, & ya se encomien
ça a ver en su aprouechamiento, y assi, libre de
la difficultad y aspereza de los principios, por ser
enseñado por maestro de tantas letras, prudencia
y juyzio llegará facil y suauemente al colmo de la
christiandad y sciencias que su docil y excellente
ingenio va y Sus MM dessean, y estos reynos han
menester. Tales personas como estas y de tales
dotes de ingenio y animo conuenia que Dios diesse
en el tiempo que dió a V. A para que guiassen su

persona y ánima y le compusiessen y adornassen de claras y eternas virtudes que os hagan rey christiano, sabio, justiciero, fuerte, verdadero, prudente, liberal, magnanimo, clemente, humano, manso, benigno y amable y aborrescedor de todo lo contrario y obediente a aquel que para tan grandes reynos y señorios os crio, al qual todos deuemos dar infinitas gracias, pues vemos tan assentada y firme la seguridad destos reynos y entendemos claramente que su misericordia y gracia es con nosotros dandonos tales principes y successores, para los quales ha descubierto tantas y tan nueuas prouincias abundantissimas de todos los bienes de naturaleza y de innumerables pueblos y gentes, y tan pobres de humanidad y de leyes mansas y suaues como son las del Euangelio que sus M TT. con tanta diligencia y zelo siempre procuran de enseñarles, como elegidos por Dios para executores & instrumentos de la predicacion Euangelica en todo el Occidente, donde accrescentado el reyno del Euangelio se accrescienten sus reynos y señorios, titulos y fama, la qual han ganado immortal por auer crescido en su tiempo y por su industria y cuydado la religion christiana en el mundo, y los españoles les deueremos mucho por hauernos hecho ministros y participantes de tan diuina negociacion y de tan singular merescimiento Y aunque la inuidia trabaje de impedir y estoruar esta tan deuida y necessaria obra, la clara virtud y merescimientos de tales principes nos defenderá dandonos Dios la paz, sossiego y tranquilidad que en tiempo de los buenos reyes abundantissimamente suele dar. Y assí V. A. succederá en reynos sossegados y pacíficos para que tenga lugar de restituyr y renouar las virtudes y buenas letras y costumbres (en que vuestro grande ingenio paresce que legítimamente ha de reynar), las quales en tiempo de discordia se destierran y huyen. ¿Quien no esperará esto de la misericordia de Dios que tales principes nos dio, y de los effectos de la virtud y sanctidad y magnanimidad del Emperador vuestro abuelo?, el qual (como el Rey Iosias en Israel) limpió en el Occidente las abominaciones y falsos sacrificios del demonio & introduxo y confirmó la libertad Euangelica, y del Rey Principe vuestro padre, cuya memoria juntamente con la de la christianissima y bienauenturada reyna su muger (como dize el *Ecclesiastico* del mesmo rey Iosias), entrará en toda composicion como cosa cordial y en toda boca será dulce su nombre, como terron de miel, por hauer restituydo la antigua christiandad de su reyno de Inglaterra a Dios, abriendole los templos (que las ceguedades y errores hauian cerrado), con las llaues de la obediencia del Summo Pontifice, y de la grande obediencia que V. A. tiene a Dios, primeramente, y a sus M. TT., y amor y respecto a vuestro ayo y maestro, y de vuestro admirable ingenio, del qual vemos fructos en esta vuestra tierna y no madura edad, en que como en la primauera los campos, suelen los ingenios de los otros florescer con tanta perficion y madurez como se suelen coger en los años fertiles y maduro tiempo, de algunos muy claros y altos entendimientos. Y viendo esto vnos, y oyendolo otros, todos estan muy alegres y regozijados y con la grande expectacion que de V. A. tienen encomienças ya a ver estos reynos tan abundantes de todo genero de virtudes y letras como Dios los hizo entre todos los del mundo señalados en christiandad y gente clarissima, y en todas las riquezas y bienes temporales y la paz y sossiego y accrescentamiento que en vuestro tiempo ha de tener toda la republica christiana, y el grande temor y espanto que de las nueuas de V. A. ahora tienen los infieles y despues tendrán de sus obras Porque no se ha de esperar sino que de tales y tan grandes principios han de salir semejantes prouechos y bienes, ni las obras de los Reyes y Principes se han de estrechar en angostos terminos, sino estenderse por todas partes para el bien y prouecho de todos. Y esto es lo que principalmente aconsejan y enseñan a V A. su ayo y maestro (con la grande conformidad que en christiandad, virtud y amistad siempre tuuieron) quando le crian & instituyen con preceptos de christiandad, caualleria y philosophia, porque saben que los que administraron sus reynos con estas tan seguras, firmes y perpetuas fuerças, de muy angostos los dexaron muy anchos, y de muy sospechosos, muy seguros, y de muy mudables, muy firmes, y de muy varios, muy constantes y permanescientes, y finalmente, de reyes mortales se hizieron immortales Mas los que sin ellas quisieron reynar, aunque con grandes fuerças de riquezas y exercitos, no fueron poderosos para detener a sus contrarios que no hiziessen en sus reynos grandes impressiones y estragos, ensangostandoselos mucho, y algunas vezes mudandoselos del todo, dexando a ellos muy aborrescidos & infames De los vnos y de los otros verá V. A. assaz exemplos en las historias que leyere. Y como no ay cosa estable ni perpetua en el reyno sino la que está atada con ligaduras de christiandad, sabiduría, justicia, verdad, fortaleza y prudencia. Y principalmente de humanidad y liberalidad, que tan necessarias son en los reyes y tan amables los hazen y semejantes a Dios, del qual solo se ha de esperar la abundancia y perpetuydad de todas las cosas

CAPITULO PRIMERO

DE LOS COMMENTARIOS DE ALUAR NUÑEZ CABEÇA DE VACA

Despues que Dios nuestro señor fue seruido de sacar a Aluar Nuñez Cabeça de Vaca del captiuerio y trabajos que tuuo diez años en la Florida y vino a estos reynos en el año del Señor de mil y quinientos y treinta y siete, donde estuuo hasta el año de quarenta, en el qual vinieron a esta corte de Su Magestad personas del Rio de la Plata a dar quenta a Su Magestad del successo de la armada que alli auia embiado don Pedro de Mendoça, y de los trabajos en que estauan los que dellos escaparon, y a le suplicar fuesse seruido de los proueer y socorrer antes que todos peresciessen (porque ya quedauan pocos dellos), y sabido por Su Magestad, mandó que se tomasse cierto assiento y capitulacion con Aluar Nuñez Cabeça de Vaca para que fuesse a socorrellos. El qual assiento y capitulacion se afetuó mediante que el dicho Cabeça de Vaca se ofrescio de los yr a socorrer y que gastaria en la jornada y socorro que assi auia de hazer, en cauallos, armas, ropas y bastimentos y otras cosas, ocho mil ducados, y por la capitulación y assiento que con Su Magestad tomó le hizo merced de la gouernacion y de la capitania general de aquella tierra y prouincia, con titulo de Adelantado della; y assimesmo le hizo merced del dozabo de todo lo que en la tierra y prouincia se ouiesse y lo que en ella entrasse y saliesse, con tanto que el dicho Aluar Nuñez gastasse en la jornada los dichos ocho mil ducados; y assi el en cumplimiento del assiento que con Su Magestad hizo se partio luego a Seuilla para poner en obra lo capitulado y proueerse para el dicho socorro y armada, y para ello mercó dos naos y vna carauela para con otra que le esperaua en Canaria, la vna nao destas era nueua del primer viaje y era de trezientos y cinquenta toneles, y la otra era de ciento y cinquenta, los quales nauios adereço muy bien y proueyo de muchos bastimentos y pilotos y marineros, e hizo quatrocientos soldados bien adereçados, qual conuenia para el socorro, y todos los que se ofrescieron a yr en la jornada lleuaron las armas dobladas; estuuo en mercar y proueer los nauios desde el mes de Mayo hasta en fin de Septiembre, y estuuieron prestos para poder nauegar, y con tiempos contrarios estuuo detenido en la ciudad de Cadiz desde en fin de Septiembre hasta dos de Nouiembre que se embarcó, e hizo su viaje y en nueue dias llego a la ysla de la Palma, a do desembarcó con toda la gente y estuuo alli veynte y cinco dias esperando tiempo para seguir su camino, la nao capitana hizo vn agua muy grande y fue tal que subio dentro en el nauio doze palmos en alto y se mojaron y perdieron más de quinientos quintales de vizcocho y se perdio mucho azeyte y otros bastimentos, lo qual los puso en mucho trabajo, y assi fueron con ella dando siempre á la bomba de dia y de noche hasta que llegaron a la ysla de Santiago (que es vna de las yslas de Cabo Verde) y alli desembarcaron y sacaron los cauallos en tierra porque se refrescassen y descansassen del trabajo que hasta alli auian traydo y tambien porque se auia de descargar la nao para remediar el agua que hazia, y descargada, el maestre de ella la estancó (porque era el mejor buzo que auia en España); vinieron desde la Palma hasta esta ysla de Cabo Verde en diez dias, que ay de la vna a la otra trezientas leguas. En esta ysla ay muy mal puerto, porque a do surgen y hechan las anclas ay abaxo muchas peñas, las quales roen los cabos que lleuan atadas las anclas y quando las van a sacar quedanse alla las anclas, y por esto dizen los marineros que aquel puerto tiene muchos ratones, porque les roen los cabos que lleuan las anclas, y por esto es muy peligroso puerto para los nauios que alli estan si les toma alguna tormenta. Esta ysla es viciosa y muy enferma de verano. tanto que la mayor parte de los que alli desembarcan se mueren en pocos dias que alli esten Y el armada estuuo alli veynte y cinco dias, en los quales no se murio ningun hombre della, y desto se espantaron los de la tierra y lo tuuieron por gran marauilla, y los vezinos de aquella ysla les hizieron muy buen acogimiento, y ella es muy rica y tiene muchos doblones mas que reales, los quales les dan los que van a mercar los negros para las Indias, y les dauan cada doblon por veynte reales.

CAPITULO DOS

DE COMO PARTIMOS DE LA YSLA DE CABO VERDE

Remediada el agua de la nao capitana y proueydas las cosas necessarias de agua y carne y otras cosas, nos embarcamos en seguimiento de nuestro viaje y passamos la linea equinocial, e yendo nauegando requirió el maestre el agua que lleuaua la nao capitana, y de cien botas que metio no halló mas de tres y auian de beuer dellas qua trocientos hombres y treynta cauallos Y vista la necessidad tan grande, el gouernador mandó que tomasse la tierra, y fueron tres dias en demanda della. Y al quarto dia, vn hora antes que amanesciesse acaescio vna cosa admirable, y porque no es fuera de proposito la porné aqui, y es que yendo con los nauios a dar en tierra en vnas peñas muy altas, sin que lo viesse ni sintiesse ninguna persona de los que venian en los nauios, començó a cantar vn grillo, el qual metio en la nao en Cadiz vn soldado que venia malo, con desseo de oyr la musica del grillo, y auia dos meses y medio que nauegauamos y no lo auiamos oydo ni sentido, de lo qual el que lo metio venia muy enojado. Y como aquella mañana sintio la tierra començo a cantar y a la musica del recordó toda la gente de la nao y vieron las peñas, que estauan vn tiro de vallesta de la nao, y començaron a dar boces para que echassen anclas porque yuamos al traues a dar en las peñas, y assi las echaron y fueron causa que no nos perdiessemos; que es cierto si el grillo no cantara nos ahogaramos quatrocientos hombres y treynta cauallos. Y entre todos se tuuo por milagro que Dios hizo por nosotros Y de ay en adelante, yendo nauegando por mas de cien leguas por luengo de costa, siempre todas las noches el grillo nos daua su musica, y assi con ella llegó el armada a vn puerto que se llamaua la Cananea, que está passado el Cabo Frio, que estará en veynte e quatro grados de altura. Es buen puerto; tiene vnas yslas á la boca del, es limpio y tiene onze braças de hondo. Aqui tomó el gouernador la possession dél por Su Magestad. Y despues de tomada partio de alli y passo por el rio y baya que dizen de Sant Francisco, el qual está veynte y cinco leguas de la Cananea, y de alli fue el armada a desembarcar en la ysla de Sancta Catalina, que está veynte y cinco leguas del rio de San Francisco, y llego a la ysla de Sancta Catalina con hartos trabajos y fortunas que por el camino passo. Y llego alli a veynte y nueue dias del mes de Março de mil y quinientos y quarenta y vno Está la ysla de Sancta Catalina en veynte y ocho grados de altura escasos.

CAPITULO TRES

QUE TRATA DE COMO EL GOUERNADOR LLEGÓ CON SU ARMADA A LA YSLA DE SANCTA CATALINA, QUE ES EN EL BRASIL, Y DESEMBARCÓ ALLI CON SU ARMADA

Llegado que ouo el gouernador con su armada a la ysla de Sancta Catalina mando desembarcar toda la gente que consigo lleuaua y veynte y seys cauallos que escaparon de la mar, de los quarenta y seys que en España embarcó, para que en tierra se reformassen de los trabajos que auian rescebido con la larga nauegacion, y para tomar lengua e informarse de los indios naturales de aquella tierra, porque por ventura acaso podrian saber del estado en que estaua la gente española que yuan a socorrer, que residia en la prouincia del Rio de la Plata, y dio a entender a los indios como yua por mandado de Su Magestad a hazer el socorro, y tomó possession della en nombre y por Su Magestad, y assimismo del puerto que se dize de la Cananea, que está en la costa del Brasil en veynte e cinco grados, poco mas o menos. Está este puerto cinquenta leguas de la ysla de Sancta Catalina. Y en todo el tiempo que el gouernador estuuo en la ysla, a los indios naturales della y de otras partes de la costa del Brasil (vassallos de Su Magestad) les hizo muy buenos tratamientos. Y destos indios tuuo auiso como catorze leguas de la ysla, donde dizen el Biaza, estauan dos frayles franciscos, llamados el vno fray Bernaldo de Armenta, natural de Cordoua, y el otro fray Alonso Lebron, natural de la gran Canaria. Y dende a pocos dias estos frayles se vinieron donde el gouernador y su gente estauan, muy escandalizados y atemorizados de los indios de la tierra, que los querian matar a causa de auerles quemado ciertas casas de indios, y por razon dello auian muerto a dos christianos que en aquella tierra viuian. Y bien informado el gouernador del caso procuró sossegar y pacificar los indios y recogio los frayles y puso paz entre ellos y les encargo a los frayles tuuiessen cargo de doctrinar los indios de aquella tierra e ysla.

CAPITULO QUATRO

DE COMO VINIERON NUEUE CHRISTIANOS A LA YSLA

Y prosiguiendo el gouernador en el socorro de los españoles, por el mes de Mayo del año de mil y quinientos y quarenta y vno embio vna carauela con Phelippe de Caceres, contador de Vuestra Magestad, para que entrasse por el rio que dizen de la Plata a visitar el pueblo que Don Pedro de Mendoça alli fundó, que se llama Buenos Ayres, y porque a aquella sazon era inuierno y tiempo contrario para la nauegacion del rio no pudo entrar y se boluio a la ysla de Sancta Catalina, donde estaua el gouernador, y alli vinieron nueue christianos españoles, los quales vinieron en vn batel huyendo del pueblo de Buenos Ayres por los malos tratamientos que les hazian los capitanes que residian en la prouincia, de los quales se informo del estado en que estauan los españoles que en aquella tierra residian, y le dixeron que el pueblo de Buenos Ayres estaua poblado y reformado de gente y bastimentos, y que Juan de Ayolas, a quien Don Pedro de Mendoça auia embiado a descubrir la tierra y poblaciones de aquella prouincia, al tiempo que boluia del descubrimiento, viniendose a recoger a ciertos vergantines que auia dexado en el puerto que puso por nombre de la Candelaria, que es en el rio del Paraguay, de vna generacion de indios que viuen en el dicho rio, que se llaman Payaguos, le mataron a el y a todos los christianos con otros muchos indios que traya de la tierra adentro con las cargas, de la generacion de vnos indios que se llaman Chameses, y que de todos los christianos e indios auia escapado vn moço de la generacion de los chameses a causa de no auer hallado en el dicho puerto de la Candelaria los vergantines que alli auia dexado que le aguardassen hasta el tiempo de su buelta, según lo auia mandado y encargado a vn Domingo de Yrala, vizcayno, a quien dexo por capitan en ellos, el qual, antes de ser buelto el dicho Juan de Ayolas se auia retirado y desamparado el puerto de la Candelaria, por manera que por no los hallar el dicho Juan de Ayolas para recogerse en él, los indios los auian desbaratado y muerto a todos por culpa del dicho Domingo de Yrala vizcayno, capitan de los vergantines Y assimismo le dixeron e hizieron saber como en la ribera del rio de Paraguay, ciento y veynte leguas mas baxo del puerto de la Candelaria, estaua hecho y assentado vn pueblo que se llama la ciudad de la Ascension, en amistad y concordia de vna generacion de indios que se llaman Carios, donde residia la mayor parte de la gente española que en la prouincia estaua, y que en el pueblo y puerto de Buenos Ayres, que es en el rio del Parana, estauan hasta sesenta christianos: dende el qual puerto hasta la ciudad de la Ascension, que es en el rio del Paraguay, auia trezientas y cinquenta leguas por el rio arriba, de muy trabajosa nauegacion, y que estaua por tiniente de gouernador en la tierra y prouincia Domingo de Yrala, vizcayno, por quien suscedio la muerte y perdicion de Juan de Ayolas y de todos los christianos que consigo lleuo. Y tambien le dixeron e informaron que Domingo de Yrala dende la ciudad de la Ascension auia subido por el rio del Paraguay arriba con ciertos vergantines y gentes, diziendo que yua a buscar y dar socorro a Juan de Ayolas, y auia entrado por tierra muy trabajosa de aguas y cienagas, a cuya causa no auia podido entrar por la tierra adentro y se auia buelto y auia tomado presos seys indios de la generacion de los Payaguos, que fueron los que mataron a Juan de Ayolas y christianos, de los quales prisioneros se informo e certifico de la muerte de Juan de Ayolas y christianos, e como al tiempo auia venido a su poder vn indio chane llamado Gonçalo, que escapó quando mataron a los de su generacion y christianos que venian con ellos con las cargas, el qual estaua en poder de los indios Payaguos captiuo Y Domingo de Yrala se retiro de la entrada, en la qual se le murieron sesenta christianos de enfermedad y malos tratamientos. Y otro si, que los officiales de Su Magestad que en la tierra y prouincia residian auian hecho y hazian muy grandes agrauios a los españoles pobladores y conquistadores, y á los indios naturales de la dicha prouincia vassallos de Su Magestad, de que estauan muy descontentos y dessasossegados. Y que por esta causa y porque assimesmo los capitanes los maltratauan, ellos auian hurtado vn batel en el puerto de Buenos Ayres e se auian venido huyendo con intencion y proposito de dar auiso a Su Magestad de todo lo que passaua en la tierra y prouincia, a los quales nueue christianos porque venian desnudos el gouernador los vistio y recogio para boluerlos consigo a la prouincia, por ser hombre[s] prouechosos y buenos marineros y porque entre ellos auia vn piloto para la nauegacion del rio.

CAPITULO CINCO

DE COMO EL GOUERNADOR DIO PRIESSA A SU CAMINO

El gouernador, auida relacion de los nueue christianos le parescio que para con mayor breuedad socorrer a los que estauan en la ciudad de la Ascension y a los que residian en el puerto de Buenos Ayres deuia buscar camino por la tierra firme, desde la ysla, para poder entrar por el a las partes y lugares ya dichos do estauan los christianos, y que por la mar podrian yr los nauios al puerto de Buenos Ayres, y contra la voluntad y parescer del contador Phelippe de Caceres y del piloto Antonio Lopez, que querian que fuera con toda el armada al puerto de Buenos Ayres, dende la ysla de Sancta Catalina embio al factor Pedro Dorantes a descubrir y buscar camino por la tierra firme, y porque se descubriesse aquella tierra, en el qual descubrimiento le mataron al rey de Portugal mucha gente los indios naturales, el qual dicho Pedro Dorantes por mandado del gouernador partio con ciertos christianos españoles e indios que fueron con el para le guiar y acompañar en el descubrimiento. A cabo de tres meses y medio que el factor Pedro Dorantes ouo partido a descubrir la tierra boluio a la ysla de Sancta Catalina, donde el gouernador le quedaua esperando, y entre otras cosas de su relacion dixo que auiendo atrauessado grandes sierras y montañas y tierra muy despoblada, auia llegado a do dizen el campo, que dende alli comiença la tierra poblada, y que los naturales de la ysla dixeron que era mas segura y cercana la entrada para llegar a la tierra poblada por vn rio arriba que se dize Ytabucu, que está en la punta de la ysla, a diez y ocho o veynte leguas del puerto Sabido esto por el gouernador luego embio a ver y descubrir el rio y la tierra firme del por donde auia de yr caminando, el qual visto y sabido determinó de hazer por alli la entrada, assi para descubrir aquella tierra que no se auia visto ni descubierto, como por socorrer mas breuemente a la gente española que estaua en la prouincia, y assi acordado de hazer por alli la entrada, los frayles fray Bernardo de Armenta y fray Alonso Lebron su compañero, auiendoles dicho el gouernador que se quedassen en la tierra e ysla de Sancta Catalina a enseñar y doctrinar los indios naturales y a reformar y sostener los que auian baptizado, no lo quisieron hazer, poniendo por escusa que se querían yr en su compañia del gouernador para residir en la ciudad de la Ascension, donde estauan los Españoles que yua a (1) socorrer.

CAPITULO SEYS

DE COMO EL GOUERNADOR Y SU GENTE COMENÇARON A CAMINAR POR LA TIERRA ADENTRO

Estando bien informado el Gouernador por do auia de hazer la entrada para descubrir la tierra y socorrer los españoles, bien pertrechado de cosas necessarias para hazer la jornada, a diez y ocho dias del mes de Octubre de dicho año mando embarcar la gente que con el auia de yr al descubrimiento, con los veynte y seys cauallos e yeguas que auian escapado en la nauegacion dicha, los quales mando passar al rio de Ytabucu y lo sojuzgo e tomo la possession del en nombre de Su Magestad, como tierra que nueuamente descubria, y dexo en la ysla de Sancta Catalina ciento e quarenta personas para que se embarcassen y fuessen por la mar al rio de la Plata, donde estaua el puerto de Buenos Ayres, y mando a Pedro Estropiñan Cabeça de Vaca, a quien dexo allí por capitan de la dicha gente, que antes que partiesse de la ysla forneciesse y cargase la nao de bastimentos, ansi para la gente que lleuaua, como para la que estaua en el puerto de Buenos Ayres, y a los yndios

---

(1) En la ecicion de 1555: la.

naturales de la ysla, antes que della partiesse, les
dio muchas cosas porque quedassen contentos, y
de su voluntad se ofrescieron cierta cantidad dellos
a yr en compañia del Gouernador y su gente,
assi para enseñar el camino como para otras cosas
necessarias en que aprouecho harto su ayuda. Y
ansi, a dos dias del mes de Nouiembre del dicho
año el gouernador mando a toda la gente que demas
del bastimento que los indios lleuauan, cada
vno tomasse lo que pudiesse lleuar para el camino.
Y el mismo dia el gouernador començo a caminar
con dozientos y cinquenta hombres arcabuzeros y
ballesteros muy diestros en las armas, e veynte e
seys de cauallo y los dos frayles franciscos y los
indios de la ysla, y embio la nao a la ysla de Sancta
Catalina para que Pedro de Estupenian Cabeça de
Vaca desembarcasse y fuessen con la gente al
puerto de Buenos Ayres. Y assi el gouernador fue
caminando por la tierra adentro, donde passo
grandes trabajos e la gente que consigo lleuaua, y
en diez y nueue dias atrauesaron grandes montañas
haziendo grandes talas y cortes en los montes
y bosques, abriendo caminos por donde la gente y
cauallos pudiessen passar, porque todo era tierra
despoblada Y a cabo de los dichos diez y nueue
dias, teniendo acabados los bastimentos que sacaron
cuando empeçaron a marchar, y no teniendo
de comer, plugo a Dios que sin se perder ninguna
persona de la hueste descubrieron las primeras
poblaciones que dicen del campo, donde hallaron
ciertos lugares de indios que el señor y principal
auia por nombre Añiriri, y a vna jornada deste

pueblo estaua otro donde auia otro señor y principal que auia por nombre Cipoyay. Y adelante deste pueblo estaua otro pueblo de indios cuyo señor y principal dixo llamarse Tocanguaçu. Y como supieron los indios destos pueblos de la venida del gouernador y gente que consigo yua, lo salieron a rescebir al camino cargados con muchos bastimentos, muy alegres, mostrando gran plazer con su venida, a los quales el gouernador rescibio con gran plazer y amor, y demas de pagarles el precio que valian, a los indios principales de los pueblos les dio graciosamente e hizo mercedes de muchas camisas y otros resgates de que se tuuieron por contentos. Esta es vna gente y generacion que se llaman Guaranies; son labradores que siembran dos vezes en el año maiz, e assimismo siembran caçabi, crian gallinas a la manera de nuestra España, y patos, tienen en sus casas muchos papagayos y tienen occupada muy gran tierra, y todo es vna lengua (1), los quales comen carne humana, assi de indios sus enemigos con quien tienen guerra, como de christianos, y aun ellos mismos se comen vnos a otros. Es gente muy amiga de guerras y siempre las tienen y procuran, y es gente muy vengatiua; de los quales pueblos, en nombre de Su Magestad el gouernador tomo la possession como tierra nueuamente descubierta, y la intitulo y puso por nombre la prouincia de Vera, como paresce por los autos de la possession que passaron por ante Juan de Araoz, escriuano de Su Mages-

---

(1) En la edicion de 1555 *legua*.

tad. Y hecho esto, a los veynte y nueue de Nouiembre partio el gouernador y su gente del lugar de Tocanguaçu. Y caminando a dos jornadas, a primero dia del mes de Deziembre llego a vn rio que los indios llaman Iguaçu, que quiere dezir agua grande, aqui tomaron los pilotos el altura.

CAPITULO SIETE

QUE TRATA DE LO QUE PASSO EL GOUERNADOR Y SU GENTE POR EL CAMINO, Y DE LA MANERA DE LA TIERRA

De aqueste rio llamado Yguaçu el gouernador y su gente passaron adelante descubriendo tierra, y a tres dias del mes de Deziembre llegaron a vn rio que los indios llaman Tibagi. Es vn rio enladrillado, de losas grandes solado, puestas en tanta orden y concierto como si a mano se ouieran puesto En passar de la otra parte deste rio se rescibio gran trabajo porque la gente y cauallos resualauan por las piedras y no se podian tener sobre los pies, y tomaron por remedio passar asidos vnos a otros, y aunque el rio no era muy hondable corria el agua con gran furia y fuerça. De dos leguas cerca deste rio vinieron los indios con mucho plazer a traer a la hueste bastimentos para la gente, por manera que nunca les faltaua de comer, y aun a vezes lo dexauan sobrado por los caminos Lo qual causo dar al gouernador a los indios tanto y ser con ellos tan largo, especialmente con los principales, que demas de pagarles los mantenimientos que le trayan les daua graciosamente muchos rescates y les hazia muchas mercedes y todo buen tratamiento, en tal manera que corria la fama por la tierra y prouincia y todos los naturales perdian el temor y venian a ver y traer todo lo que tenian y se lo pagauan, segun es dicho. Este mismo dia, estando cerca de otro lugar de indios que su principal señor se dixo llamar Tapapiraçu, llego vn indio natural de la costa del Brasil, que se llamaua Miguel, nueuamente conuertido, el qual venia de la ciudad de la Ascension, donde residían los españoles que yuan a socorrer, el qual se venia a la costa del Brasil porque auia mucho tiempo que estaua con los Españoles, con el qual se holgo mucho el gouernador porque del fue bien informado del estado en que estaua la prouincia y los españoles y naturales della, por el muy grande peligro en que estauan los españoles a causa de la muerte de Juan de Ayolas, como de otros capitanes y gente que los indios auian muerto. Y auida relacion deste indio, de su propia voluntad quiso boluerse en compañia del gouernador a la ciudad de la Ascension, de donde el se venia, para guiar la gente y auisar del camino por donde auian de yr. Y dende aqui el gouernador mando despedir y boluer los indios que salieron de la ysla de Sancta Catalina en su compañia. Los quales, assi por los buenos tratamientos que les hizo, como por las muchas dadiuas que les dio, se boluieron muy contentos y alegres.

Y porque la gente que en su compañia lleuaua el gouernador era falta de experiencia, porque no hiciessen daños ni agrauios a los indios mandoles que no contratassen, ni comunicassen con ellos, ni fuessen a sus casas y lugares, por ser tal su condicion de los indios que de qualquier cosa se alteran y escandalizan, de donde podia resultar gran daño y desasossiego en toda la tierra, y assi mesmo mando que todas las personas que los entendian que traya en su compañia, contratassen con los indios y les comprassen los bastimentos para toda la gente, todo a costa del gouernador. Y assi cada dia repartia entre la gente los bastimentos por su propia persona y se los daua graciosamente sin interesse alguno

Era cosa muy de ver quan temidos eran los cauallos por todos los indios de aquella tierra y prouincia, que del temor que les auian les sacauan al camino para que comiessen muchos mantenimientos, gallinas y miel, diziendo que por que no se enojassen que ellos les darian muy bien de comer, y por los sossegar que no desamparassen sus pueblos, assentauan el real muy apartado dellos, y porque los christianos no les hiziessen fuerças ni agrauios Y con esta orden y viendo que el gouernador castigaua a quien en algo los enojaua, venian todos los indios tan seguros con sus mugeres e hijos que era cosa de ver, y de muy lexos venian cargados con mantenimientos, solo por ver los christianos y los cauallos, como gente que nunca tal auia visto passar por sus tierras

Yendo caminando por la tierra y prouincia el gouernador y su gente llego a vn pueblo de indios de la generacion de los Guaranies y salio el señor principal deste pueblo al camino con toda su gente muy alegre a rescebillo, y trayan miel, patos y gallinas y harina y mayz, y por lengua de los interpretes les mandaua hablar y sossegar, agradesciendoles su venida, pagandoles lo que trayan, de que rescibian mucho contentamiento, y allende desto al principal deste pueblo, que se dezia Pupebaje, mando dar graciosamente algunos rescates de tigeras y cuchillos y otras cosas, y de alli passaron prosiguiendo el camino, dexando los indios deste pueblo tan alegres y contentos que de plazer baylauan y cantauan por todo el pueblo

A los siete del mes de Deziembre llegaron a vn rio que los indios llaman Taquari. Este es vn rio que lleua buena cantidad de agua y tiene buena corriente, en la ribera del qual hallaron vn pueblo de indios que su principal se llamaua Abangobi, y el y todos los indios de su pueblo, hasta las mugeres y niños, los salieron a rescebir, mostrando grande plazer con la venida del gouernador y gente, y les truxeron al camino muchos bastimentos, los quales se lo pagaron segun lo acostumbrauan. Toda esta gente es vna generacion y hablan todos vn lenguaje. Y deste lugar passaron adelante dexando los naturales muy alegres y contentos, y assi yuan luego de vn lugar a otro a dar las nueuas del buen tratamiento que les hazian, y les enseñauan todo lo que les dauan, de manera que todos los pueblos por donde auian de passar los hallauan muy pacificos y los salian a rescebir a los caminos antes que llegassen a sus pueblos, cargados de bastimentos, los quales se le pagauan a su contento, segun es dicho. Prosiguiendo el camino, a los catorze dias del mes de Deziembre, auiendo passado por algunos pueblos de indios de la generacion de los Guaranies donde fue bien rescebido y proueydo de los bastimentos que tenian, llegado el gouernador y su gente a vn pueblo de indios de la generacion, que su principal se dixo llamar Tocangucir, aqui reposaron vn dia porque la gente yua fatigada y el camino por do caminaron fue a Loes Norueste y a la quarta del Norueste. Y en este lugar tomaron los pilotos el altura en veynte y quatro grados y medio, apartados del tropico vn grado Por todo el camino que se anduuo despues que entro en la prouincia en las poblaciones della, es toda tierra muy alegre, de grandes campiñas, arboledas y muchas aguas de rios y fuentes, arroyos, y muy buenas aguas delgadas, y en efecto es toda tierra muy aparejada para labrar y criar.

CAPITULO OCHO

DE LOS TRABAJOS QUE RESCIBIO EN EL CAMINO EL GOUERNADOR Y SU GENTE Y LA MANERA DE LOS PINOS Y PIÑAS DE AQUELLA TIERRA

Dende el lugar de Tuguy fue caminando el gouernador con su gente hasta los diez y nueue dias del mes de Deziembre sin hallar poblado ninguno, donde rescibio gran trabajo en el caminar, a causa de los muchos rios y malos passos que auia, que para passar la gente y cauallos ouo dia que se hizieron diez y ocho puentes, assi para los rios como para las cienegas, que auia muchas y muy malas, y assimismo se passaron grandes sierras y montañas muy asperas y cerradas de arboledas de cañas muy gruessas que tenian vnas puas muy agudas y rezias, y de otros arboles, que para poderlos passar yuan siempre delante veynte hombres cortando y haziendo el camino, y estuuo muchos dias en passarlas, que por la maleza dellas no vian el cielo. Y el dicho dia, a diez y nueue del dicho mes, llegaron a vn lugar de indios de la generacion de los Guaraníes, los quales con su principal y hasta las mugeres y niños, mostrando mucho plazer los salieron a rescebir al camino, dos leguas del pueblo, donde truxeron muchos bastimentos de gallinas, patos y miel y batatas y otras frutas y maiz y harina de piñones (que hazen muy gran cantidad della), porque ay en aquella tierra muy grandes pinares y son tan grandes los pinos que quatro hombres juntos, tendidos los braços, no pueden abraçar vno, y muy altos y derechos, y son muy buenos para masteles de naos y para carracas, segun su grandeza; las piñas son grandes, los piñones del tamaño de vellotas, la caxcara grande (1) dellos es como de castaña, diffieren en el sabor a los de España, los indios los cogen y dellos hazen gran cantidad de harina para su mantenimiento. Por aquella tierra ay muchos puercos monteses y monos, que comen estos piñones desta manera, que

---

(1) En la edicion de 1555 *grandes*.

los monos se suben encima de los pinos y se asen de la cola, e con las manos y pies derruecan muchas piñas en el suelo, y quando tienen derribado mucha cantidad abaxan a comerlos, y muchas vezes acontesce que los puercos monteses estan aguardando que los monos derriben las piñas, y quando las tienen derribadas, al tiempo que abaxan los monos de los pinos a comellos, salen los puercos contra ellos e quitanselas e comense los piñones, y mientras los puercos comian, los gatos estauan dando grandes gritos sobre los arboles. Tambien ay otras muchas frutas de diuersas maneras y sabor que dos vezes en el año se dan. En este lugar de Tugui se detuuo el gouernador y su gente la pascua del Nascimiento, assi por la honrra della como porque la gente reposasse y descansasse, donde tuuieron que comer porque los indios lo dieron muy abundosamente de todos sus bastimentos, y assi los españoles con la alegria de la pascua y con el buen tratamiento de los indios se regozijaron mucho, aunque el reposar era muy dañoso porque como la gente estaua sin exercitar el cuerpo y tenian tanto de comer no desistian lo que comian y luego les daua calenturas, lo que no hazia quando caminauan, porque luego como començauan a caminar las dos jornadas primeras desechauan el mal y andauan buenos, y al principio de la jornada la gente fatigaua al gouernador que reposasse algunos dias, y no lo queria permitir porque ya tenia experiencia que auian de adolescer y la gente creia que lo hazia por darlos mayor trabajo, hasta que por experiencia vinieron a conoscer que lo hazia por su bien, porque de comer mucho adolescian, y desto el gouernador tenia mucha experiencia.

CAPITULO NUEUE

COMO EL GOUERNADOR Y SU GENTE SE VIERON CON NECESSIDAD DE HAMBRE Y LA REMEDIARON CON GUSANOS QUE SACAUAN DE VNAS CAÑAS

A veynte y ocho dias de Deziembre el gouernador y su gente salieron del lugar de Tugui, donde quedaron los indios muy contentos, e yendo caminando por la tierra todo el dia sin hallar poblado alguno llegaron a vn rio muy caudaloso y ancho y de grandes corrientes y hondables, por la ribera del qual auia muchas arboledas de acipreses y cedros y otros arboles; en passar este rio se rescibio muy gran trabajo aqueste dia, y otros tres caminaron por la tierra y passaron por cinco lugares de indios de la generacion de los Guranies, y de todos ellos los salian a rescebir al camino con sus mugeres e hijos y trayan muchos bastimentos, en tal manera que la gente siempre fue muy proueyda y los indios quedaron muy pacificos por el buen tratamiento y paga que el gouernador les hizo. Toda esta tierra es muy alegre e de muchas aguas y arboledas, toda la gente de los pueblos siembran maiz e caçabi y otras semillas, y batatas de tres maneras, blancas y amarillas y coloradas, muy gruessas y sabrosas, y crian patos y gallinas y sacan mucha miel de los arboles, de lo hueco dellos

A primero dia del mes de Enero del año del Señor de mil y quinientos y quarenta y dos que el gouernador y su gente partio de los pueblos de los indios fue caminando por tierras de montañas y cañauerales muy espesos, donde la gente passo harto trabajo porque hasta los cinco dias del mes no hallaron poblado alguno, y demas del trabajo passaron mucha hambre y se sostuuo con mucho trabajo abriendo caminos por los cañauerales En los cañutos destas cañas auia vnos gusanos blancos tan gruessos y largos como vn dedo, los quales la gente freyan para comer, y salia dellos tanta manteca que bastaua para freyrse muy bien, y los comian toda la gente y los tenian por muy buena comida, y de los cañutos de otras cañas sacauan agua que beuian, y era muy buena y se holgauan con ello. Esto andauan a buscar para comer en todo el camino, por manera que con ellos se substentaron y remediaron su necessidad y hambre por aquel despoblado En el camino se passaron dos rios grandes y muy caudalosos con gran trabajo, su corriente es el Norte. Otro dia, seys de Enero, yendo caminando por la tierra adentro sin hallar poblado alguno vinieron a dormir a la ribera de otro rio caudaloso de grandes corrientes y de muchos cañauerales, donde la gente sacaua de los gusanos de las cañas para su comida con que substentaron, y de alli partio el gouernador con su gente. Otro dia siguiente fue caminando por tierra muy buena y de buenas aguas y de mucha caça y puercos monteses y venados, y se matauan algunos y se repartia entre la gente. Este dia passaron dos rios pequeños; plugo a Dios que no adolescio en este tiempo ningun christiano y todos yuan caminando buenos con esperança de llegar presto a la ciudad de la Ascension, donde estauan los españoles que yuan a socorrer, desde seys de Enero hasta diez del mes passaron por muchos pueblos de indios de la generacion de los Guaranies, y todos muy pacificos, y alegremente los salieron a rescebir al camino de cada pueblo, su principal y los otros indios con sus mugeres e hijos, cargados de bastimentos (de que se rescibio grande ayuda y beneficio para los españoles) aunque los frayles fray Bernaldo de Armenta y fray Alonso su compañero se adelantauan a recoger y tomar los bastimentos, y quando llegaua el gouernador con la gente no tenian los indios que dar, de lo qual la gente se querello al gouernador por auerlo hecho muchas vezes auiendo sido apercebidos por el gouernador que no lo hiziessen y que no lleuassen ciertas personas de indios grandes y chicos ynutiles a quien dauan de comer, no lo quisieron hazer, de cuya causa toda la gente estuuo mouida para los derramar si el gouernador no se lo estoruara por lo que tocaua al seruicio de Dios y de Su Magestad, y al cabo los frayles se fueron y apartaron de la gente y contra la voluntad del gouernador echaron por otro camino, y despues desto los hizo traer y recoger de ciertos lugares de indios donde se auian recogido, y es cierto que si no los mandara recoger y traer se vieran en muy gran trabajo En el dia diez de Enero yendo caminando passaron muchos rios y arroyos y otros malos pasos de grandes sierras y montañas, de cañauerales de mucha agua; cada sierra de las que passaron tenia vn valle de tierra muy excelente y vn rio y otras fuentes y arboledas. En toda esta tierra ay muchas aguas a causa de estar debaxo del tropico; el camino y derrote que hizieron estos dos dias fue al Oeste.

✢ CAPITULO DIEZ ✢

DEL MIEDO QUE LOS INDIOS TIENEN A LOS CAUALLOS

A los catorce dias del mes de Enero, yendo caminando por entre lugares de indios de la generacion de los Guaranies, todos los quales los rescibieron con mucho plazer y los venian a ver y traer maiz, gallinas y miel e de los otros mantenimientos, y como el gouernador se lo pagaua tanto a su voluntad trayanles tanto que lo dexauan sobrado por los caminos. Toda esta gente anda desnuda en cueros, assi los hombres como las mugeres; tenian muy gran temor de los cauallos y rogauan al gouernador que les dixesse a los cauallos que no se enojassen, y por los tener contentos los trayan de comer, y assi llegaron a vn rio ancho y caudaloso que se llama Igatu, el qual es muy bueno y de buen pescado y arboledas, en la ribera del qual esta vn pueblo de indios de la generacion de los Guaranies, los quales siembran su maiz e caçabi como en todas las otras partes por donde auian passado, y los salieron a rescebir como hombres que tenian noticia de su venida y del buen tratamiento que les hazian, y le truxeron muchos bastimentos, porque los tienen. En toda aquella tierra ay muy grandes piñales de muchas maneras, y tienen piñas, como ya esta dicho atras. En toda esta tierra los indios les seruian porque siempre el gouernador les hazia buen tratamiento. Este Yguatu está de la vanda del Oeste en veynte y cinco grados; será tan ancho como Guadaquiuil En la ribera del qual (segun la relacion ouieron de los naturales e por lo que vio por vista de ojos) está muy poblado y es la mas rica gente de toda aquella tierra y prouincia, de labrar y criar, porque crian muchas gallinas, patos y otras aues, y tienen mucha caça de puercos y venados y dantas y perdizes, codornizes y faysanes, y tienen en el rio gran pesqueria y siembran y cogen mucho maiz, batatas, caçaui, mandubies, y tienen otras muchas frutas y de los arboles cogen gran cantidad de miel. Estando en este pueblo el gouernador acordo de escreuir a los oficiales de Su Magestad y capitanes y gentes que residian en la ciudad de la Ascension, haziendoles saber como por mandado de Su Magestad los yua a socorrer, y embio dos indios naturales de la tierra con la carta, estando en este rio del Piqueri, vna noche mordio vn perro en vna pierna a vn Francisco Orejon, vezino de Auila, y tambien alli le adolescieron otros catorze españoles, fatigados del largo camino, los quales se quedaron con el Orejon, que estaua mordido del perro, para venirse poco a poco, y el gouernador los encargo a los indios de la tierra para que los fauoresciessen y mirassen por ellos y los encaminassen para que pudiessen venir se en su seguimiento estando buenos, y porque tuuiessen voluntad de lo hazer dio al principal del pueblo y a otros indios naturales de la tierra y provincia muchos rescates con que quedaron muy contentos los indios y su principal. En todo este camino y tierra por donde yua el gouernador y su gente haziendo el descubrimiento ay grandes campiñas de tierras y muy buenas aguas, rios, arroyos y fuentes y arboledas e sombras, e la mas fertil tierra del mundo, muy aparejada para labrar y criar, y mucha parte della para ingenios de açucar, y tierra de mucha caça, y la gente que viue en ella, de la generacion de los Guaranies, comen carne humana y todos son labradores y criadores de patos y gallinas, y toda gente muy domestica y amigos de christianos y que con poco trabajo vernán en conoscimiento de nuestra sancta fe catholica, como se ha visto por experencia, y segun la manera de la tierra se tiene por cierto que si minas de plata ha de auer, a de ser alli

CAPITULO ONZE

DE COMO EL GOUERNADOR CAMINO CON CANOAS POR EL RIO DE YGUAÇU Y POR SALUAR VN MAL PASSO DE VN SALTO QUE EL RIO HAZIA, LLEUO POR TIERRA LAS CANOAS VNA LEGUA, A FUERÇA DE BRAÇOS

Auiendo dexado el gouernador los indios del rio del Piqueri muy amigos y pacificos fue caminando con su gente por la tierra, passando por muchos pueblos de indios de la generacion de los Guaranies, todos los quales les salian a rescebir a los caminos con muchos bastimentos, mostrando grande plazer y contentamiento con su venida, y a los indios principales, señores de los pueblos, les daua muchos rescates, y hasta las mugeres viejas y niños salian a ellos á los rescebir, cargados de maiz y batatas, y assimismo de los otros pueblos de la tierra que estauan a vna jornada, y a dos, vnos de otros, todos vinieron de la mesma forma a traer bastimentos, y antes de llegar con gran trecho a los pueblos por do auian de passar alimpiauan y desmontauan los caminos y baylauan y hazian grandes regozijos de verlos, y lo que mas acrescienta su plazer y de que mayor contento resciben es quando las viejas se alegran, porque se gouiernan con lo que estas les dizen y sonles muy obedientes y no lo son tanto a los viejos. A postrero dia del dicho mes de Enero, yendo caminando por la tierra y prouincia llegaron a vn rio que se llama Yguaçu, y antes de llegar al rio anduuieron ocho jornadas de tierra despoblada, sin hallar ningun lugar poblado de indios. Este rio Yguaçu es el primer rio que passaron al principio de la jornada quando salieron de la costa del Brasil. Llamase tambien por aquella parte Yguaçu; corre del Este Oeste; en el no ay poblado ninguno, tomose el altura en veynte y cinco grados e medio. Llegados que fueron al rio de Yguaçu fue informado de los indios naturales que el dicho rio entra en el rio del Parana, que assimismo se llama el rio de la Plata.

Y que entre este rio del Parana y el rio de Yguaçu mataron los indios a los portugueses que Martin Alfonso de Sosa embio a descubrir aquella tierra; al tiempo que passauan el rio en canoas dieron los indios en ellos y los mataron, algunos destos indios de la ribera del rio Parana que assi mataron a los portugueses le auisaron al gouernador que los indios del rio del Pequeri, que era mala gente, enemigos nuestros, y que les estauan aguardando para acometerlos y matarlos en el passo del rio, y por esta causa acordo el gouernador sobre acuerdo de tomar y assegurar por dos partes el rio, yendo él con parte de su gente en canoas por el rio de Yguaçu abaxo y salirse a poner en el rio del Parana, e por la otra parte fuesse el resto de la gente y cauallos, por tierra, y se pusiessen y confrontassen con la otra parte del rio para poner temor a los indios y passar en las canoas toda la gente, lo qual fue assi puesto en fecto, y en ciertas canoas que compro de los indios de la tierra se embarco el gouernador con hasta ochenta hombres. Y assi se partieron por el rio de Yguaçu abaxo, y el resto de la gente y cauallos mando que se fuessen por tierra (segun esta dicho) y que todos se fuessen a juntar en el rio del Parana. E yendo por el dicho rio de Yguaçu abaxo era la corriente del tan grande que corrian las canoas por el con mucha furia, y esto causolo que muy cerca de donde se embarco da el rio vn salto por vnas peñas abaxo, muy altas, y da el agua en lo baxo de la tierra tan grande golpe que de muy lexos se oye, y la espuma del agua, como cae con tanta fuerça, sube en alto dos lanças y mas, por manera que fue necessario salir de las canoas y sacallas del agua e lleuarlas por tierra hasta passar el salto y á fuerça de braços las lleuaron mas de media legua, en que se passaron muy grandes trabajos; saluado aquel mal passo boluieron a meter en el agua las dichas canoas y proseguir su viaje y fueron por el dicho rio abaxo hasta que llegaron al rio del Parana, y fue Dios seruido que la gente y cauallos que yuan por tierra, y las canoas y gente, con el gouernador, que en ellas yuan, llegaron todos a vn tiempo y en la ribera del rio estaua muy gran numero de los indios de la misma generacion de los Guaranies, todos muy emplumados con plumas de papagayos, e almagrados, pintados de muchas maneras e colores y con sus arcos y flechas en las manos, hecho vn esquadron dellos, que era muy gran plazer de los ver. Como llego el gouernador y su gente (de la forma ya dicha) pusieron mucho temor a los indios y estuuieron muy confusos e começo por lenguas de los interpretes a les hablar e a derramar entre los principales dellos grandes rescates, y como fuesse gente muy cobdiciosa y amiga de nouedades començaronse a sossegar y allegarse al gouernador e su gente, e muchos de los indios les ayudaron a passar de la otra parte del rio y como ouieron passado mando el gouernador que de las canoas se hiziessen balsas juntandolas de dos en dos, las quales hechas, en espacio de dos horas fue passada toda la gente y cauallos de la otra parte del rio, en concordia de los naturales, ayudandolos ellos proprios a los passar. Este rio del

Parana por la parte que lo passaron era de ancho vn gran tiro de ballesta; es muy hondable y lleua muy gran corriente, y al passar del rio se trastorno vna canoa con ciertos christianos, uno de los quales se ahogo porque la corriente lo lleuo, que nunca mas parescio. Haze este rio muy grandes remolinos con la gran fuerça del agua y gran hondura del

CAPITULO DOZE

QUE TRATA DE LAS BALSAS QUE SE HIZIERON PARA LLEUAR LOS DOLIENTES

Auiendo passado el gouernador y su gente el rio del Parana estuuo muy confuso de que no fuessen llegados dos vergantines que auia embiado a pedir a los capitanes que estauan en la ciudad de la Ascension, auisandoles por su carta que les escriuio dende el rio del Parana, para assegurar el passo, por temor de los indios del, como para recoger algunos enfermos y fatigados del largo camino que auian caminado y porque tenian nueua de su venida e no auer llegado, pusole en mayor confusion, y porque los enfermos eran muchos y no podian caminar, ni era cosa segura de detenerse alli donde tantos enemigos estauan, y estar entre ellos seria dar atreuimiento para hazer alguna traycion, como es su costumbre, por lo qual acordo de embiar los enfermos por el rio de Parana abaxo en las mismas balsas, encomendados a vn indio principal del rio, que auia por nombre Yguaron, al qual dio rescates porque el se ofrescio a yr con ellos hasta el lugar de Francisco, criado de Gonçalo de Acosta, en confiança de que en el camino encontrarian los vergantines, donde serian rescebidos y recogidos, y entre tanto serian fauorescidos por el indio llamado Francisco, que fue criado entre christianos, que viue en la misma ribera del rio del Parana, a quatro jornadas de donde lo passaron segun fue informado por los naturales, y assi los mando embarcar, que serian hasta treynta hombres, y con ellos embio otros cinquenta hombres arcabuzeros y vallesteros para que les guardassen y defendiessen. Y luego que los ouo embiado se partio el gouernador con la otra gente por tierra para la ciudad de la Ascension, hasta la qual (segun le certificaron los indios del rio del Parana) que auria hasta nueue jornadas, y en el rio del Parana se tomo la possession en nombre y por Su Magestad, y los pilotos tomaron el altura en veynte y quatro grados

El gouernador con su gente fueron caminando por la tierra y prouincia, por entre lugares de indios de la generacion de los Guaranies, donde por todos ellos fue muy bien rescebido, saliendo como solian a los caminos, cargados de bastimentos, y en el camino passaron vnas cienegas muy grandes y otros malos passos y rios donde en el hazer de las puentes para passar la gente y cauallos se passaron grandes trabajos, y todos los indios destos pueblos, passado el rio del Parana les acompañauan de vnos pueblos a otros y les mostrauan y tenian muy grande amor y voluntad siruiendoles y haziendoles socorro en guiarles y darles de comer, todo lo cual pagaua y satisfazia muy bien el gouernador, con que quedauan muy contentos. Y caminando por la tierra y prouincia aporto a ellos vn christiano español que venia de la ciudad de la Ascension a saber de la venida del gouernador y lleuar el auiso dello a los christianos y gente que en la ciudad estauan, porque segun la necessidad y desseo que tenian de verlo a el y a su gente, por ser socorridos, no podian creer que fuessen a hazerles tan gran beneficio hasta que lo viesen por vista de ojos, no embargante que auian rescebido las cartas que el gouernador les auia escripto Este christiano dixo e informo al gouernador del estado y gran peligro en que estaua la gente, y las muertes que auian suscedido, assi en los que lleuo Juan de Ayolas como otros muchos que los indios de la tierra auian muerto, por lo qual estauan muy atrebulados y perdidos, mayormente por auer despoblado el puerto de Buenos Ayres, que esta assentado en el rio del Parana, donde auian de ser socorridos los nauios y gentes que destos reynos de España fuessen a los socorrer, y por esta causa tenian perdida la esperança de ser socorridos, pues el puerto se auia despoblado, y por otros muchos daños que le auian suscedido en la tierra.

CAPITULO TREZE

DE COMO LLEGO EL GOUERNADOR A LA CIUDAD DE LA ASCENSION, DONDE ESTAUAN LOS CHRISTIANOS ESPAÑOLES QUE YUA A SOCORRER

Aviendo llegado (segun dicho es) el christiano español, y siendo bien informado el gouernador de la muerte de Juan de Ayolas y christianos que consigo lleuo a hazer la entrada y descubrimiento de tierra, y de las otras muertes de los otros christianos y la demasiada necessidad que tenian de su ayuda los que estauan en la ciudad de la Ascension, y assimismo del despoblamiento del puerto de Buenos Ayres, adonde el gouernador auia mandado venir su nao capitana con las ciento e cuarenta personas dende la ysla de sancta Catalina donde los auia dexado para este efecto, considerando el gran peligro en que estarian por hallar yerma la tierra de christianos, donde tantos enemigos indios auia, y por los embiar con toda breuedad a socorrer y dar contentamiento a los de la Ascension y para sossegar los indios que tenian por amigos naturales de aquella tierra, vassallos de Su Magestad, con muy gran diligencia fue caminando por la tierra passando por muchos lugares de indios de la generacion de los Guaranies, los quales y otros muy apartados de su camino los venian a ver cargados de mantenimientos, porque corria la fama (segun esta dicho) de los buenos tratamientos que les hazia el gouernador y muchas dadiuas que les daua; venian con tanta voluntad y amor a verlos y traerles bastimentos y trayan consigo las mugeres y niños, que era señal de gran confiança que dellos tenian, y les limpiauan los caminos por do auian de passar. Todos los indios de los lugares por donde passaron haziendo el descubrimiento tienen sus casas de paja e madera, entre los quales indios vinieron muy gran cantidad de indios de los naturales de la tierra y comarca de la ciudad de la Ascension, que todos vno a vno vinieron a hablar al gouernador en nuestra lengua castellana, diziendo que en buena hora fuesse venido, y lo mismo hizieron a todos los españoles, mostrando mucho plazer con su llegada Estos indios en su manera demostraron luego auer comunicado y estado entre christianos, porque eran comarcanos de la ciudad de la Ascension, y como el gouernador y su gente se yuan acercando a ella, por los lugares por do passauan antes de llegar a ellos hazian lo mismo que los otros, teniendo los caminos limpios y barridos, los quales indios e las mugeres viejas y niños se ponian en orden como en procission, esperando su venida con muchos bastimentos y vinos de maiz y pan e batatas e gallinas y pescados y miel y venados, todo adereçado, lo qual dauan e repartian graciosamente entre la gente, y en señal de paz y amor alçauan las manos en alto, y en su lenguaje, y muchos en el nuestro, dezian que fuessen bien venidos el gouernador y su gente, y por el camino mostrandose grandes familiares y conuersables como si fueran naturales suyos nascidos y criados en España. Y desta manera caminando (segun dicho es) fue Nuestro Señor seruido que a onze dias del mes de Março, sabado, a las nueue de la mañana del año de mil y quinientos y quarenta y dos llegaron a la ciudad de la Ascension, donde hallaron residiendo los españoles que yuan a socorrer, la qual esta assentada en la ribera del rio de Paraguay, en veynte y cinco grados de la vanda del Sur, y como llegaron cerca de la ciudad salieron a recebirlos los capitanes y gentes que en la ciudad estauan, los quales salieron con tanto plazer y alegria que era cosa increyble. Diziendo que jamas creyeron ni pensaron que pudieran ser socorridos, ansi por respecto de ser peligroso y tan dificultoso el camino y no se hauer hallado, ni descubierto, ni tener ninguna noticia del, como porque el puerto de Buenos Ayres, por do tenian alguna esperança de ser socorridos, lo auian despoblado, e que por esto los indios naturales auian tomado grande osadia y atreuimiento de los acometer para los matar, mayormente auiendo visto que auia passado tanto tiempo sin que acudiesse ninguna gente española a la prouincia Y por el consiguiente el gouernador se holgo con ellos y les hablo e rescibio con mucho amor haziendoles saber como yua a les dar socorro por mandado de Su Magestad. Y luego presento las prouisiones y poderes que lleuaua, ante Domingo de Yrala, teniente de gouernador en la dicha prouincia, y ante los officiales. Los quales eran Alonso de Cabrera, veedor, natural de Lora; Phelippe de Caceres, contador, natural de Madrid; Pedro Dorantes, factor, natural de Bejar, y ante los otros capitanes y gente que en la prouincia residian, las quales fueron leydas en su presencia y de los otros clerigos y soldados que en ella estauan, por virtud de las quales rescibieron al gouernador y le dieron la obediencia como a tal capitan general de la prouincia en nombre de Su Magestad, y le fueron dadas y entregadas las varas de la justicia, las quales el gouernador dio y proueyo de nueuo en personas que en nombre de Su Magestad administrassen la execucion de la justicia ceuil y criminal en la dicha prouincia

CAPITULO CATORZE

DE COMO LLEGARON A LA CIUDAD DE LA ASCENSION LOS ESPAÑOLES QUE QUEDARON MALOS EN EL RIO DEL PIQUERI

Estando el gouernador en la ciudad de la Ascension (de la manera que he dicho) a cabo de treynta dias que ouo llegado a la ciudad vinieron al puerto los christianos que auia embiado en las balsas, assi enfermos, como sanos, dende el rio del Parana, que alli adolescieron y venian fatigados del camino, de los quales no falto sino solo vno que lo mato vn tiguere, y dellos supo el gouernador y fue certificado que los indios naturales del rio auian hecho gran junta y llamamiento por toda la tierra y por el rio en canoas, y por la ribera del rio auian salido a ellos, yendo por el rio abajo en sus balsas, muy gran numero y cantidad de los indios, y con grande grita y toque de atambores los auian cometido tirandoles muchas flechas y muy espessas, juntandose a ellos con mas de dozientas canoas por los entrar y tomar las balsas, para los matar, y que catorze dias con sus noches no auian cessado poco ni mucho de los dar el combate, y que los de tierra no dexauan de les tirar juntamente (segun que los de las canoas) y que trayan vnos garfios grandes para en juntandose las balsas a tierra echarles mano y sacarlas a tierra y detenerlos para los tomar a manos, y con esto era tan grande la bozeria y alaridos que dauan los indios que parescia que se juntaua el cielo con la tierra, y como los de las canoas y los de la tierra se remudauan y vnos descansauan y otros peleauan con tanta orden que no dexauan de les dar siempre mucho trabajo, donde ouo de los españoles hasta veynte heridos de heridas pequeñas no peligrosas, y en todo este tiempo las balsas no dexauan de caminar por el rio abaxo, assi de dia como de noche, porque la corriente del rio como era grande los lleuaua sin que la gente trabajassen mas de en gouernar para que no se llegassen a la tierra, donde estaua todo el peligro, aunque algunos remolinos que el rio haze les puso en gran peligro muchas vezes porque traya las balsas a la redonda remolinando, y si no fuera por la buena maña que se dieron los que gouernauan, los remolinos los hizieran yr a tierra, donde fueran tomados y muertos. E yendo en esta forma sin que tuuiessen remedio de ser socorridos ni amparados, los siguieron catorze dias los indios con sus canoas flechandolos, y peleando de dia y de noche con ellos se llegaron cerca de los lugares del dicho indio Francisco (que fue esclauo y criado de christianos) el qual con cierta gente suya salio por el rio arriba a rescebir y socorrer los christianos y los traxo a vna ysla cerca de su propio pueblo, donde los proueyo e socorrio de bastimentos, porque del trabajo de la guerra continua que les auian dado venian fatigados y con mucha hambre. Y alli se curaron y reformaron los heridos y los enemigos se retiraron y no osaron tornarles acometer, y en este tiempo llegaron dos vergantines que en su socorro auian embiado, en los quales fueron recogidos a la dicha ciudad de la Ascension.

CAPITULO QUINZE

DE COMO EL GOUERNADOR EMBIO A SOCORRER LA GENTE QUE VENIA EN SU NAO CAPITANA A BUENOS AYRES Y A QUE TORNASSEN A POBLAR AQUEL PUERTO

Con toda diligencia el gouernador mando aderaçar dos vergantines y cargados de bastimentos y cosas necessarias, con cierta gente de la que hallo en la ciudad de la Ascension, que auian sido pobladores del puerto de Buenos Ayres, porque tenian experiencia del rio del Parana los embio a socorrer los ciento y quarenta españoles que embio en la nao capitana dende la ysla de Sancta Catalina, por el gran peligro en que estarian por se auer despoblado el puerto de Buenos Ayres, y para que se tornasse luego a poblar nueuamente el pueblo en la parte mas suficiente y aparejada que les paresciesse a las personas a quien lo cometio y encargo, porque era cosa muy conuiniente y necessaria hazerse la poblacion y puerto, sin el qual toda la gente española que residia en la prouincia y conquista y la que adelante viniesse estaua en gran peligro y se perderian, porque las naos que a la prouincia fuessen derrota batida han de yr a tomar puerto en el dicho rio y alli hazer vergantines para subir trezientas y cinquenta leguas el rio arriba, que ay hasta la ciudad de la Ascension, de nauegacion muy trabajosa y peligrosa. Los quales dos vergantines partieron a diez y seis dias del mes de Abril del dicho año Y luego mando hazer de nueuo otros dos que fornescidos e cargados de bastimentos y gente partieron a hazer el dicho socorro y a efectuar la fundacion del puerto de Buenos Ayres. Y a los capitanes que el gouernador embio con los vergantines les mando y encargo que a los indios que hauitauan en el rio del Parana, por donde auian de nauegar, les hiziessen buenos tratamientos y los truxessen de paz a la obediencia de Su Magestad, trayendo de lo que en ello hiziessen la razon y relacion cierta para auisar de todo a Su Magestad, y proueydo que ouo lo susodicho començo a entender en las cosas que conuenian al seruicio de Dios y de Su Magestad y a la pacificacion y sossiego de los naturales de la dicha prouincia. Y para mejor seruir a Dios y a Su Magestad el gouernador mando llamar e hizo juntar los religiosos y clerigos que en la prouincia residian y los que consigo auia lleuado, e delante de los officiales de Su Magestad, capitanes y gente que para tal effecto mando llamar y juntarles, rogo con buenas y amorosas palabras tuuiessen especial cuydado en la doctrina y enseñamiento de los indios naturales, vassallos de Su Magestad y les mando leer y fueron leydos ciertos capitulos de vna carta acordada de Su Magestad que habla sobre el tratamiento de los indios, y que los dichos frayles, clerigos y religiosos tuuiessen especial cuydado en mirar que no fuessen mal tratados, e que le auisassen de lo que en contrario se hiziesse, para lo proueer y remediar, y que todas las cosas que fuessen necessarias para tan sancta obra el gouernador se las daria y proueeria Y assimismo para administrar los sanctos sacramentos en las yglesias e monesterios les proueerian, y ansi fueron proueydos de vino y harina y les reppartio los hornamentos que lleuo, con que se seruian las yglesias y el culto diuino, y para ello les dio vna bota de vino.

CAPITULO DIEZ Y SEYS

DE COMO MATAN A SUS ENEMIGOS QUE CAPTIUAN Y SE LOS COMEN

Luego dende a poco que ouo llegado el gouernador a la dicha ciudad de la Ascension los pobladores y conquistadores que en ella hallo le dieron

grandes querellas y clamores contra los officiales
de Su Magestad, y mando juntar todos los indios
naturales vassallos de Su Magestad, y assi juntos
delante y en presencia de los religiosos y clerigos
les hizo su parlamento diziendoles como Su Magestad lo auia embiado a los fauorescer y dar a
entender como auian de venir en conoscimiento de
Dios y ser christianos por la doctrina y enseñamiento de los religiosos y clerigos que para ello
eran venidos como ministros de Dios, e para que
estuuiessen debaxo de la obediencia de Su Magestad y fuessen sus vassallos, y que desta manera
serian mejor tratados y fauorescidos que hasta alli
lo auian sido. Y allende desto les fue dicho y amonestado que se apartassen de comer carne humana, por el graue peccado y ofensa que en ello hazian a Dios, y los religiosos y clerigos se lo dixeron y amonestaron, y para les dar contentamiento
les dio e repartio muchos rescates, camisas, ropas,
bonetes y otras cosas con que se alegraron Esta
generacion de los Guaranies es vna gente que se
entienden por su lenguaje todos los de las otras
generaciones de la prouincia, y comen carne humana de otras generaciones que tienen por enemigos, quando tienen guerra vnos con otros, y siendo
desta generacion, si los captiuan en las guerras
traenlos a sus pueblos y con ellos hazen grandes
plazeres y regozijos baylando y cantando, lo qual
dura hasta que el captiuo esta gordo, porque luego que lo captiuan lo ponen a engordar y le dan
todo quanto quiere a comer, y a sus mismas mugeres e hijas para que aya con ellas sus plazeres, y

de engordallo no toma ninguno el cargo y cuydado sino las proprias mugeres de los indios, las mas principales dellas, las quales los acuestan consigo y lo componen de muchas maneras como es su costumbre y le ponen mucha plumeria y cuentas blancas que hazen los indios, de huesso y de piedra blanca, que son entre ellos muy estimadas, y en estando gordo son los plazeres, bayles e cantos muy mayores, y juntos los indios componen e adereçan tres mochachos de edad de seys años hasta siete y danles en las manos vnas hachetas de cobre, y vn indio, el que es tenido por mas valiente entre ellos, toma vna espada de palo en las manos, que la llaman los indios macana, y sacanlo en vna plaça y alli le hazen baylar vna hora· y desque ha baylado llega e le da en los lomos con ambas las manos vn golpe, e otro en las espinillas para derribarle, y acontesce de seys golpes que le dan en la cabeça no poderlo derribar, y es cosa muy de marauillar el gran testor que tiene en la cabeça, porque la espada de palo con que les dan es de vn palo muy rezio y pesado, negro, e con ambas manos vn hombre de fuerça basta a derribar vn toro de vn golpe, e al tal captiuo no lo derriban sino de muchos, y en fin, al cabo lo derriban y luego los niños llegan con sus hachetas y primero el mayor dellos o el hijo del principal y danle con ellas en la cabeça tantos golpes hasta que le hazen saltar la sangre. Y estandoles dando los indios les dizen a bozes que sean valientes y se enseñen y tengan animo para matar sus enemigos e para andar en las guerras, y que se acuerden que aquel ha muerto de los suyos, que se venguen del; y luego como es muerto, el que le da el primer golpe toma el nombre del muerto y de alli adelante se nombra del nombre del que assi mataron, en señal que es valiente. Y luego las viejas lo despedaçan y cuezen en sus ollas y reparten entre si, y lo comen y tienenlo por cosa muy buena comer del. Y de alli adelante tornan a sus bayles e plazeres, los quales duran por otros muchos dias, diziendo que ya es muerto por sus manos su enemigo que mato a sus parientes, que agora descansaran y tomaran por ello plazer.

CAPITULO DIEZ Y SIETE

DE LA PAZ QUE EL GOUERNADOR ASSENTO CON LOS INDIOS AGAZES

En la ribera deste rio del Paraguay está vna nascion de indios que se llaman Agazes; es vna gente muy temida de todas las nasciones de aquella tierra, allende de ser valientes hombres y muy vsados en la guerra son muy grandes traydores, que debaxo de palabra de paz han hecho grandes estragos y muertes en otras gentes, y aun en propios parientes suyos, por hazerse señores de toda la tierra, de manera que no se confian dellos. Esta es vna gente muy crescida, de grandes cuerpos y miembros como gigantes, andan hechos cossarios por el rio en canoas; saltan en tierra a hazer robos y presas en los Guaranies, que tienen por principales enemigos; mantienense de caça y pesqueria del rio y de la tierra y no siembran, y tienen por costumbre de tomar captiuos de los Guaranies y traenlos maniatados dentro de sus canoas y lleganse a la propria tierra donde son naturales y salen sus parientes para rescatarlos, y delante de sus padres e hijos, mugeres y deudos les dan crueles açotes e les dizen que les trayan de comer, sino que los mataran. Luego les traen muchos mantenimientos hasta que les cargan las canoas y se bueluen a sus casas y lleuanse los prisioneros, y esto hazen muchas vezes y son pocos los que rescatan, porque despues que estan hartos de traerlos en sus canoas y de açotarlos los cortan las cabeças y las ponen por la ribera del rio hincadas en vnos palos altos. A estos indios, antes que fuesse a la dicha prouincia el gouernador les hizieron guerra los españoles que en ella residian y auian muerto a muchos dellos y assentaron paz con los dichos indios, la qual quebrantaron como lo acostumbran, haziendo daños a los Guaranies muchas vezes, lleuando muchas prouisiones, y quando el gouernador llego a la ciudad de la Ascension auia pocos dias que los Agazes auian rompido las pazes y auian salteado y robado ciertos pueblos de los Guaranies y cada dia venian a desassossegar y dar rebato a la ciudad de la Ascension, y como los indios Agazes supieron de la venida del gouernador, los hombres mas principales dellos, que se llaman Abacoten y Tabor y Alabos, acompañados de otros muchos de su generacion, vinieron en sus canoas y desembarcaron en el puerto de la ciudad y salidos en tierra se vinieron a poner en presencia del gouernador y dixeron que ellos venian a dar la obediencia a Su Magestad e a ser amigos de los Españoles, y que si hasta alli no auian guardado la paz auia sido por atreuimiento de algunos mancebos locos que sin su licencia salian y dauan causa a que se creyesse que ellos quebrauan y rompian la paz, y que los tales auian sido bien castigados, e rogaron al gouernador los rescibiesse e hiziesse paz con ellos y con los españoles e que ellos la guardarian y conseruarian, estando presentes los religiosos, y clerigos e officiales de Su Magestad, hecho su mensaje, el gouernador los rescibio con todo buen amor y les dio por respuesta que era contento de los rescibir por vassallos de Su Magestad y por amigos de los christianos, con tanto que guardassen las condiciones de la paz y no la rompiessen como otras vezes lo auian hecho, con apercibimiento que los tendrian por enemigos capitales y les harian la guerra, y desta manera se assento la paz y quedaron por amigos de los españoles y de los naturales Guaranies, y de alli adelante los mando fauorescer y socorrer de mantenimientos, e las condiciones y posturas de la paz para que fuesse guardada e conseruada fue que los dichos indios Agazes principales, ni los otros de su generacion, todos juntos, ni deuididos, en manera alguna, quando ouiessen de venir en sus canoas por la ribera del rio del Paraguay, entrando por tierra de los Guaranies, o hasta llegar al puerto de la ciudad de la Ascension, ouiesse de ser y fuesse de dia claro y no de noche, y por la otra parte de la ribera del rio, no por donde los otros indios Guaranies y Españoles tienen sus pueblos y labranças, y que no saltassen en tierra y que cesasse la guerra que tenian con los indios Guaranies y no les hiziessen ningun mal ni daño, por ser, como eran, vasallos de Su Magestad; que boluiessen y restituyessen ciertos indios e indias de la dicha generacion que auian captiuado durante el tiempo de la paz, porque eran christianos y se quexauan sus parientes, y que a los españoles e indios Guaranies que anduuiessen por el rio a pescar y por la tierra a caçar no les hiziessen daño, ni les impidiessen la caça y pesqueria, y que algunas mugeres, hijas y parientas de los Agazes, que auian traydo a las doctrinar, que las dexassen permanecer en la sancta obra y no las lleuassen, ni hiziessen yr, ni ausentar; y que guardando las condiciones los ternian por amigos, y donde no, por qualquier dellas que assi no guardassen procederian contra ellos. Y siendo por ellos bien entendidas las condiciones y apercebimientos, prometieron de las guardar. Y desta manera se assento con ellos la paz y dieron la obediencia

CAPITULO DIEZ Y OCHO

DE LAS QUERELLAS QUE DIERON AL GOUERNADOR LOS POBLADORES, DE LOS OFFICIALES DE SU MAGESTAD

Luego dende a pocos dias que fue llegado a la ciudad de la Ascension el gouernador, visto que auia en ella muchos pobres y necessitados les pro-

ueyo de ropas, camisas, calçones y otras cosas con
que fueron remediados, y proueyo a muchos de armas, que no las tenian, todo a su costa, sin interesse alguno, y rogo a los officiales de Su Magestad
que no les hiziessen los agrauios y vexaciones que
hasta alli les auian hecho y hazian, de que se querellarian dellos grauemente todos los conquistadores y pobladores, assi sobre la cobrança de deudas
deuidas a Su Magestad, como derechos de vna
nueua imposicion que inuentaron y pusieron, de
pescado y manteca, de la miel, maiz y otros mantenimientos, y pellejos de que se vestian, y que
auian y comprauan de los indios naturales; sobre
lo qual los officiales hizieron al gouernador muchos requerimientos para proceder en la cobrança
y el gouernador no se lo consintio, de donde le cobraron grande odio y enemistad y por vias indirectas intentaron de hazerle todo el mal y daño
que pudiessen, mouidos con mal zelo, de que resulto prenderlos y tenerlos presos por virtud de
las informaciones que contra ellos se tomaron.

CAPITULO DIEZ Y NUEUE

COMO SE QUERELLARON AL GOUERNADOR DE LOS INDIOS GUAYCURUES

Los indios principales de la ribera y comarca
del rio del Paraguay y mas cercanos a la ciudad
de la Ascension, vassallos de Su Magestad, todos
juntos parescieron ante el gouernador y se querellaron de vna generacion de indios que habitan

cerca de sus confines, los quales son muy guerreros y valientes y se mantienen de la caça de los venados, mantecas y miel y pescado del rio y puercos que ellos matan, y no comen otra cosa ellos y sus mugeres e hijos; y estos cada dia la matan y andan a caçar con su puro trabajo, y son tan ligeros y rezios que corren tanto tras los venados y tanto les dura el aliento y sufren tanto el trabajo de correr que los cansan y toman a mano, y otros muchos matan con las flechas, y matan muchos tigueres y otros animales brauos. Son muy amigos de tratar bien a las mugeres, no tan solamente las suyas proprias, que entre ellos tienen muchas prehemmencias, mas en las guerras que tienen, si captiuan algunas mugeres danles libertad y no les hazen daño ni mal; todas las otras generaciones les tienen gran temor; nunca estan quedos de dos dias arriba en vn lugar, luego leuantan sus casas, que son de esteras, y se van vna legua o dos desuiados donde han tenido assiento, porque la caça como es por ellos hostigada huye y se va e vanla siguiendo e matando. Esta generacion y otras se (1) mantienen de las pesquerias y de vnas algarrouas que ay en la tierra, a las quales acuden por los montes donde estan estos arboles, a coger, como puercos que andan a montanera, todos en vn tiempo, porque es quando esta madura el algarroua, por el mes de Nouiembre, a la entrada de Deziembre, y della hazen harina y vino, el qual sale tan fuerte y rezio que con ello se emborrachan

---

(1) En la edicion de 1555 *que se*

CAPITULO VEYNTE

COMO EL GOUERNADOR PIDIO INFORMACION DE LA QUERELLA

Assimismo se querellaron los indios principales al gouernador, de los indios Guaycurues, que les auian desposeydo de su propria tierra e les auian muerto sus padres y hermanos y parientes, y pues ellos eran christianos y vassallos de Su Magestad los amparasse y restituyesse en las tierras que les tenian tomadas y ocupadas los indios, porque en los montes y en las lagunas y rios dellas tenian sus caças y pesquerias y sacauan miel con que se mantenian ellos e sus hijos y mugeres y los trayan a los christianos, porque despues que aquella tierra fue el gouernador se les auian hecho las dichas fuerças e muertes. Vista por el gouernador la querella de los indios principales, los nombres de los quales son Pedro de Mendoça, y Juan de Salazar Cupirati, y Francisco Ruiz Mayraru, e Lorenço Moquiraci, e Gonçalo Mayraru e otros christianos nueuamente conuertidos, porque se supiesse la verdad de lo contenido en su querella e se hiziesse e procediesse conforme a derecho. Por las lenguas interpretes el gouernador les dixo que truxessen informacion de lo que dezian, la qual dieron y presentaron de muchos testigos christianos españoles que auian visto e se hallaron presentes en la tierra quando los indios Guaycurues les auian hecho los daños y les auian echado de la tierra, despoblando vn pueblo que tenian muy grande e cercado de fuerte palizada, que se llama Cagaçu; y rescebida la dicha informacion, el gouernador mando llamar y juntar los religiosos e clerigos que alli estauan, conuiene a saber: el comissario fray Bernaldo de Armenta y fray Alonso Lebron su compañero, y el bachiller Martin de Armenta, e Francisco de Andrada, clerigos, para que viessen la informacion y diessen su parescer si la guerra se les podia hazer a los indios Guaycurues justamente. Y auiendo dado su parescer firmado de sus nombres, que con mano armada podia yr contra los dichos indios, ha les hazer la guerra, pues eran enemigos capitales El gouernador mando que dos españoles que entendian la lengua de los indios Guaycurues, con vn clerigo llamado Martin de Armenta, acompañados de cinquenta españoles fuessen a buscar los indios Guaycurues e a les requerir diessen la obediencia a Su Magestad y se apartassen de la guerra que hazian a los indios Guaranies e los dexassen andar libres por sus tierras gozando de las caças e pesquerias dellas, y que desta manera los ternia por amigos e los fauoresceria, e donde no, lo contrario haziendo, que les haria guerra como a enemigos capitales. Y assi se partieron los susodichos encargandoles tuuiessen especial cuydado de les hazer los apercebimientos vna e dos e tres vezes con toda templança E ydos, dende a ocho dias boluieron e dixeron e dieron fe que hizieron el dicho apercebimiento a los indios e que hecho se pusieron en arma contra ellos, diziendo que no querian dar la obediencia, ni ser amigos de los españoles, ni de los indios Guaranies, y que se fuessen luego de su tierra, y ansi les tiraron muchas flechas y vinieron dellos heridos. Y visto lo susodicho por el gouernador mando apercebir hasta dozientos hombres arcabuzeros y ballesteros y doze de cauallo, e con ellos partio de la ciudad de la Ascension, jueues, doze dias de mes de Julio de mil y quinientos y quarenta y dos años. Y por que auia de passar de la otra parte del rio del Paraguay mandó que fuessen dos vergantines para passar la gente y cauallos, y que aguardassen en vn lugar de indios que está en la ribera del dicho rio del Paraguay, de la generacion de los Guaranies, que se llama Tapua, que su principal se llama Mormocen, vn indio muy valiente y temido en aquella tierra, que era ya christiano e se llamaua Lorenço, cuyo era el lugar de Caguaçu que los Guaycurues le auian tomado; y por tierra auia de yr toda la gente y cauallos hasta alli, y estaua de la ciudad de la Ascension hasta quatro leguas, y fueron caminando el dicho dia e por el camino passauan grandes esquadrones de indios de la generacion de los Guaranies que se auian de juntar en el lugar de Tapua para yr en compañia del gouernador. Era cosa muy de ver la orden que lleuauan y el adereço de guerra de muchas flechas, muy emplumados con plumas de papagayos y sus arcos pintados de muchas maneras e con instrumentos de guerra que vsan entre ellos, de atabales y trom-

petas y cornetas y de otras formas, y el dicho dia
llegaron con toda la gente de cauallo y de a pie al
lugar de Tapua, donde hallaron muy gran cantidad de los indios Guaranies que estauan aposen-
tados assi en el pueblo, como fuera, por las arbole
das de la ribera del rio. Y el Mormocen, indio principal, con otros principales indios que alli estauan, parientes suyos, y con todos los demas, los
salieron a rescebir al camino vn tiro de arco de su
lugar y tenian muerta y trayda mucha caça de venados y abestruzes que los indios auian muerto
aquel dia y otro antes, y era tanta que se dio a
toda la gente con que comieron y lo dexauan de
sobra, y luego los indios principales, hecha su
junta, dixeron que era necessario embiar indios y
christianos que fuessen a descubrir la tierra por
donde auian de yr y a ver el pueblo y assiento de
los enemigos, para saber si auian tenido noticia de
la yda de los españoles y si se velauan de noche,
y luego, paresciendole al gouernador que conuenia tomar los auisos embio dos españoles con el
mismo Mormocen indio y con otros indios valientes que sabian la tierra. E ydos boluieron otro dia
siguiente, viernes, en la noche, y dixeron como
los indios Guaycurues auian andado por los campos y montes caçando, como es costumbre suya, y
poniendo fuego por muchas partes, y que a lo que
auian podido reconoscer, aquel dia mismo auian
leuantado su pueblo y se yuan caçando e caminando con sus hijos y mugeres para assentar en
otra parte donde se pudiessen mantener de la caça
y pesquerias, y que les parescia que no auian te-

nido hasta entonces noticia ni sentimiento de su
yda, y que dende alli hasta donde los indios podian
estar y assentar su pueblo auria cinco o seys leguas, porque se parescian los fuegos por donde
andauan caçando.

CAPITULO VEYNTE Y VNO

COMO EL GOUERNADOR Y SU GENTE PASSARON EL RIO Y SE AHOGARON DOS CHRISTIANOS

Este mismo dia, viernes, llegaron los vergantines alli para passar las gentes y cauallos de la
otra parte del rio, y los indios auian traydo muchas canoas. Y bien informado el gouernador de
lo que conuenia hazerse, platicado con sus capitanes fue acordado que luego el sabado siguiente
por la mañana passasse la gente para proseguir
la jornada e yr en demanda de los indios Guaycurues, y mando que se hiziessen balsas de las canoas para poder passar los cauallos, y en siendo
de dia, toda la gente puesta en orden començaran
a embarcarse e passar en los nauios y en las balsas, e los indios en las canoas, era tanta la priessa
del passar e la grita de los indios (como era tanta
gente) que era cosa muy de ver, tardaron en passar dende las seys de la mañana hasta las dos horas despues de medio dia, no embargante que auia
bien dozientas canoas en que passaron. Alli suscedio vn caso de mucha lastima, que como los españoles procurauan de embarcarse primero vnos

que otros, cargando en vna varca mucha gente al vn bordo hizo balançe y se trastorno de manera que boluio la quilla arriba e tomo debaxo toda la gente, y si no fueran tambien socorridos todos se ahogaran, porque como auia muchos indios en la ribera echaronse al agua y bolcaron el nauio y como en aquella parte auia mucha corriente se lleuo dos christianos que no pudieron ser socorridos y los fueron a hallar el rio abaxo ahogados; el vno se llamaua Diego de Ysla, vezino de Malaga, y el otro Juan de Valdes, vezino de Palencia. Passada toda la gente y cauallos de la otra parte del rio, los indios principales vinieron a dezir al gouernador que era su costumbre quando yuan a hazer alguna guerra hazian su presente al capitan suyo, y que assi ellos, guardando su costumbre, lo querian hazer, que le rogauan lo rescibiesse; y el gouernador, por les hazer plazer lo acepto, y todos los principales vno a vno le dieron vna flecha y vn arco pintado muy galan, y tras dellos todos los indios cada vno truxo vna flecha pintada y emplumada con plumas de papagayos y estuuieron en hazer los dichos presentes hasta que fue de noche, y fue necessario quedarse alli en la ribera del rio a dormir aquella noche con buena guarda y centenela que hizieron.

CAPITULO VEYNTE Y DOS

COMO FUERON LAS ESPIAS POR MANDADO DEL GOUERNADOR EN SEGUIMIENTO DE LOS INDIOS GUAYCURUES

El dicho dia sabado fue acordado por el gouernador, con parescer de sus capitanes y religiosos, que antes que començassen a marchar por la tierra fuessen los adalides a descubrir y saber a que parte los indios Guaycurues auian passado y assentado pueblo, e de la manera que estauan, para poderles acometer y hechar de la tierra de los indios Guaranies; y assi se partieron los indios espias y christianos y al quarto de la modorra vinieron y dixeron que los indios auian todo el dia caçado y que adelante yuan caminando sus mugeres e hijos, y que no sabian a donde yrian a tomar assiento Y sabido lo susodicho, en la misma hora fue acordado que marchassen lo mas encubiertamente que pudiessen, caminando tras de los indios, y que no se hiziessen fuegos de dia porque no fuesse descubierto el exercito, ni se desmandassen los indios que alli yuan, a caçar, ni a otra cosa alguna, y acordado sobre esto, domingo de mañana partieron con buena orden y fueron caminando por vnos llanos y por entre arboledas, por yr mas encubiertos, y de esta manera fueron caminando lleuando siempre delante indios que descubrian la tierra, muy ligeros y corredores, escogidos para aquel efecto, los quales siempre venian a dar auiso, y demas desto yuan las espias con todo cuydado en seguimiento de los enemigos para tener auiso quando ouiessen assentado su pueblo, y la orden que el gouernador dio para marchar el campo fue que todos los indios que consigo lleuaua yuan hechos vn esquadron que duraua bien vna legua, todos con sus plumajes de papagayos, muy galanos e pintados y con sus arcos y flechas, con mucha orden y concierto, los quales lleuauan el abanguardia, y tras dellos, en el cuerpo de la batalla yua el gouernador con la gente de cauallo, y luego la infanteria de los españoles, arcabuzeros y ballesteros, con el carruaje de las mugeres que lleuauan la municion y bastimentos de los españoles, y los indios lleuauan su carruaje en medio dellos Y desta forma y manera fueron caminando hasta el medio dia, que fueron a reposar debaxo de vnas grandes arboledas, y auiendo alli comido e reposado toda la gente e indios tornaron a caminar por las veredas que yuan seguidas por vera de los montes y arboledas por donde los indios que sabian la tierra los guiauan, y en todo el camino e campos que lleuaron a su vista auia tanta caça de venados y abestruzes que era cosa de ver, pero los indios ni los españoles no salian a la caça, por no ser descubiertos ni vistos por los enemigos, y con la orden yuan caminando lleuando los indios Guaranies la vanguardia (segun esta dicho) todos hechos vn esquadron en buena orden, en que auria bien diez mil hombres; que era cosa muy de ver como yuan todos pintados de almagra e otras colores e con tantas cuentas blancas por los cuellos y sus penachos e con muchas planchas de cobre que como el sol rebervevaua en ellas dauan de si tanto resplandor que era marauilla de ver, los quales yuan proueydos de muchas flechas y arcos.

CAPITULO VEYNTE Y TRES

COMO YENDO SIGUIENDO LOS ENEMIGOS FUE AUISADO EL GOUERNADOR COMO YUAN DELANTE

Caminando el gouernador y su gente por la orden ya dicha todo aquel dia, despues de puesto el sol, a hora del Aue Maria suscedio vn escandalo y alboroto entre los indios que yuan en la hueste. Y fue el caso que se vinieron apretar los vnos con los otros y se alborotaron con la venida de vn espia que vino de los indios Guaycurues, que los puso en sospecha que se querian retirar de miedo dellos, la qual les dixo que yuan adelante y que los auia visto todo el dia caçar por toda la tierra, y que todavia yuan adelante caminando sus mugeres e hijos, y que creyan que aquella noche assentarian su pueblo, y que los indios Guaranies auian sido auisados de vnas esclauas que ellos auian captiuado pocos dias auia, de otra generacion de indios que se llaman Merchireses, y que ellos auian oydo dezir a los de su generacion que los Guaycurues tenian guerra con la generacion de los indios que se llaman Guatataes, e que creyan que yuan a hazerlos daño a su pueblo y que a esta causa yuan caminando a tanta priessa por la tierra, y porque las

espias yuan tras dellos caminando hasta los ver
adonde hazian parada y assiento, para dar el auiso
dello Y sauido por el gouernador lo que la espia
dixo, visto que aquella noche hazia buena luna
clara mandó que por la misma orden todavia fuessen caminando todos adelante sobre auiso, los
ballesteros con sus ballestas armadas y los arcabuzeros cargados los arcabuzes y las mechas en-
cendidas (segun que en tal caso conuenia) porque
aunque los indios Guaranies yuan en su compañia
y eran tambien sus amigos, tenian todo cuydado
de recatarse y guardarse dellos tanto como de los
enemigos, porque suelen hazer mayores traycio-
nes y maldades si con ellos se tiene algun descuy-
do y confiança, y assi suelen hazer de las suyas.

CAPITULO VEYNTE Y QUATRO

DE VN ESCANDALO QUE CAUSO VN TIGRE ENTRE LOS ESPAÑOLES Y LOS INDIOS

Caminando el gouernador y su gente por vera
de vnas arboledas muy espesas, ya que queria
anochecer atrauesosse vn tigre por medio de los
indios, de lo qual ouo entre ellos tan grande escandalo y alboroto que hizieron a los españoles tocar
al arma, y los españoles creyendo que se querian
boluer contra ellos dieron en los indios con apellido de Santiago, y de aquella refriega hirieron
algunos indios, y visto por los indios se metieron

por el monte adentro huyendo, y ouieran herido con dos arcabuzaços al gouernador, porque le passaron las pelotas a rayz de la cara, los quales se tuuo por cierto que le tiraron maliciosamente por lo matar por complazer a Domingo de Yrala, porque le auia quitado el mandar de la tierra como solia Y visto por el gouernador que los indios se auian metido por los montes y que conuenia remediar y apaziguar tan grandes escandalos y alboroto, se apeo solo y se lanço en el monte con los indios, animandoles y diziendoles que no era nada, sino que aquel tiguere auia causado aquel alboroto, y que el e su gente española eran sus amigos y hermanos y vassallos de Su Magestad, y que fuessen todos con el adelante a echar los enemigos de la tierra, pues que los tenian muy cerca. Y con ver los indios al gouernador en persona entre ellos y con las cosas que les dixo, ellos se asossegaron y salieron del monte con el Y es cierto que en aquel trance estuuo la cosa en punto de perderse todo el campo, porque si los dichos indios huyan y se boluian a sus casas nunca se asseguraran, ni fiaran de los españoles, ni sus amigos y parientes, y ansi se salieron llamando el gouernador a todos los principales por sus nombres, que se auian metido en los montes con los otros, los quales estauan muy atemorizados, y les dixo y asseguro que viniessen con el seguros sin ningun miedo ni temor, y que si los españoles los auian querido matar ellos auian sido la causa porque se auian puesto en arma, dando a entender que los querian matar, porque bien entendido tenian que auia sido la causa aquel tiguere que passo entre ellos y que auia puesto el temor a todos, y que pues eran amigos se tornassen a juntar pues sabian que la guerra que yuan a hazer era y tocaua a ellos mismos, y por su respecto se la hazia, porque los indios Guaycurues nunca los auian visto ni conoscido los españoles, ni hecho ningun enojo ni daño, y que por amparar y defender a ellos y que no les fuessen hechos daños algunos yuan contra los dichos indios Siendo tan rogados y persuadidos por el gouernador por buenas palabras, salieron todos a ponerse en su mano muy atemorizados, diziendo que ellos se auian escandalizado yendo caminando, pensando que del monte salian sus enemigos los que yuan a buscar, y que yuan huyendo a se amparar con los españoles y que no era otra la causa de su alteracion, y como fueron sossegados los indios principales, luego los otros de su generacion se juntaron y sin que ouiesse ninguno muerto, y ansi juntos, el gouernador mando que todos los indios de alli adelante fuessen a la retaguardia, y los españoles en el abanguardia, y la gente de a cauallo delante de toda la gente de los indios españoles, y mando que todavia caminassen como yuan en la orden, por dar mas contento a los indios y viessen la voluntad con que yuan contra sus enemigos y perdiessen el temor de lo passado, porque si se rompiera con los indios y no se pussiera remedio todos los españoles que estauan en la prouincia no se pudieran substentar, ni viuir en ella, y la auian de desamparar forçosamente. Y assi fue caminando hasta dos horas de la noche, que paró con toda la gente, a do cenaron de lo que lleuauan, debaxo de vnos arboles

CAPITULO VEYNTE E CINCO

DE COMO EL GOUERNADOR Y SU GENTE ALCANÇARON A LOS ENEMIGOS

A hora de las onze de la noche despues de auer reposado los indios y españoles que estauan en el campo, sin consentir que hiziessen lumbre, ni fuego ninguno, porque no fuessen sentidos de los enemigos, a la hora llego vna de las espias y descubridores que el gouernador auia embiado para saber de los enemigos y dixo que los dexaua assentando su pueblo, lo qual holgo mucho de oyr el gouernador porque tenia temor que ouiessen oydo los arcabuzes al tiempo que los dispararon en el alboroto y escandalo de aquella noche, y haziendole preguntar a la espia a do quedauan los indios, le dixo que quedarian tres leguas de alli. Y sabido esto por el gouernador mando leuantar el campo y caminó luego toda la gente yendo con ella poco a poco por detenerse en el camino y llegar a dar en ellos al reyr del alua, lo qual ansi conuenia para seguridad de los indios amigos que consigo lleuauan, y les dio por señal vnas cruzes de yesso en los pechos, puestas y señaladas, y en las espaldas tambien, porque fuessen conoscidos de los españoles y no los matassen pensando que eran los enemigos. Mas aunque esto lleuauan para remedio de su seguridad y peligro, entrando de noche en las casas no bastauan para la fuga de las espadas, porque tambien se hieren y matan los amigos como los enemigos, y ansi caminaron hasta que el alua començo a romper al tiempo que estauan de las casas y pueblo de los enemigos esperando que aclarase el dia para darles la batalla Y porque no fuessen entendidos ni sentidos dellos mando que hinchessen a los cauallos las bocas, de yerua, sobre los frenos, porque no pudiessen relinchar Y mando a los indios que tuuiessen cercado el pueblo de los enemigos y les dexassen vna salida por donde pudiessen huyr al monte, por no hazer mucha carneceria en ellos Y estando assi esperando, los indios Guaranies que consigo lleuaua el gouernador se morian de miedo dellos y nunca pudo acabar con ellos que acometiessen a los enemigos. Y estandoles el gouernador rogando y persuadiendo a ello, oyeron los atambores que tañian los indios Guayacurues, los quales estauan cantando y llamando todas las nasciones, diziendo que viniessen a ellos, porque ellos eran pocos y mas valientes que todas las otras nasciones de la tierra, y eran señores della y de los venados y de todos los otros animales de los campos, y eran señores de los rios y de los pesces que andauan en ellos, porque lo tal tienen de costumbre aquella nascion, que todas las noches del mundo se velan desta manera, y al tiempo que ya se venia el dia salieron vn poco adelante y echaronse en el suelo. Y estando assi vieron el bulto de la gente y las mechas de los arcabuzes. Y como los enemigos reconoscieron tanto bulto de gentes y muchas lumbres de las mechas, hablaron alto diziendo ¿quien soys vosotros que osays venir a nuestras casas?; y respondioles vn christiano que sabia su lengua y dixoles. Yo soy Hector (que assi se llamaua la lengua que lo dixo) y vengo con los mios a hazer el trueque (que en su lengua quiere dezir vengança) de la muerte de los Batates que vosotros matastes. Entonces respondieron los enemigos. vengays mucho en mal hora, que tambien aura para vosotros como ouo para ellos. Y acabado de dezir esto arrojaron a los españoles los tizones de fuego que trayan en las manos, e boluieron corriendo a sus casas y tomaron sus arcos y flechas y boluieron contra el gouernador y su gente con tanto ımpetu y braueza que parescia que no los tenian en nada, los indios que consigo lleuaua el gouernador se retiraran y huyeran si osaran. Y visto esto por el gouernador encomendo el artilleria de campo que lleuaua a don Diego de Barba, y al capitan Salazar la infanteria de todos los españoles e indios, hechos dos esquadrones, y mando echar los pretales de los cascaueles a los cauallos, y puesta la gente en orden arremetieron contra los enemigos con el apellido y nombre de señor Santiago, el gouernador delante en su cauallo, tropellando quantos hallaua delante Y como vieron los indios enemigos los cauallos, que nunca los auian visto, fue tanto el espanto que tomaron (1) dellos que huyeron para los

---

(1) En la edicion de 1555: *tomaren*

montes quanto pudieron, hasta meterse en ellos. Y al passar por su pueblo pusieron fuego a vna casa y como son de esteras de juncos y de henea començo a arder, y a esta causa se emprendio el fuego por todas las otras, que serian hasta veynte casas leuadizas, y cada casa era de quinientos passos. Auria en esta gente hasta quatro mil hombres de guerra, los quales se retiraron detras del humo que los fuegos de las casas hazian Y estando assi cubiertos con el humo mataron dos christianos y descabeçaron doze indios de los que consigo lleuaua, desta manera tomandolos por los cabellos y con vnos tres o quatro dientes que traen en vn palillo, que son de vn pescado que se dize palometa. Este pescado corta los anzuelos con ellos, y teniendo a los prisioneros por los cabellos, con tres o quatro refregones que les dan corriendo la mano por el pescueço y torciendola vn poco, se la cortan y quitan la cabeça y se la lleuan en la mano asida por los cabellos, y aunque van corriendo, muchas vezes lo suelen hazer assi tan facilmente como si fuesse otra cosa mas ligera.

CAPITULO VEYNTE E SEYS

COMO EL GOUERNADOR ROMPIO LOS ENEMIGOS

Rompidos y desbaratados los indios e yendo en su seguimiento el gouernador y su gente, vno de a cauallo que yua con el gouernador, que se hallo muy junto a vn indio de los enemigos, el qual indio

se abraço al pescueço de la yegua en que yua el
cauallero y con tres flechas que lleuaua en la mano dio por el pescueço a la yegua, que se lo passo
por tres partes, y no lo pudieron quitar hasta que
alli lo mataron. Y si no se hallara presente el gouernador, la victoria por nuestra parte estuuiera
dubdosa. Esta gente destos indios son muy grandes y muy ligeras; son muy valientes y de grandes
fuerças, viuen gentilicamente; no tienen casas de
assiento, mantienense de monteria y de pesqueria,
ninguna nacion los vencio sino fueron españoles.
Tienen por costumbre que si alguno los venciesse
se les darian por esclauos. Las mugeres tienen por
costumbre y libertad que si a qualquier hombre
que los suyos ouieren prendido y captiuado, queriendolo matar, la primera muger que lo viere lo
liberta y no puede morir, ni menos ser captiuo. Y
queriendo estar entre ellos el tal captiuo lo tratan
y quieren como si fuesse dellos mismos. Y es cierto que las mugeres tienen mas libertad que la que
dio la reyna doña Ysabel nuestra señora a las mugeres de España. Y cansado el gouernador y su
gente de seguir los enemigos se boluio al real y
recogida la gente con buena orden començo a caminar boluiendose a la ciudad de la Ascension. E
yendo por el camino, los indios Guaycurues por
muchas vezes los siguieron y dieron arma, lo qual
dio causa a que el gouernador tuuiesse mucho trabajo en traer recogidos los indios que consigo
lleuo, porque no se los matassen los enemigos que
auian escapado de la batalla, porque los indios
Guaranies que auian ydo en su seruicio tienen por

costumbre que en auiendo vna pluma o vna flecha o vna estera de qualquiera de los enemigos, se vienen con ella para su tierra solo, sin aguardar otro ninguno, y assi acontescido matar veynte Guaycurues a mil Guaranies tomandolos solos y deuididos, tomaron en aquella jornada el gouernador y su gente hasta quatrocientos prisioneros entre hombres y mugeres y mochachos. Y caminando por el camino la gente de a caualo alancearon y mataron muchos venados, de que los indios se marauillauan mucho de ver que los cauallos fuessen tan ligeros que los pudiessen alcançar. Tambien los indios mataron con flechas y arcos muchos venados, y a hora de las quatro de la tarde vinieron a reposar debaxo de vnas grandes arboledas donde dormieron aquella noche, puestas centinelas y a buen recaudo (1).

CAPITULO VEYNTE Y SIETE

DE COMO EL GOUERNADOR BOLUIO A LA CIUDAD DE LA ASCENSION CON TODA SU GENTE

Otro dia siguiente, siendo de dia claro partieron en buena orden y fueron caminando y caçando, assi los españoles de a caualo, como los indios Guaranies, y se mataron muchos venados y abestruzes Y ansi mismo la gente española con las espadas mataron algunos venados que venian a dar

---

(1) En la edición de 1555: *recudo.*

al esquadron huyendo de la gente de a cauallo y de los indios, que era cosa de ver y de muy gran plazer ver la caça que se hizo el dicho dia y hora, y media antes que anocheciesse llegaron a la ribera del rio del Paraguay, donde auia dexado el gouernador los dos vergantines y canoas. Y este dia començo a passar alguna de la gente y cauallos, y otro dia siguiente dende la mañana hasta el medio dia se acabo todo de passar Y caminando llego a la ciudad de la Ascension con su gente, donde auia dexado para su guarda dozientos y cinquenta hombres y por capitan a Gonçalo de Mendoça, el qual tenia presos seys indios de vna generacion que llaman Yapirues, la qual es vna gente crescida, de grandes estaturas, valientes hombres guerreros y grandes corredores y no labran, ni crian, mantienense de la caça y pesqueria; son enemigos de los indios Guaranies y de los Guaycurues Y auiendo hablado Gonçalo de Mendoça al gouernador le informo y dixo que el dia antes auian venido los indios y passado el rio del Paraguay, diziendo que los de su generacion auian sabido de la guerra que auian ydo a hazer y se auia hecho a los indios Guaycurues, y que ellos y todas las otras generaciones estauan por ello autorizados, y que su principal los embiaua a hazer saber como desseauan ser amigos de los christianos Y que si ayuda fuesse menester contra los Guaycurues, que vernian, y que el auia sospechado que los indios venian a hazer alguna traycion y a ver su real debaxo de aquellos ofrescimientos; y que por esta razon los auia preso hasta tanto que se pudiesse bien informar y saber la verdad. Y sabido lo susodicho por el gouernador los mando luego soltar y que fuessen traydos ante el, los quales fueron luego traydos y les mando hablar con vna lengua interprete español que entendia su lengua, y les mando preguntar la causa de su venida a cada vno por si. Y entendiendo que dello redundara prouecho y seruicio de Su Magestad les hizo buen tratamiento y les dio muchas cosas de rescates para ellos y para su principal Diziendoles como el los rescibia por amigos y por vassallos de Su Magestad, y que del gouernador serian bien tratados y fauorescidos con tanto que se apartassen de la guerra que solian tener con los Guaranies que eran vassallos de Su Magestad, y de hazerles daño. Porque les hazia saber que esta auia sido la causa principal porque les auia hecho guerra a los indios Guaycurues. Y ansi los despidio y se partieron muy alegres y contentos.

CAPITULO VEYNTE Y OCHO

DE COMO LOS INDIOS AGAZES ROMPIERON LAS PAZES

Demas de lo que Gonçalo de Mendoça dixo y auiso al gouernador, de que se haze mencion en el capitulo antes que este, le dixo que los indios de la generacion de los Agazes, con quien se auian hecho y assentado las pazes la noche del proprio dia que partio de la ciudad de la Ascension a hazer la guerra a los Guaycurues, auian venido con mano

armada a poner fuego a la ciudad y hazerles la
guerra, y que auian sido sentidos por las centinelas, que tocaron al arma, y ellos conosciendo que
eran sentidos se fueron huyendo e dieron en las
labranças y caserias de los christianos, de los quales tomaron muchas mugeres de la generacion de
los Guaranies, de christianas nueuamente conuertidas, y que de alli adelante auian venido cada noche a saltear y robar la tierra, y auian hecho muchos daños a los naturales por auer rompido la
paz. Y las mugeres que auian dado en rehenes,
que eran de su generacion, para que guardarian
la paz, la misma noche que ellos vinieron auian
huydo y les auian dado auiso como el pueblo quedaua con poca gente y que era buen tiempo para
matar los christianos, y por auiso dellas vinieron
a quebrantar la paz e hazer la guerra como lo
acostumbrauan, y auian robado las caserias de los
españoles, donde tenian sus mantenimientos, y se
los auian lleuado con mas de treynta mugeres de
los guaranies. Y oydo esto por el gouernador y tomada informacion dello mando llamar los religiosos y clerigos y a los oficiales de Su Magestad e a
los capitanes, a los quales dio cuenta de lo que los
Agazes auian hecho en rompimiento de las pazes,
y les rogo e de parte de Su Magestad les mando
que diessen su parescer (como Su Magestad lo
mando que lo tomasse) y con el hiziesse lo que conuiniesse, firmandolo todos ellos de sus nombres e
mano, y siendo conformes a vna cosa hiziesse lo que
ellos le aconsejassen. Y platicado el negocio entre
todos ellos y muy bien mirado, fueron de acuerdo

y le dieron por parescer que les hiziesse la guerra a fuego y a sangre, por castigarlos de los males y daños que continuo hazian en la tierra, y siendo este su parescer, estando conformes lo firmaron de sus nombres. Y para mas justificacion de sus delictos el gouernador mando hazer processo contra ellos, y hecho lo mando juntar y acomular con otros quatro processos que auian hecho contra ellos, antes que el gouernador fuesse, los christianos que antes en la tierra estauan auian muerto mas de mil dellos por los males que en la tierra continuamente hazian

CAPITULO VEYNTE Y NUEUE

DE COMO EL GOUERNADOR SOLTO VNO DE LOS PRISIONEROS GUAYCURUES Y EMBIO A LLAMAR LOS OTROS

Despues de auer hecho lo que dicho es contra los Agazes mando el gouernador llamar a los indios principales Guaranies que se hallaron en la guerra de los Guaycurues, y les mando que le truxessen todos los prisioneros que auian auido y traydo de la guerra de los Guaycurues y les mando que no consintiessen que los Guaranies escondiessen ni traspusiessen ninguno de los dichos prisioneros, so pena que el que lo hiziesse seria muy bien castigado, y assi truxeron los españoles los que auian auido, y a todos juntos les dixo que Su Magestad tenia mandado que ninguno de aquellos Guaycurues no fuesse esclauo, porque no se auian hecho con ellos las diligencias que se auian de hazer, y antes era mas seruido que se les diesse libertad. Y entre los tales indios prisioneros estaua vno muy gentil hombre y de muy buena proporcion, y por ello el gouernador lo mando soltar y poner en libertad y le mando que fuesse a llamar los otros todos de su generacion, que el queria hablarles de parte de Su Magestad y rescebirlos en su nombre por sus vassallos, y que siendolo, el los ampararia y defenderia y les daria siempre rescates y otras cosas. Y diole algunos rescates con que se partio muy contento para los suyos y ansi se fue. Y dende a quatro dias boluio y truxo consigo todos los de su generacion, los quales muchos dellas estauan mal heridos, y assi como estauan vinieron todos sin faltar ninguno

CAPITULO TREYNTA

COMO VINIERON A DAR LA OBEDIENCIA LOS INDIOS GUAYCURUES A SU MAGESTAD

Dende a quatro dias que el prisionero se partio del real, vn lunes por la mañana llego a la orilla del rio con toda la gente de su nacion, los quales estauan debaxo de vna arboleda a la orilla del rio del Paraguay. Y sabido por el gouernador mando passar muchas canoas con algunos christianos y algunas lenguas con ellas para que los passassen a la ciudad, para saber y entender que gente eran, y passadas de la otra parte las canoas y en ellas hasta veynte hombres de su nacion vinieron ante el gouernador y en su presencia se sentaron sobre vn pie, como es costumbre entre ellos, y dixeron por su lengua que ellos eran principales de su nacion de Guaycurues, y que ellos y sus antepassados auian tenido guerras con todas las generaciones de aquella tierra, assi de los Guaranies como de los Imperues y Agazes y Guatataes y Naperues y Mayaes y otras muchas generaciones, y que siempre les auian vencido y maltratado y ellos no auian sido vencidos de ninguna generacion, ni lo pensaron ser, y que pues auian hallado otros mas valientes que ellos, que se venian a poner en su poder y a ser sus esclauos para seruir a los españoles, y pues el gouernador con quien hablauan era el principal dellos, que les mandasse lo que auian de hazer como a tales sus subjetos y obedientes, y que bien sabian los indios Guaranies que no bastauan ellos a hazerles la guerra, porque ellos no los temian, ni tenian en nada, ni se atreuieran a los yr a buscar y hazer la guerra si no fuera por los españoles, y que sus mugeres e hijos quedauan de la otra parte del rio y venian a dar la obediencia y hazer lo mismo que ellos y que por ellos y en nombre de todos se venian á ofrescer al seruicio de Su Magestad.

CAPITULO TREYNTA Y VNO

DE COMO EL GOUERNADOR, HECHAS LAS PAZES CON LOS GUAYCURUES, LES ENTREGO LOS PRISIONEROS

Y uisto por el gouernador lo que los indios Guaycurues dixeron por su mensage y que una gente que tan temida era en toda la tierra venian con tanta humildad a ofrecerse y ponerse en su poder (lo qual puso grande espanto y temor en toda la tierra) les mando dezir por las lenguas interpretes que el era alli venido por mandado de Su Magestad, y para que todos los naturales viniessen en conoscimiento de Dios nuestro señor y fuessen christianos y vassallos de Su Magestad, y a ponerlos en paz y sossiego y a fauorescerlos y hazerlos buenos tratamientos, y que si ellos se apartauan de las guerras y daños que hazian a los indios Guaranies, que el los ampararia y defenderia y tendria por amigos y siempre serian mejor tratados que las otras generaciones, y que les darian y entregarian los prisioneros que en la guerra les auia tomado, assi los que el tenia como los que tenian los christianos en su poder y los otros todos que tenian los Guaranies que en su compañia auian lleuado (que tenian muchos dellos) Y poniendolo en efecto los prisioneros que en su poder estauan y los que los dichos Guaranies tenian, los traxeron ante el gouernador y se los dio y entrego, e como los ouieron rescebido dixeron y afirmaron otra vez que ellos querian ser vassallos de Su Magestad, y dende entonces dauan la obediencia y vassallaje y se apartauan de la guerra de los Guaranies, y que dende en adelante vernian a traer a la ciudad todo lo que tomassen para prouission de los españoles. Y el gouernador se lo agradescio y les repartio a los principales muchas joyas y rescates y quedaron concertadas las pazes, y de alli adelante siempre las guardaron y vinieron todas las vezes que el gouernador los embio a llamar y fueron muy obedientes en sus mandamientos, y su venida era de ocho a ocho dias a la ciudad, cargados de carne de venados y puercos monteses assada en barbacoa. Esta barbacoa es como vnas parrillas y estan dos palmos altas del suelo y son de palos delgados, y echan la carne escalada encima y assi la assan, y traen mucho pescado y otros muchos mantenimientos, mantecas y otras cosas y muchas mantas de lino que hazen de vnos cardos, los quales hazen muy pintadas, y assimismo muchos cueros de tigres y de antas y de venados y de otros animales que matan. Y quando assi vienen dura la contratacion de los tales mantenimientos dos dias y contratan los de la otra parte del rio que estan con sus ranchos, la qual contratacion es muy grande y son muy apazibles para los Guaranies, los quales les dan en trueque de lo que traen, mucho maiz y mandioca e mandubis, que es una fruta como auellanas o chufas, que se cria debaxo de la tierra; tambien les dan y truecan arcos y flechas y passan el rio a esta contratacion dozientas canoas juntas cargadas destas cosas, que es la mas hermosa cosa del mundo verlas yr, y como van con tanta priessa algunas vezes se encuentran las vnas con las otras de manera que toda la mercaduria y ellas van al agua. Y los indios a quien acontesce lo tal y los otros que estan en tierra esperandoles toman tan gran risa que en dos dias no se apacigua entre ellos el regozijo. Y para yr a contratar van muy pintados y empenachados, y toda la plumeria va por el rio abaxo y mueren por llegar con sus canoas vnos primeros que otros, y esta es la causa por donde se encuentran muchas vezes, y en la contratacion tienen tanta bozeria que no se oyen los vnos a los otros y todos estan muy alegres y regozijados.

CAPITULO TREYNTA Y DOS

COMO VINIERON LOS INDIOS APERUES A HAZER PAZ Y DAR LA OBEDIENCIA

Dende a pocos dias que los seys indios Aperues se boluieron para los suyos despues que los mando soltar el gouernador para que fuessen a assegurar a los otros indios de su generacion, vn domingo de mañana llegaron a la ribera del Paraguay de la otra parte, a vista de la ciudad de la Ascension, hechos vn esquadron, los quales hizieron seña a los de la ciudad diziendo que querian passar a ella, y sabido por el gouernador luego mando yr canoas a saber que gente eran, y como llegaron a tierra los dichos indios se metieron en ellas y passaron desta otra parte hazia la ciudad, y venidos delante del gouernador dixeron como eran de Aperues y se sentaron sobre el pie, como gente de paz (segun su costumbre) y sentados dixeron que eran los principales de aquella generacion llamada Aperues y que venian a conoscerse con el principal de los christianos y a lo tener por amigo y hazer lo que el les mandasse, y que la guerra que se auia hecho a los indios Guaycurues la auian sabido por toda la tierra y que por razon dello todas las generaciones estauan muy temerosas y espantadas de que los dichos indios (siendo los mas valientes y temidos) fuessen acometidos y vencidos y desbaratados por los christianos, y que en señal de la paz y amistad que querian tener y conseruar con los christianos truxeron consigo ciertas hijas suyas y rogaron al gouernador que las rescibiesse, y para que ellos estuuiessen mas ciertos y seguros y les tuuiessen por amigos las dauan en rehenes Y estando presentes a ello los capitanes y religiosos que consigo traya el gouernador, y ansimismo en presencia de los oficiales de Su Magestad, dixo que el era venido a aquella tierra a dar a entender a los naturales della como auian de ser christianos y enseñados en la fe, y que diessen la obediencia a Su Magestad y tuuiessen paz y amistad con los indios Guaranies, pues eran naturales de aquella tierra y vassallos de Su Magestad, y que guardando ellos el amistad y otras cosas que le mando de parte de Su Magestad, los rescibiria por sus vassallos y como a tales los ampararia y defenderia de todos, guardando la paz y amistad con todos los naturales de aquella tierra, y mandarian a todos los indios que los fauoresciessen y tuuiessen por amigos y dende alli los tuuiessen por tales, y que cada y quando que quisiessen pudiessen venir seguros a la ciudad de la Ascension a rescatar y contratar con los christianos e indios que en ella residian, como lo hazian los Guaycurues despues que assento la paz con ellos, y para tener seguro dellos el gouernador rescibio las mugeres e hijas que le dieron, y tambien porque no se enojassen creyendo que pues no las tomaua no los admitia, las quales mugeres y mochachos el gouernador dio a los religiosos y clerigos para que las doctrinassen y enseñassen la doctrina christiana y las pusiessen en buenos vsos y costumbres, y los indios se holgaron mucho dello y quedaron muy contentos y alegres por auer quedado por vassallos de Su Magestad, y dende luego como tales le obedescieron y propusieron de cumplir lo que por parte del gouernador les fue mandado, y auiendoles dado muchos rescates con que se alegraron y contentaron mucho se fueron muy alegres. Estos indios de que se ha tratado nunca estan quedos de tres dias arriba en vn assiento, siempre se mudan de tres a tres dias y andan buscando la caça y monterias y pesquerias para substentarse, y traen consigo sus mugeres e hijos. Y desseoso el gouernador de atraerlos a nuestra sancta fe catholica pregunto a los clerigos y religiosos si auia manera para poder industriar y doctrinar aquellos indios, y le respondieron que no podia ser por no tener los dichos indios assiento cierto, y porque se les passauan los dias y gastauan el tiempo en buscar de comer y que por ser la necessidad tan grande de los mantenimientos que no podian dexar de andar todo el dia a buscarlos con sus mugeres e hijos. Y si otra cosa en contrario quisiessen hazer, moririan de hambre, y que seria por demas el trabajo que en ello se pusiesse, porque no podrian venir ellos ni sus mugeres e hijos a la doctrina, ni los religiosos estar entre ellos, porque auia poca seguridad y menos confiança.

CAPITULO TREYNTA Y TRES

DE LA SENTENCIA QUE SE DIO CONTRA LOS AGAZES CON PARESCER DE LOS RELIGIOSOS Y CAPITANES Y OFFICIALES DE SU MAGESTAD

Despues de auer rescebido el gouernador a la obediencia de Su Magestad los indios (como aueys oydo) mando que le mostrassen el proceso y prouança que se auia hecho contra los indios Agazes Y visto por el y por los otros processos que contra ellos se auia hecho, parescio por ellos ser culpados por los robos y muertes que por toda la tierra auian hecho, mostro el processo de sus culpas y la instrucion que tenia de Su Magestad a los clerigos y religiosos, estando presentes los capitanes y oficiales de Su Magestad, y auiendolo muy bien visto todos juntamente, sin discrepar en ninguna cosa, le dieron por parescer que les hiziesse la guerra a fuego y a sangre, porque assi conuenia al seruicio de Dios y de Su Magestad. Y por lo que resultaua por el processo de sus culpas, conforme a derecho los condeno a muerte a treze o a catorze de su generacion que tenia presos. Y entrando en la carcel su alcalde mayor a sacarlos, con vnos cuchillos que tenian escondidos dieron ciertas puñaladas a personas que entraron con el alcalde y los mataran sino fuera por otra gente que con ellos yuan, que los socorrieron, y defendiendose dellos fueles forçado meter mano a las espadas que lleuauan y metieronles en tanta necessidad que mataron dos dellos y sacaron los otros ahorcar en execucion de la sentencia.

CAPITULO TREYNTA Y QUATRO

DE COMO EL GOUERNADOR TORNO A SOCORRER A LOS QUE ESTAUAN EN BUENOS AYRES

Como las cosas estauan en paz y quietud embio el gouernador a socorrer la gente que estaua en Buenos Ayres y al capitan Juan Romero que auia embiado a hazer el mesmo socorro con dos vergantines y gente, para el qual socorro acordo embiar al capitan Gonçalo de Mendoça con otros dos vergantines cargados de bastimentos e cien hombres, y esto hecho mando llamar los religiosos y clerigos y oficiales de Vuestra Magestad, a los quales dixo que pues no auia cosa que impidiesse el descubrimiento de aquella prouincia, que se deuia de buscar lumbre y camino por donde sin peligro y menos perdida de gente, se pusiesse en efecto la entrada por tierra por donde ouiesse poblaciones de indios, y que tuuiessen bastimentos, apartandose de los despoblados y desiertos (porque auia muchos en la tierra) y que les rogaua y encomendaua de parte de Su Magestad mirassen lo que mas vtil y prouechoso fuesse y les paresciesse, y que sobre ello le diessen su parescer, los quales religiosos y clerigos y el comissario fray Bernaldo de Armenta y fray Alonso Lebron, de la orden de señor sant Francisco, y fray Juan de Salazar, de la orden de la Merced, y fray Luys de Herrezuelo, de la orden de sant Hieronymo, y Francisco de Andrada, el bachiller Martin de Almença y el bachiller Martinez y Juan Gabriel de Lezcano, clerigos y capellanes de la yglesia de la ciudad de la Ascension. Assimesmo pidio parescer a los officiales de Su Magestad y a los capitanes y auiendo platicado entre todos sobre ello, todos conformes dixeron que su parescer era que luego con toda breuedad se embiasse a buscar tierra poblada por donde se pudiesse yr a hazer la entrada y descubrimiento, por las causas y razones que el gouernador auia dicho y propuesto, y assi quedo aquel dia assentado y concertado, y para que mejor se pudiesse hazer el descubrimiento y con mas breuedad, mando el gouernador llamar los indios mas principales de la tierra y mas antiguos de los Guaranies, y les dixo como el queria yr a descubrir las poblaciones a aquella prouincia, de las quales ellos le auian dado relacion muchas vezes, y que antes de lo poner en efecto, que era embiar algunos christianos a ver por vista de ojos viessen el camino por donde auian de yr. Y que pues ellos eran christianos y vassallos de Su Magestad, tuuiessen por bien de dar indios de su generacion que supiessen el camino, para los lleuar y guiar de manera que se pudiesse traer buena relacion, y a Vuestra Magestad harian seruicio y a ellos mucho prouecho, allende que les seria pagado y gratificado. Y los indios principales dixeron que ellos se yuan y proueerian de la gente que fuesse menester quando se la pidiessen, y alli se ofrescieron muchos de yr con los christianos, el primero fue vn indio principal del rio arriba, que se llamaua Aracare, y otros señalados que adelante se dira Y vista la voluntad de los indios se partieron con ellos tres christianos lenguas, hombres platicos en la tierra e yuan con ellos los indios que se le auian ofrescido muchas vezes de Guaranies y otras generaciones, los quales auian pedido les diessen la empressa del descubrimiento, a los quales encomendo que con toda diligencia y fidelidad descubriessen aquel camino adonde tanto seruicio harian a Dios y a Vuestra Magestad Y entre tanto que los christianos e indios ponian en efecto el camino mando aderesçar tres vergantines y bastimentos y cosas necessarias y con nouenta christianos embio al capitan Domingo de Yrala, vizcayno, por capitan dellos, para que subiessen por el rio del Paraguay arriba todo lo que pudiesse nauegar y descubrir en tiempo de tres meses y medio, y viessen si en la ribera del rio auia algunas poblaciones de indios de los quales se tomasse relacion y auiso de las poblaciones y gente de la prouincia. Partieronse estos tres nauios de christianos a veynte dias del mes de Nouiembre año de quinientos y quarenta y dos. En ellos yuan los tres españoles con los indios que auian de descubrir por tierra, a do auian de hazer el descubrimiento por el puerto que dizen de las Piedras, setenta leguas de la ciudad de la Ascension yendo por el rio del Paraguay arriba. Partidos los nauios que yuan a hazer el descubrimiento de la tierra, dende a ocho dias escriuieron vna carta el capitan Vergara como los tres españoles se auian partido con numero de mas de ochocientos indios por el puerto de las Piedras, debaxo del tropico, en veynte y quatro grados, a proseguir su camino y descubrimiento, y que los indios yuan muy alegres y desseosos de enseñar a los españoles el dicho camino Y auiendolos encargado y encomendado a los indios se partia para el rio arriba a hazer el descubrimiento

CAPITULO TREINTA Y CINCO

COMO SE VOLUIERON DE LA ENTRADA LOS TRES CHRISTIANOS E INDIOS QUE YUAN A DESCUBRIR

Passados veynte dias que los tres españoles ouieron partido de la ciudad de la Ascension a ver el camino que los indios se ofrescieron a les enseñar, boluieron a la ciudad y dixeron que lleuando por guia principal Aracare, indio principal de la tierra, auian entrado por el que dizen puerto de las

Piedras, y con ellos hasta ochocientos indios, poco mas o menos, y auiendo caminado quatro jornadas por la tierra por donde los dichos indios yuan guiando el indio Aracare, principal, como hombre que los indios le temian y acatauan con mucho respecto, les mando dende el principio de su entrada fuessen poniendo fuego por los campos por donde yuan caminando, que era dar grande auiso a los indios de aquella tierra, enemigos, para que saliessen a ellos al camino y los matassen, lo qual hazian contra la costumbre y orden que tienen los que van a entrar y a descubrir por semejantes tierras, y entre los indios se acostumbraua. Y allende desto el Aracare publicamente yua diziendo a los indios que se boluiessen y no fuessen con ellos á les enseñar el camino de las poblaciones de la tierra, porque los christianos eran malos, y otras palabras muy malas y asperas, con las quales escandalizo a los indios Y no embargante que por ellos fueron rogados e importunados siguiessen su camino y dexassen de quemar los campos, no lo quissieron hazer antes al cabo de las cuatro jornadas se boluieron dexandolos desamparados y perdidos en la tierra y en muy gran peligro, por lo qual les fue forçado boluerse visto que todos los indios y las guias se auian buelto.

CAPITULO TREINTA Y SEYS

COMO SE HIZO TABLAÇON PARA LOS VERGANTINES Y VNA CARAUELA

En este tiempo el gouernador mando que se buscasse madera para asserrar y hazer tablazon y ligazon, assi para hazer vergantines para el descubrimiento de la tierra, como para hazer vna carauela que tenia acordado de embiar a este reyno para dar cuenta a Su Magestad de las cosas suscedidas en la prouincia en el descubrimiento y conquista della. Y el gouernador personalmente fue por los montes y campos de la tierra con los officiales y maestros de vergantines y asserradores Los quales en tiempo de tres meses asserraron toda la madera que les parescio que bastaria para hazer la carauela y diez nauios de remos para la nauegacion del rio y descubrimiento del, la qual se traxo a la ciudad de la Ascension por los indios naturales, a los quales mando pagar sus trabajos y de la madera con toda diligencia se començaron a hazer los dichos vergantines

CAPITULO TREYNTA Y SIETE

DE COMO LOS INDIOS DE LA TIERRA SE TORNARON A OFRESCER

Y visto que los christianos que auia embiado a descubrir y buscar camino para hazer la entrada y descubrimiento de la prouincia se auian buelto sin traer relacion ni auiso de lo que conuenia, y que al presente se ofrescian ciertos indios principales naturales desta ribera, alguno de los christianos nueuamente conuertidos y a otros muchos indios yr a descubrir las poblaciones de la tierra adentro y que lleuarian consigo algunos españoles que lo viessen y truxessen relacion del camino que ansi descubriessen, auiendo hablado y platicado con los indios principales que a ello se ofrescieron, que se llamauan Juan de Salazar Cupirati, y Lorenço Moquiraci, y Timbuay, y Gonçalo Mayrairu y otros Y vista su voluntad y buen zelo con se mouian a descubrir la tierra, se lo agradescio y ofrescio que Su Magestad y el en su Real nombre se lo pagarian y gratificarian Y a esta sazon le pidieron quatro españoles hombres platicos en aquella tierra, les diesse la empressa del descubrimiento, porque ellos yrian con los indios y pornian en descubrir el camino toda la diligencia que para tal caso se requeria. Y el, visto que de su voluntad se ofrescian, el gouernador se lo concedio Estos christianos que se ofrescieron a descubrir este camino y los indios principales, con hasta mil y quinientos indios que llamaron y juntaron de la tierra, se partieron a quinze dias del mes de Deziembre del año de quinientos y quarenta y dos años y fueron nauegando con canoas por el rio del Paraguay arriba y otros fueron por tierra hasta el puerto de las Piedras, por donde se auia de hazer la entrada al descubrimiento de la tierra y auian de passar por la tierra y lugares de Aracare (que estoruaua que no se descubriesse el camino passado, a los indios que nueuamente yuan, que no fuessen induziendoles con palabras de motin. Y no lo queriendo hazer los indios se lo quissieron hazer dexar de descubrir por fuerça y todauia passaron delante. Y llegados al puerto de las Piedras los españoles, lleuando consigo los indios y algunos que dixeron que sabian el camino, por guias caminaron treynta dias continuo por tierra despoblada, donde passaron grandes hambres y sed, en tal manera que murieron algunos indios y los christianos con ellos se vieron tan desatinados y perdidos de sed y hambre que perdieron el tino y no sabian por donde auian de caminar, y desta causa se acordaron de boluer y se boluieron comiendo por todo el camino cardos saluajes, y para beuer sacauan çumo de los cardos y de otras yeruas, y a cabo de quarenta y cinco dias boluieron a la ciudad de la Ascension. Y venido por el rio abaxo el dicho Aracare les salio al camino y les hizo mucho daño mostrandose enemigo capital de los christianos y de los indios que eran amigos, haziendo guerra a todos, y los indios y christianos llegaron flacos y muy trabajados. Y visto los daños tan notorios que el dicho Aracare indio auia hecho y hazia, y como estaua declarado por enemigo capital, con parescer de los oficiales de Vuestra Magestad y religiosos mando el gouernador proceder contra el e se hizo el proceso y mando que a Aracare le fuessen notificados los autos, y assi se lo notificaron con gran peligro y trabajo de los españoles que para ello embio porque Aracare los salio a matar con mano armada leuantando y apellidando todos sus parientes y amigos para ello, y hecho y fulminado el proceso conforme a derecho fue sentenciado a pena de muerte corporal, la qual fue executada en el dicho Aracare indio, y a los indios naturales les fue dicho y dado a entender las razones y causas justas que para ello auia auido. A veynte dias del mes de Deziembre vinieron a surgir al puerto de la ciudad de la Ascension los quatro vergantines que el gouernador auia embiado al rio del Parana a socorrer los españoles que venian en la nao que embio dende la ysla de Sancta Catalina, y con ellos el batel de la nao, y en todos cinco nauios vino toda la gente y luego todos desembarcaron. Pedro Destopiñan Cabeça de Vaca, a quien dexo por capitan de la nao y gente, el qual dixo que llego con la nao al rio del Parana y que luego fue en demanda del puerto de Buenos Ayres y en la entrada del puerto junto donde estaua assentado el pueblo hallo vn mastel enarbolado hincado en tierra, con vnas letras cauadas que dezian: *Aqui esta vna carta*, y fue hallada en vnos barrenos que se dieron. La qual abierta, estaba firmada de Alonso Cabrera, veedor de fundiciones, y de Domingo de Yrala, vizcayno que se dezia y nombraua teniente de gouernador de la prouincia. Y dezia dentro della como auian despoblado el pueblo del puerto de Buenos Ayres y lleuado la gente que en el residia a la ciudad de la Ascension, por causas que en la carta se contenian, y que de causa de hallar el pueblo alçado y leuantado auian estado muy cerca de ser perdida toda la gente que en la nao venia, assi de hambre como por guerra que los indios Guaranies les dauan, y que por tierra en vn esquilfe de la nao se le auian ydo veynte y cinco christianos huyendo de hambre, y que yuan a la costa del Brasil, y que si tan breuemente no fueran socorridos y a tardarse el socorro vn dia solo, a todos los mataran los indios, porque la propia noche que llego el socorro con auerles venido ciento y cinquenta españoles platicos en la tierra a socorrerlos, los auian acometido los indios al quarto del alua y puesto fuego a su real y les mataron e hirieron cinco o seys españoles, y con hallar tan gran resistencia de nauios y de gente les pusieron los indios en muy gran peligro Y assi se tuuo por muy cierto que los indios mataran toda la gente española de la nao sino se hallara alli el socorro con el qual se reformaron y esforçaron para saluar la gente. Y que allende desto se pusso grande diligencia a tornar a fundar y assentar de nueuo el pueblo y puerto de Buenos Ayres en el rio del Parana, en un rio que se llama el rio de Sant Juan, y no se pudo assentar ni hazer a causa que era a la sazon inuierno, tiempo trabajoso y las tapias que se hazian las aguas las derribauan Por manera que les fue forçado dexarlo de hazer y fue acordado que toda la gente se subiesse por el rio arriba, y traerla a esta ciudad de la Ascension A este capitan Gonçalo de Mendoça siempre la vispera o dia de Todos Sanctos le acontescia vn caso desastrado, y a la boca del rio el mesmo dia se le perdio vna nao cargada de bastimentos y se le ahogo gente harta, y viniendo nauegando acontescio vn caso estraño. Estando la vispera de

Todos Sanctos surtos los nauios en la ribera del rio junto a vnas barranqueras altas, y estando amarrada a vn arbol la galera que traya Gonçalo de Mendoça, temblo la tierra y leuantada la misma tierra se vino arrollada como vn golpe de mar hasta la barranca y los arboles cayeron en el rio y la barranca dio sobre los vergantines y el arbol do estaua amarrada la galera dio tan gran golpe sobre ella que la boluio de baxo arriba Y assi la llevo mas de media legua lleuando el mastel debaxo y la quinilla encima, y desta tormenta se le ahogaron en la galera y otros nauios catorze personas entre hombres y mugeres. Y segun lo dixeron los que se hallaron presentes fue la cosa mas temerosa que jamas passo. Y con este trabajo llegaron a la ciudad de la Ascension, donde fueron bien apossentados y proueydos de todo lo necessario Y el gouernador con toda la gente dieron gracias a Dios por auerlos traydo a saluamiento y escapado de tantos peligros como por aquel rio ay y passaron.

CAPITULO TREYNTA Y OCHO

DE COMO SE QUEMO EL PUEBLO DE LA ASCENSION

A quatro dias del mes de Febrero del año siguiente de quinientos y quarenta y tres años, vn domingo, de madrugada, tres horas antes que amaneciesse se puso fuego a vna casa pagiza dentro de la ciudad de la Ascension, y de alli salto a otras muchas casas, y como auia uiento fresco andaua el fuego con tanta fuerça que era espanto de lo ver y pusso grande alteracion y desasossiego a los españoles, creyendo que los indios por les hechar de la tierra lo auian hecho. El gouernador a la sazon hizo dar al arma para que acudiessen a ella y sacassen sus armas y quedassen armados para se defender y substentar en la tierra. Y por salir los christianos con sus armas las escaparon y quemoseles toda su ropa y quemaronse mas de dozientas casas y no les quedaron mas de cinquenta casas, las quales escaparon por estar en medio vn arroyo de agua y quemaronseles mas de quatro o cinco mil hanegas de mayz en grano, que es el trigo de la tierra, y mucha harina dello y muchos otros mantenimientos de gallinas y puercos en gran cantidad, y quedaron los españoles tan perdidos y destruydos y tan desnudos que no les quedo con que se cubrir las carnes y fue tan grande el fuego que duro quatro dias; hasta vna braça debaxo de la tierra se quemo y las paredes de las casas con la fortaleza del se cayeron; aueriguose que vna india de vn christiano auia puesto el fuego; sacudiendo vna hamaça que se le quemaua dio vna morcella en la paja de la casa; como las paredes son de paja se quemo, y visto que los españoles quedauan perdidos y sus casas y haziendas asoladas, de lo que el gouernador tenia de su propia hazienda los remedio y daua de comer a los que no lo tenian mercando de su hazienda los mantenimientos, y con toda diligencia les ayudo y les hizo hazer sus casas, haziendolas de tapias por quitar la ocasion que tan facilmente no se quemassen cada dia, y puestos en ello y con la gran necessidad que tenian dellas en pocos dias las hizieron.

CAPITULO TREYNTA Y NUEUE

COMO VINO DOMINGO DE YRALA

A quinze dias del mes de Febrero vino a surgir a este pueblo de la Ascension Domingo de Yrala con los tres vergantines que lleuo al descubrimiento del rio del Paraguay, el qual salio en tierra a dar relacion al gouernador de su descubrimiento y dixo que dende veynte de Octubre que partio del puerto de la Ascension, hasta el de los Reyes, seys dias del mes de Henero, auia subido por el rio del Paraguay arriba, contratando y tomando auiso de los indios naturales que estan en la ribera del rio hasta aquel dicho dia que auia llegado a vna tierra de vna generacion de indios labradores y criadores de gallinas y patos, los quales crian estos indios para defenderse con ellos de la importunidad y daño que les hazen los grillos, porque quantas mantas tienen se las roen y comen; crianse estos grillos en la paja con que estan cubiertas sus casas, y para guardar sus ropas tienen muchas tinajas, en las quales meten sus mantas y cueros dentro y tapanlas con vnos tapaderos de barro, y desta manera defienden sus ropas, porque de la cumbre de las casas caen muchos dellos a buscar que roer y entoncen dan los patos en ellos con tanta priessa que se los comen todos, y esto hazen dos o tres vezes cada dia que ellos salen a comer, que es hermosa cosa de ver la montanera con ellos. Y estos indios hauitan y tienen sus casas dentro de vnas lagunas y cercados de otras, llamanse Cacocies Chaneses. Y que de los indios auia tenido auiso que por la tierra era el camino para yr a las poblaciones de la tierra adentro. Y que el auia entrado tres jornadas y que le auia parescido la tierra muy buena y que la relacion de dentro della le auian dado los indios. Y allende desto en estos pueblos de los indios desta tierra auian grandes bastimentos, adonde se podian fornescer para poder hazer por alli la entrada de la tierra y conquista. Y que auia visto entre los indios muestra de oro y plata y se auian ofrescido a le guiar y enseñar el camino, y que en todo su descubrimiento que auia hecho por todo el rio no auia hallado, ni tenido nueua de tierra mas aparejada para hazer la entrada que determinaua hazer. Y que teniendola por tal auia entrado por la tierra adentro por aquella parte que por auer llegado en el mismo dia de los Reyes a ella, le auia puesto por nombre el puerto de los Reyes. Y dexaba los naturales del con gran desseo de ver los españoles, y que el gouernador fuesse a los conoscer; y luego como Domingo de Yrala ouo dado la relacion al gouernador de lo que auia hallado y traya, mando llamar y juntar a los religiosos y clerigos y a los oficiales de Su Magestad y a los capitanes. Y estando juntos les mando leer la relacion que auia traydo Domingo de Yrala y les rogo que sobre ello ouiessen su acuerdo y le diessen su parescer de lo que se auia de hazer para descubrir aquella tierra, como conuenia al seruicio de Dios y de Su Magestad (como otra vez lo tenia pedido y rogado) porque assi conuenia al seruicio de Su Magestad, pues tenian camino cierto descubierto y era el mejor que hasta entonces auian hallado Y todos juntos, sin discrepar ninguno dieron su parescer diziendo que conuenia mucho al seruicio de Su Magestad que con toda presteza se hiziesse la entrada por el puerto de los Reyes y que assi conuenia y lo dauan por su parescer y lo firmauan de sus nombres. Y que luego sin dilacion ninguna se auia de poner en effecto la entrada, pues la tierra era poblada de mantenimientos y otras cossas necessarias para el descubrimiento dello. Visto los paresceres de los religiosos, clerigos y capitanes, y conformandose con ellos, el gouernador, paresciendole ser assi cumplidero al seruicio de Su Magestad, mando aderesçar y poner a punto los diez vergantines que el tenia hechos para el mismo descubrimiento Y mando a los indios Guaranies que le vendiessen los bastimentos que tenian para cargar y fornescer dellos los vergantines y canoas que estauan prestos para el viaje y descubrimiento, porque el fuego que auian passado antes le auia quemado todos los bastimentos que el tenia Y por esto le fue forçado comprar de su hazienda a los indios los bastimentos, y el les dio a los indios muchos rescates por ellos por no aguardar a que viniessen otros frutos; para despachar y proueer con toda breuedad y para que mas breuemente se hiziesse y le traxessen los bastimentos sin que los indios viniessen cargados con ellos, embio al capitan Gonçalo de Mendoça con tres vergantines por el Paraguay arriba, a la tierra y lugares de los indios sus amigos y vassallos de Su Magestad, que le tomasse los bastimentos, y mando que los pagasse a los indios y les hiziesse muy buenos tratamientos y que les contentasse con rescates, que lleuaua mucha copia dellos, y que mandasse y apercibiesse a las lenguas que auian de pagar a los indios los bastimentos, los tratassen bien y no les hiziessen agrauios y fuerças, sopena que serian castigados, y que assi lo guardassen y cumpliessen

CAPITULO QUARENTA

DE LO QUE ESCRIUIO GONÇALO DE MENDOÇA

Dende a pocos dias que Gonçalo de Mendoça se huuo partido con los tres nauios, escriuio vna carta al gouernador, por la qual le hazia saber como el auia llegado al puerto que dizen de Giguy y auia embiado por la tierra adentro a los lugares donde le auian de dar los bastimentos, y que muchos indios principales que le auian venido a ver y començado a traer los bastimentos, y que las lenguas auian venido huyendo a se recoger a los vergantines, porque los auian querido matar los amigos y parientes de vn indio que andaua alçado y andaua alborotando la tierra contra los christianos y contra los indios que eran nuestros amigos, que dezian que no les diessen bastimentos, y que muchos indios principales que auian venido a pedirle ayuda y socorro para defender y amparar sus pueblos de dos indios principales que se dezian Guaçani y Atabare con todos sus parientes y valedores, y les hazian la guerra crudamente a fuego y a sangre y les quemauan sus pueblos y les corrian la tierra diziendo que los matarian y destruyrian si no se juntauan con ellos para matar y destruyr y hechar de la tierra a los christianos, y que el andaua entreteniendo y temporizando con los indios hasta le hazer saber lo que passaua para que proueyesse en ello lo que conuiniesse, porque allende de lo susodicho los indios no le trayan ningun bastimento por tenerlos tomados los contrarios los passos. Y los españoles que estauan en los nauios padescian mucha hambre.

Y vista la carta de Gonçalo de Mendoça mando el gouernador llamar a los frayles y clerigos y oficiales de Su Magestad y a los capitanes, los quales fueron juntos y les hizo leer la carta, y vista les pidio que le diessen parescer lo que sobre ello les parescia que se deuia de hazer, conformandose con la instrucion de Su Magestad, la qual le fue leyda en su presencia, y que conformandose con ella le diessen su parescer de lo que deuia de hazer y que mas conuiniesse al seruicio de Su Magestad; los quales dixeron que pues los dichos indios hazian la guerra contra los christianos y contra los naturales vassallos de Su Magestad, que su parescer dellos era y assi lo dauan y dieron y firmaron de sus nombres, que deuia manda embiar gente de guerra contra ellos y requerirles primero con la paz, apercibiendolos que se boluiessen a la obediencia de Su Magestad, que si no lo quisiessen hazer, se lo requiriessen, vna y dos y tres vezes y mas quantas pudiessen, protestandoles que todas las muertes y quemas y daños que en la tierra se hiziessen fuessen a su cargo y quenta dellos, y quando no quisiessen venir a dar la obediencia, que les hiziesse la guerra como contra enemigos y amparando y defendiendo a los indios amigos que estauan en la tierra.

Dende a pocos dias que los religiosos y clerigos y los demas dieron su parescer, el mismo capitan Gonçalo de Mendoça torno a escreuir otra carta al gouernador, en la qual le hazia saber como los indios Guaçani y Tabere, principales, hazian cruel guerra a los indios amigos, corriendoles la tierra, matandolos y robandolos, hasta llegar al puerto donde estauan los christianos que auian venido defendiendo los bastimentos, y que los indios amigos estauan muy fatigados pidiendo cada dia socorro a Gonçalo de Mendoça y diziendole que si breuemente no los socorria todos los indios se alçarian por escusar la guerra y daños que tan cruel guerra les hazian de contino.

CAPITULO QUARENTA Y UNO

DE COMO EL GOUERNADOR SOCORRIO A LOS QUE ESTAUAN CON GONÇALO DE MENDOÇA

Vista esta segunda carta y las demas querellas que dauan los naturales, el gouernador torno a comunicar con los religiosos, clerigos y oficiales y con su parescer mando que fuesse el capitan Domingo de Yrala a fauorescer los indios amigos y a poner en paz la guerra que se auia començado fauoresciendo los naturales que rescibian daño de los enemigos, y para ello embio quatro vergantines con ciento y cinquenta hombres, demas de los que tenia el capitan Gonçalo de Mendoça alla, y mando que Domingo de Yrala con la gente, que fuessen derechos a los lugares y puertos de Guaçani y Tabere y les requiriesse de parte de Su Magestad que dexassen la guerra y se apartassen de hazerla y boluiessen y diessen la obediencia a Su Magestad, que fuessen amigos de los españoles, y que quando siendo assi requeridos y amonestados vna y dos y tres vezes y quantas mas deuiessen y pudiessen, con el menor daño que pudiessen les hiziessen guerra escusando muertes y robos y otros males, y los constriñessen apretandoles para que dexassen la guerra y tornassen a la paz y amistad que antes solian tener, y lo procurasse por todas las vias que pudiesse.

CAPITULO QUARENTA Y DOS

DE COMO EN LA GUERRA MURIERON QUATRO CHRISTIANOS QUE HIRIERON

Partido Domingo de Yrala y llegado en la tierra y lugares de los indios, embio a requerir y amonestar a Tabere y a Guaçani, indios principales de la guerra, y con ellos estaua gran copia de gente esperando la guerra, y que como las lenguas llegaron a requerirles no los auian querido oyr, antes embiaron a desafiar a los indios amigos y les robauan y les hazian muy grandes daños, que defendiendoles y apartandoles auian auido con ellos muchas escaramuças de las quales auian salido heridos algunos christianos, los quales embio para que fuessen curados en la ciudad de la Ascension y quatro o cinco murieron de los que vinieron heridos, por culpa suya y por excesos que hizieron, porque las heridas eran muy pequeñas y no eran de muerte ni de peligro, porque el vno dellos de solo vn rascuño que le hizieron con vna flecha en la nariz, en soslayo, murio, porque las flechas trayan yerua y quando los que son heridos della no se guardan mucho de tener excessos con mugeres porque en lo demas no ay de que temer la yerua de aquella tierra. El gouernador torno a escreuir a Domingo de Yrala mandandole que por todas las vias y formas que el pudiesse trabajasse por hazer paz y amistad con los indios enemigos, porque assi conuenia al seruicio de Su Magestad, porque entre tanto que la tierra estuuiesse en guerra no podian dexar de auer alborotos y escandalos y muertes y robos y desasossiegos en ella, de los quales Dios y Su Magestad serian deseruidos, y con esto que le embio a mandar le embio muchos rescates para que diesse y repartiesse entre los indios que auian seruido, y con los demas que le paresciesse que podian assentar y perpetuar la paz. Y estando las cosas en este estado, Domingo de Yrala procuro de hazer las pazes, y como ellos es-

tuuiessen muy fatigados y trabajados de la guerra
tan braua como los christianos les auian hecho y
hazian, desseauan tener ya paz con ellos, y con las
muchas dadiuas que el capitan general les embio
con muchos ofrescimientos nueuos que de su parte
se les hizo, vinieron a assentar la paz y dieron de
nueuo la obediencia a Su Magestad y se conformaron con todos los indios de la tierra, y los indios
principales Guaçani y Tabere y otros muchos juntamente en amistad y seruicio de Su Magestad
fueron ante el gouernador a confirmar las pazes, y
el dixo a los de la parte de Guaçani y Tabere que
en se apartar de la guerra auian hecho lo que deuian y que en nombre de Su Magestad les perdo
naua el desacato y desobediencia passada, y que si
otra vez lo hiziessen que serian castigados con todo
rigor sin tener dellos ninguna piedad, y tras desto
les dio rescates y se fueron muy alegres y contentos. Y viendo que aquella tierra y naturales della
estauan en paz y concordia, mando poner gran diligencia en traer los bastimentos y las otras cosas
necessarias para fornescer y cargar los nauios
que auian de yr a la entrada y descubrimiento de
la tierra por el puerto de los Reyes, por do estaua
concertado y determinado que se prosiguiesse, en
pocos dias le truxeron los indios naturales mas de
tres mil quintales de harina de mandioca y mayz
y con ellos acabo de cargar todos los nauios de
bastimentos, los quales les pago mucho a su voluntad y contento, y proueyo de armas a los españoles que no las tenian y de las otras cosas necessarias que eran menester

CAPITULO QUARENTA Y TRES

DE COMO LOS FRAYLES SE YUAN HUYDOS

Estando a punto apercebidos y aparejados los vergantines y cargados los bastimentos y las otras cosas que conuenian para la entrada y descubrimiento de la tierra, como estaua concertado y los oficiales de Su Magestad y religiosos y clerigos lo auian dado por parescer, callada y encubiertamente induzieron y leuantaron al comissario fray Bernaldo de Armenta y fray Alonso Lebron, su compañero, de la Orden de San Francisco, que se fuessen por el camino que el gouernador descubrio dende la costa del Brasil, por entre los lugares de los indios, y que se boluiessen a la costa y lleuassen ciertas cartas para Su Magestad dandole a entender por ellas que el gouernador vsaua mal de la gouernacion que Su Magestad le auia hecho merced, mouidos con mal zelo por el odio y enemistad que le tenian por impedir y estoruar la entrada y descubrimiento de la tierra que yua a descubrir (como dicho tengo) lo qual hazian porque el gouernador no siruiesse a Su Magestad, ni diesse ser, ni descubriesse aquella tierra, y la causa desto auia sido porque quando el gouernador llego a la tierra la hallo pobre y desarmados los christianos y rotos los que en ella seruian a Su Magestad y los que en ella residian se le querellaron de los agrauios y malos tratamientos que los oficiales de

Su Magestad les hazian, y que por su propio interesse particular auian echado vn tributo y nueua impusicion muy contra justicia y contra lo que se vsa en España e en Indias, a la qual impusicion pusieron nombre de quinto, de lo qual esta hecha memoria en esta relacion. Y por esto querian impedir la entrada. Y el secreto desto es que se querian yr los frayles; andaua el vno dellos con vn crucifixo debaxo del manto y hazia que pusiessen la mano en el crucifixo y jurassen de guardar el secreto de su yda de la tierra para el Brasil. Y como esto supieron los indios principales de la tierra, parescieron ante el gouernador y le pidieron que les mandasse dar sus hijas, las quales ellos auian dado a los dichos frayles para que se las industriassen en la doctrina christiana, y que entonces auian oydo dezir que los frayles se querian yr a la costa del Brasil y que les lleuauan por fuerça sus hijas, y que antes que llegassen alla se solian morir todos los que alla yuan y porque las indias no querian yr y huyan y que los frayles las tenian muy subjetas y aprisionadas Quando el gouernador vino a saber esto ya los frayles eran ydos, y embio tras dellos y los alcançaron dos leguas de alli y los hizo boluer al pueblo Las moças que lleuauan eran treynta y cinco, y ansimismo embio tras de otros christianos que los frayles auian leuantado, y los alcançaron y truxeron, y esto causo grande alboroto y escandalo, assi entre los españoles como en toda la tierra de los indios, y por ello los principales de toda la tierra dieron grandes querellas por lleualles sus hijas y assi lleuaron al gouernador vn indio de la costa del Brasil, que se llamaua Domingo, muy importante al seruicio de Su Magestad en aquella tierra. Y auida informacion contra los frayles y oficiales mando prender a los oficiales y mando proceder contra ellos por el delicto que contra Su Magestad auian cometido, y por no detenerse el gouernador con ellos cometio la causa a vn juez para que conociesse de sus culpas y cargos, y sobre fianças lleuo los dos dellos consigo, dexando los otros presos en la ciudad e suspendidos los oficios hasta tanto que Su Magestad proueyesse en ello lo que más fuesse seruido.

CAPITULO QUARENTA Y QUATRO

DE COMO EL GOUERNADOR LLEUO A LA ENTRADA QUATROCIENTOS HOMBRES

A esta sazon ya todas las cosas necessarias para seguir la entrada y descubrimiento estauan aparejadas y puestas a punto y los diez vergantines cargados de bastimentos y otras municiones, por lo qual el gouernador mando señalar y escoger quatrocientos hombres arcabuzeros y vallesteros para que fuessen en el viaje, y la mitad dellos se embarcaron en los vergantines, e los otros con doze de cauallo fueron por tierra cerca del rio hasta que fuessen en el puerto que dizen de Guauiaño yendo siempre la gente por los pueblos y lugares de los indios Guaranies nuestros amigos, porque por alli era mejor embarcaron los cauallos y porque no se detuuiessen en los nauios esperandolos los mando partir ocho dias antes, porque fuessen manteniendose por tierra y no gastassen tanto mantenimiento por el rio, y fue con ellos el factor Pedro Dorantes y el contador Phelippe de Caceres, y dende a ocho dias adelante el gouernador se embarco despues de auer dexado por su lugarteniente de capitan general a Juan de Salazar de Espinosa, para que en nombre de Su Magestad substentasse y gouernasse en paz y en justicia aquella tierra, y quedando en ella dozientos y tantos hombres de guerra arcabuzeros y vallesteros, y todo lo necessario que era menester para la guarda de ella y seys de cauallo entre ellos. Y dia de Nuestra Señora de Septiembre dexo hecha la iglesia, muy buena, que el gouernador trabajo con su persona en ella siempre, que se auia quemado Partio del puerto con los diez vergantines y ciento y veynte canoas y lleuauan mil y dozientos indios en ellas, todos hombres de guerra, que parescian estrañamente bien vellos yr nauegando en ellas con tanta municion de arcos y flechas, yuan muy pintados con muchos penachos y plumería con muchas planchas de metal en la frente, muy luzias, que quando les daua el sol resplandescian mucho, y dizen ellos que las traen porque aquel resplandor quita la vista a sus enemigos; yuan con la mayor grita y plazer del mundo, e quando el gouernador partio de la ciudad dexo mandado al capitan Salazar que con la mayor diligencia que pudiesse hiziesse dar priessa y que se acabasse de hazer la carauela que el mando hazer, porque estuuiesse hecha para quando boluiesse de la entrada y pudiesse dar con ella auisso a Su Magestad de la entrada y de todo lo suscedido en la tierra, y para ello dexó todo recaudo muy cumplidamente y con buen tiempo llego al puerto de Tapua, a do vinieron los principales a rescebir al gouernador, y el les dixo como yua en descubrimiento de la tierra por lo qual les rogaua y de parte de Su Magestad les mandaua que por su parte estuuiessen siempre en paz y assi lo procurasse siempre estar con toda concordia y amistad como siempre lo auian estado, y haziendolo assi el gouernador les prometia de les hazer siempre buenos tratamientos y les aprouechar como siempre lo auia hecho, y luego les dio y repartio a ellos y a sus hijos y parientes muchos rescates de lo que lleuaua, graciosamente, sin ningún interesse, y ansi quedaron contentos y alegres.

CAPITULO QUARENTA Y CINCO

DE COMO EL GOUERNADOR DEXO DE LOS BASTIMENTOS QUE LLEUAUAN

En este puerto de Tapua, porque yuan muy cargados de bastimentos los nauios, tanto que no lo podian sufrir, por assegurar la carga dexo alli mas de dozientos quintales de bastimentos y acabados de dexar se hizieron a la vela y fueron nauegando prosperamente hasta que llegaron a vn puerto que los indios llaman Juriquiçaua. Y llego a el a vn hora de la noche y por hablar a los indios naturales del estuuieron hasta tercero dia, en el qual tiempo le vinieron a ver muchos indios cargados de bastimentos que dieron assi entre los españoles que alli yuan, como entre los indios Guaranies que lleuaua en su compañia, y el gouernador los rescibio a todos con buenas palabras porque siempre fueron estos amigos de los christianos y guardaron amistad, y a los principales y a los demas que truxeron bastimentos les dio rescates y les dixo como yua a hazer el descubrimiento de la tierra, lo qual era bien y prouecho de todos ellos, y que entre tanto que el gouernador tornaua les rogaua siempre tuuiessen paz y guardassen paz a los españoles que quedauan en la ciudad de la Ascension, y assi se lo prometieron de lo hazer, y dexandolos muy contentos y alegres nauegaron con buen tiempo rio arriba.

CAPITULO QUARENTA Y SEYS

COMO PARÓ POR HABLAR A LOS NATURALES DE LA TIERRA DE AQUEL PUERTO

A doze dias del mes llego a otro puerto que se dize Ytaqui, en el qual hizo surgir y parar los vergantines por hablar a los naturales del puerto, que son Guaranies y vassallos de Su Magestad, y el mesmo dia vinieron al puerto gran numero de indios cargados de bastimentos para la gente y con ellos sus principales, a los quales el gouernador dio quenta, como a los passados, como yua a hazer el descubrimiento de la tierra y que en el entretanto que boluia les rogaua y mandaua que tuuiessen mucha paz y concordia con los christianos españoles que quedauan en la ciudad de la Ascension, y demas de pagarles los bastimentos que auian traydo dio y repartio entre los mas principales y los demas sus parientes muchos rescates graciosos, de lo qual ellos quedaron muy contentos y bien pagados; estuuo con ellos aqui dos dias y el mismo dia se partio y llego otro dia a otro puerto que llaman Ytaqui y passo por el y fue a surgir al puerto que dizen de Guaçani, que es el que se auia leuantado con Tabere para hazernos la guerra que he dicho, los quales viuian en paz y concordia Y luego como supieron que estaua alli vinieron a ver al gouernador con muchos indios, otros de su liga y parcialidad, los quales el gouernador rescibio con mucho amor porque cumplian las pazes que auian hecho, y toda la gente que con ellos venian venian alegres y seguros porque estos dos estando en nuestra paz y amistad, con tenerlos a ellos solos toda la tierra estaua segura y quedaua pacifica. Y otro dia que vinieron les mostro mucho amor y les dio muchos rescates graciosos y lo mismo hizo con sus parientes y amigos, demas de pagar los bastimentos a todos aquellos que los truxeron, de manera que ellos quedaron contentos, y como ellos son la cabeça principal de los naturales de aquella tierra, el gouernador les hablo lo mas amorosamente que pudo y les encomendo y rogo que se acordassen de tener en paz y concordia toda aquella tierra y tuuiessen cuydado de seruir y visitar a los españoles christianos que quedauan en la ciudad de la Ascension y siempre obedeciessen los mandamientos que mandassen en nombre de Su Magestad, a lo qual respondieron que despues que ellos auian hecho la paz y tornado a dar la obediencia a Su Magestad, estauan determinados de lo guardar y hazer ansi, como el lo veria, y para que mas se creyesse dellos que el Tabere queria yr con el, como hombre mas vsado en la guerra, y que el Guaçani conuenia que quedasse en la tierra en guarda della para que siempre estuuiesse en paz y concordia. Y al gouernador le parescio bien y tuuo en mucho su ofrescimiento porque le parescio que era buena prenda para que cumplieran lo que ofrescian, y la tierra quedaua muy pacifica y segura con yr Tabere en su compañia, y el se lo agradescio mucho y acepto su yda y le dio mas rescates que a otro ninguno de los principales de aquel rio. Y es cierto que teniendo a este contento toda la tierra quedaria en paz y no se osaria leuantar ninguno, de miedo del, y encomendo a Guaçani mucho los christianos y el lo prometio de lo hazer y cumplir como se lo prometia. Y assi estuuo alli quatro dias hablandoles, contentandolos y dandoles de lo que lleuaua, con que los dexo muy contentos. Estandose despachando en este puerto se le murio el cauallo al factor Pedro Dorantes y dixo al gouernador que no se hallaua en dispusicion para seguir el descubrimiento y conquista de la dicha prouincia, sin cauallo; por tanto que el se queria boluer a la ciudad de la Ascension y que en su lugar dexaua y nombraua para que siruiesse en el oficio de factor a su hijo Pedro Dorantes, el qual por el gouernador y por el contador que yua en su compañia fue rescebido y admitido al oficio de factor, para que se hallasse en el descubrimiento y conquista en lugar de su padre. Y assi se partio en su compañia el dicho Tabere (indio principal) con hasta treynta indios parientes y criados suyos, en tres canoas. El gouernador se hizo a la vela del puerto de Guaçani, fue nauegando por el rio del Paraguay arriba, y viernes, veynte y quatro dias del mes de Septiembre llego al puerto que dizen de Ypaname, en el qual mando surgir y parar los vergantines, assi para hablar a los indios naturales desta tierra que son vassallos de Su Magestad, como porque le informaron que entre los indios del puerto estaua vno de la generacion de los Guaranies que auia estado captiuo mucho tiempo en poder de los indios Payaguaes y sabia su lengua y sabia su tierra y assiento donde tenian sus pueblos, y por lo traer consigo para hablar con los indios Payaguaes (que fueron los que mataron a Juan de Ayolas y christianos) y por via de paz auer dellos el oro y plata que le tomaron y robaron, y como llego al puerto luego salieron los naturales del con mucho plazer, cargados de muchos bastimentos, y el gouernador los rescibio e hizo buenos tratamientos y les mando pagar todo lo que truxeron, y a los indios principales les dio graciosamente muchos rescates, y auiendo hablado y platicado con ellos les dixo la necessidad que tenia del indio que auia sido captiuo de los indios Payaguaes, para lo llevar por lengua e interprete de los indios para los traer a paz y concordia y para que encaminasse el armada donde tenian assentados sus pueblos, los quales indios luego embiaron por la tierra adentro a ciertos lugares de indios a llamar el indio con gran diligencia.

CAPITULO QUARENTA Y SIETE

DE COMO EMBIO POR VNA LENGUA PARA LOS PAYAGUAES

Dende a tres dias que los naturales del puerto de Ypanenie embiaron a llamar el indio, vino donde estaua el gouernador y se ofrescio a yr en su compañia y enseñarle la tierra de los indios Payaguaes, y auiendo contentado los indios del puerto se hizo a la vela por el rio del Paraguay arriba y llego dentro de quatro dias al puerto que dicen de Guayuiaño, que es donde acaba la poblacion de los indios Guaranies, en el qual puerto mando surgir para hablar a los indios naturales, los quales vinieron y truxeron los principales muchos bastimentos y alegremente los rescibieron y el gouernador les hizo buenos tratamientos y mando pagar sus bastimentos y les dio a los principales graciosamente muchos rescates y otras cosas Y luego le informaron que la gente de a cauallo yua por la tierra adentro y auia llegado a sus pueblos, los quales auian sido bien rescebidos y les auian proueydo de las cosas necessarias y les auian guiado y encaminado e yuan muy adelante cerca del puerto de Ytabitan, donde dezian que auian de esperar el armada de los vergantines. Sabida esta nueua, luego con mucha presteza mando dar vela y se partio del puerto Guibiaño y fue nauegando por el rio arriba con buen viento de vela y el propio dia a las nueue de la mañana llego al puerto de Ytabitan, donde hallo auer llegado la gente de cauallo, todos muy buenos, y le informaron auer passado con mucha paz y concordia por todos los pueblos de la tierra, donde a todos auian dado muchas dadiuas de los rescates que les dieron para el camino

CAPITULO QUARENTA Y OCHO

DE COMO EN ESTE PUERTO SE EMBARCARON LOS CAUALLOS

En este puerto de Ytabitan estuuo dos dias, en los quales se embarcaron los cauallos y se pussieron en todas las cosas del armada en la orden que conuenia. Y porque la tierra donde estauan y residian los indios Payaguaes estaua muy cerca de alli adelante, mando que el indio del puerto de Ypaneme, que sabia la lengua de los indios Payaguaes y su tierra, se embarcasse en el vergantin que yua por capitan de los otros, para auer siempre auiso de lo que se auia de hazer Y con buen viento de vela partio del puerto y porque los indios Payaguaes no hiziessen algun daño en los indios Guaranies que lleuaua en su compañia les mando que todos fuessen juntos hechos en vn cuerpo y no se apartassen de los vergantines y por mucha orden fuessen siguiendo el viaje, y de noche mando surgir por la ribera del rio a toda la gente y con buena guarda durmio en tierra, y los indios

Guaranies ponian sus canoas junto a los vergantines y los españoles y los indios tomauan y ocupauan vna gran legua de tierra por el rio abaxo, y eran tantas las lumbres y fuego que hazian que era gran plazer de verlos, y en todo el tiempo de la nauegacion el gouernador daua de comer, assi a los españoles como a los indios e yuan tan proueydos y hartos que era gran cosa de ver y grande la abundancia de las pesquerias y caça que matauan, que lo dexauan sobrado, y en ello auia vna moneria de vnos puercos que andan continuo en el agua, mayores que los de España; estos tienen el hocico romo y mayor que estos otros de aca de España, llamanlos de agua de noche; se mantienen en la tierra y de dia andan siempre en el agua y en viendo la gente dan vna çabullada por el rio y metense en lo hondo y estan mucho debaxo del agua y quando salen encima estan vn tiro de vallesta de donde se çabulleron y no pueden andar a caça y monteria de los puercos menos que media dozena de canoas con indios, los quales como ellos se çabullen, las tres van para arriba y las tres para abaxo y estan repartidas en tercios, y en los arcos puestas sus flechas para que en saliendo que salen encima del agua le dan tres o cuatro flechazos con tanta presteza antes que se torne a meter debaxo, y desta manera los siguen hasta que ellos salen debaxo del agua muertos con las heridas; tienen mucha carne de comer, la qual tienen por buena los christianos, aunque no tenian necessidad della y por muchos lugares deste rio ay muchos puercos destos, yua toda la gente en este viaje tan gorda y rezia que parescia que salian entonces de España.

Los cauallos yuan gordos y muchos dias los sacauan en tierra a caçar y montear con ellos, porque auia muchos venados y antas y otros animales y saluaginas y muchas nutras.

CAPITULO QUARENTA Y NUEUE

COMO POR ESTE PUERTO ENTRO JUAN DE AYOLAS QUANDO LE MATARON A EL Y A SUS COMPAÑEROS

A dozé dias del mes de Octubre llego al puerto que dizen de la Candelaria, que es tierra de los indios Payaguaes. Y por este puerto entro con su gente el capitan Juan de Ayolas e hizo su entrada con los españoles que lleuaua y en el mesmo puerto quando boluio de la entrada que hizo, y dexo alli que le esperasse a Domingo de Yrala con los vergantines que auian traydo, y quando boluio no hallo a los vergantines y estandolos esperando tardo alli mas de quatro meses, y en este tiempo padescio muy grande hambre, y conoscido por los Payaguaes su gran flaqueza y falta de sus armas se començaron a tratar con ellos familiarmente y como amigos los dixeron que los querian lleuar a sus casas para mantenerlos en ellas, y atrauesandolos por vnos pajonales, cada dos indios se abraçaron con vn christiano y salieron otros muchos con garrotes y dieronles tantos palos en las cabeças que desta manera mataron al capitan Juan de Ayolas y a ochenta hombres que le auian quedado de ciento y cinquenta que traya quando entro la tierra adentro, y la culpa de la muerte destos tuuo el que quedo con los vergantines y gente aguardando alli, el qual desamparo el puerto y se fue el rio abaxo por do quiso. Y si Juan de Ayolas los hallara adonde los dexo el se embarcara y los otros christianos y los indios no los mataran. Lo qual hizo el Domingo de Yrala con mala intencion y porque los indios los matassen, como los mataron, por alçarse con la tierra, como despues parescio que lo hizo contra Dios y contra su rey, y hasta oy esta alçado y ha destruydo y assolado toda aquella tierra y ha doze años que la tiene tyrannicamente. Aqui tomaron los pilotos el altura y dixeron que el puerto estaua en reynte y vn grados menos vn tercio.

Llegados a este puerto toda la gente del armada estaua recogida por ver si podrian auer platica con los indios Payaguaes y saber dellos donde tenian sus pueblos. Y otro dia siguiente á las ocho de la mañana parescieron a riberas del rio hasta siete indios de los Payaguaes y mando el gouernador que solamente les fuessen a hablar otros tantos españoles con la lengua que traya para ellos (que para aquel efecto era muy buena) y assi llegaron adonde estauan, cerca dellos, que se podian hablar y entender vnos a otros y la lengua les dixo que se llegassen mas que se pudiessen platicar porque querian hablarles y assentar la paz con ellos y que aquel capitan de aquella gente no era venido á otra cosa, y auiendo platicado en esto los indios preguntaron si los christianos que agora nueuamente venian en los vergantines, si eran de los mismos que en el tiempo passado solian andar por la tierra, y como estauan auisados los españoles dixeron que no eran los que en el tiempo passado andauan por la tierra, y que nueuamente venian. Y por esto que oyeron se junta con los christianos vno de los Payaguaes y fue luego traydo ante el gouernador y alli con las lenguas le pregunto por cuyo mandado era venido alli. Y dixo que su principal auia sauido de la venida de los españoles y le auia embiado a el y a los otros sus compañeros a saber si era verdad que eran los que anduuieron en el tiempo passado y les dixesse de su parte que el desseaua ser su amigo y que todo lo que auia tomado a Juan de Ayolas y los christianos, el lo tenia recogido y guardado para darlo al principal de los christianos porque hiziesse paz y le perdonasse la muerte de Juan de Ayolas y de los otros christianos, pues que los auia muerto en la guerra, y el gouernador le pregunto por la lengua ¿que tanta cantidad de oro y plata seria la que tomaron a Juan de Ayolas y christianos? y señalo que seria hasta sesenta y seys cargas que trayan los indios Cnanees y que todo venia en planchas y en braçaletes y coronas y hachetas y vasijas pequeñas de oro y plata, y dixo al indio por la lengua que dixesse a su principal que Su Magestad le auia mandado que fuesse en aquella tierra a assentar la paz con ellos y con las otras gentes que la quisiessen y las guerras ya passadas les fuessen perdonadas, y pues su principal queria ser amigo y restituyr lo que auia tomado a los españoles, que viniesse a verle y a hablarle, porque el tenia muy gran desseo de lo ver y hazer buen tratamiento y assentarian la paz y le rescibiria por vassallo de Su Magestad, y que dende luego viniesse que le seria hecho muy bien tratamiento, y para en señal de paz le embio muchos rescates y otras cosas para que le lleuassen y al mismo indio le dio muchos rescates y le pregunto quando bolueria el y su principal. Este principal, aunque es pescador y señor desta captiua gente (porque todos son pescadores) es muy graue y su gente le teme y le tienen en mucho y si alguno de los suyos le enoja en algo toma vn arco y le da dos y tres flechazos y muerto embia a llamar a su muger (si la tiene) y dale vna quenta y con esto le quita el enojo de la muerte. Si no tiene quenta dale dos plumas Y quando este principal ha de escupir, el que mas cerca del se halla pone las manos juntas, en que escupe. Estas borracherias y otras desta manera tiene este principal. Y en todo el rio no ay ningun indio que tenga las cosas que este tiene La lengua deste le respondio que el y su principal serian alli otro dia de mañana y en aquella parte le quedo esperando.

CAPITULO CINQUENTA

COMO NO TORNO LA LENGUA, NI LOS DEMAS QUE AUIAN DE TORNAR

Passo aquel dia y otros quatro, y visto que no boluian mando llamar la lengua que el gouernador lleuaua dellos y le pregunto que le parescia de la tardança del indio. Y dixo que el tenia por cierto que nunca mas boluería porque los indios Payaguaes eran muy mañosos y cautelosos y que auian dicho que su principal queria paz y queria tentar y entretener los christianos e indios Guaranies que no passassen adelante a buscarlos en sus pueblos, y porque entre tanto que esperauan a su principal ellos alçassen sus pueblos mugeres e hijos y que assi creya que se auian ydo huyendo a esconder por el rio arriba a alguna parte, y que les parescia que luego auia de partir en su seguimiento, que tenia por cierto que los alcançaria porque yuan muy embaraçados y cargados, y que lo que a el le parescia, como hombre que sabe aquella tierra, que los indios Payaguaes no pararian hasta la laguna de vna generacion que se llama los Mataraes, a los quales mataron y destruyeron estos indios Payaguaes e se auian apoderado en su tierra por ser muy abundosa y de grandes pesquerias Y luego mando el gouernador alçar los vergantines con todas las canoas y fue nauegando por el rio arriba, y en las partes donde surgia parescia que por la ribera del rio yua gran rastro de la gente de los Payaguaes que yuan por tierra (y segun la lengua dixo) que ellos y las mugeres e hijos yuan por tierra por no caber en las canoas. A cabo de ocho dias que fueron nauegando llego a la laguna de los Mataraes y entro por ella sin hallar alli los indios y entro con la mitad de la gente por tierra para los buscar y tratar con ellos las pazes. Y otro dia siguiente, visto que no parescian y por no gastar mas bastimentos embalde mando recoger todos los christianos e indios Guaranies, los quales auian hallado ciertas canoas y palas dellas que auian dexado debaxo del agua escondidas, y vieron el rastro por donde yuan e por no detenerse el gouernador, recogida la gente siguio su viaje lleuando las canoas junto con los vergantines, fue nauegando por el rio arriba, vnas vezes a la vela y otras al remo y otras a la sirga a causa de las muchas bueltas de el rio, hasta que llego a la ribera, donde ay muchos arboles de cañafistola, los quales son muy grandes y muy poderosos y la cañafistola es de casi palmo y medio y es tan gruessa como tres dedos La gente comia mucho della, y de dentro es muy melosa, no ay diferencia nada a la que se trae de las otras partes a España, saluo ser mas gruessa y algo aspera en el gusto y causalo como no se labra, y destos arboles ay mas de ochenta juntos en la ribera deste rio del Paraguay, por do fue nauegando ay muchas frutas saluajes que los españoles y indios comian, entre los quales ay vna como vn limon ciuti muy pequeño, assi en el color, como cascara; en el agrio y en el olor no difieren al limon ciuti de España, que sera como vn hueuo de paloma, esta fruta es en la hoja como del limon. Ay gran diuersidad de arboles y frutas y en la diuersidad y estrañeza de los pescados grandes diferencias y los indios y españoles matauan en el rio cosa que no se puede creer dellos, todos los dias que no hazia tiempo para nauegar a la vela, y como las canoas son ligeras y andan mucho al remo tenian lugar de andar en ellas caçando de aquellos puercos del agua y nutrias (que ay muy grande abundancia dellas) lo qual era muy gran passatiempo. Y porque le parescio al gouernador que a pocas jornadas llegariamos a la tierra de vna generacion de indios que se llaman Guaxarapos (1) que estan en la ribera del rio Paraguay, y estos son vezinos que contratan con los indios del puerto de los Reyes, donde yuamos, que para yr alli con tanta gente de nauios y canoas e indios se escandalizarian y meterian por la tierra adentro, y por los pacificar y sossegar partio la gente del armada en dos partes y el gouernador tomo cinco vergantines y la mitad de las canoas e indios que en ellas venian y con ello acordo de se adelantar y mando al capitan Gonçalo de Mendoça que con los otros vergantines y las otras canoas y gente viniessen en su seguimiento poco a poco y mando al capitan que gouernasse toda la gente, españoles e indios, mansa y graciosamente y no consintiesse que se desmandasse ningun español ni indio, y assi por el rio como por la tierra no consintiesse a ningun natural hazer agrauio ni fuerça e hiziesse pagar los mantenimientos y otras cosas, que los indios naturales contratassen con los Españoles e con los indios Guaranies, por manera que se conseruasse toda la paz que conuenia al seruicio de Su Magestad y bien de la tierra. El gouernador se partio con los cinco vergantines y las canoas que dicho tengo, y assi fue nauegando hasta que vn dia, a diez y ocho de Octubre, llego a tierra de los indios Guaxarapos y salieron hasta treynta indios y pa-

---

(1) En la edición de 1555 *Guoxarapos.*

raron alli los vergantines y canoas hasta hablar aquellos indios y assegurarlos y tomar dellos auiso de las generaciones de adelante, y salieron en tierra algunos christianos por su mandado, porque los indios de la tierra los llamauan y se venian para ellos, y llegados a los vergantines entraron en ellos hasta seys de los mismos Guaxarapos, a los quales hablo con la lengua y les dixo lo que auia dicho a los otros del rio abaxo, para que diessen la obediencia a Su Magestad, y que dandola el los ternia por amigos, y ansi la dieron todos y entre ellos auia vn principal y por ello el gouernador les dio de sus rescates y les ofrescio que haria por ellos todo lo que pudiesse Y cerca destos indios, en aquel paraje do el gouernador estaua con los indios, estaua otro rio que venia por la tierra adentro, que seria tan ancho como la mitad del rio Paraguay, mas corria con tanta fuerça el agua que era espanto y este rio desaguaua en el Paraguay que venia de hazia el Brasil y era por donde dizen los antiguos que vino Garcia el portugues e hizo guerra por aquella tierra y auia entrado por ella con muchos indios y le auian hecho muy gran guerra en ella y destruydo muchas poblaciones y no traya consigo mas de cinco christianos y toda la otra eran indios, y los indios dixeron que nunca mas lo auian visto boluer, y traya consigo vn mulato que se llamaua Pacheco, el qual boluio a la tierra de Guaçani y el mismo Guaçani le mato alli y el Garcia se boluio al Brasil, y que destos Guaranies que fueron con Garcia auian quedado muchos perdidos por la tierra adentro y que por alli hallaria muchos dellos de quien podria ser informado de lo que Garcia auia hecho y de lo que era la tierra, y que por aquella tierra hauitauan vnos indios que se llamauan Chaneses los quales auian venido huyendo (1) y se auian juntado con los indios Sococies y Xaquetes, los quales habitan cerca del puerto de los Reyes. Y vista esta relacion del indio el gouernador se passo adelante a ver el rio por donde auia salido Garcia, el qual estaua muy cerca donde los indios Guaxarapos se le mostraron y hablaron, y llegado a la hora del rio que se llama Yapaneme mando sondar la boca, la qual hallo muy honda y assi lo era dentro y traya muy gran corriente y de vna vanda y otra tenia muchas arboledas, y mando subir por el vna legua arriba vn vergantin que yua siempre sondando y siempre lo hallaua mas hondo, y los indios Guaxarapos le dixeron que por la ribera del rio estaua todo muy poblado de muchas generaciones diuersas y eran todos indios que sembrauan maiz y mandioca y tenian muy grandes pesquerias del rio y tenian tanto pescado quanto queria comer, y que del pescado tienen mucha manteca y mucha caça, y bueltos los que fueron a descubrir el rio dixeron que auian visto muchos humos por la tierra en la ribera del rio, por do paresce estar la ribera del rio muy poblada, y porque era ya tarde mando surgir aquella noche frontero de la boca deste rio, a la falda de vna sierra que se llama Sancta Lucia, que es por donde auia atrauesado

---

(1) En la edicion de 1555 *huydendo*.

Garcia, y otro dia de mañana mando a los pilotos que consigo lleuaua que tomassen el altura de la boca del rio y está en diez y nueue grados y vn tercio. Aquella noche tuuimos alli muy gran trabajo con vn aguazero que vino de muy grande agua y viento muy rezio, y la gente hizieron muy grandes fuegos y durmieron muchos en tierra y otros en los vergantines, que estauan bien toldados de esteras y cueros de venados y antas.

CAPITULO CINQUENTA Y UNO

DE COMO HABLARON LOS GUAXARAPOS AL GOUERNADOR

Otro dia por la mañana vinieron los indios Guaxarapos que el dia antes auian estado con el gouernador, y venian en dos canoas; truxeron pescado y carne que dieron a la gente y despues que ouieron hablado con el gouernador les pago de sus rescates y se despidio dellos diziendoles que siempre los ternia por amigos y les fauoresceria en todo lo que pudiesse. Y porque el gouernador dexaua otros nauios con gente y muchas canoas con indios Guaranies sus amigos, el les rogaua que quando alli llegassen fuessen dellos bien rescebidos y bien tratados, porque haziendolo assi los christianos e indios no les harian mal ni daño ninguno, y ellos se lo prometieron ansi (aunque no lo cumplieron). Y tuuose por cierto que vn christiano dio la causa y tuuo la culpa (como dire adelante)

y ansi se partio destos indios y fue nauegando por
el rio arriba todo aquel dia con buen viento de vela
y a la puesta del sol llegose a vnos pueblos de indios de la misma generacion que estauan assentados en la ribera junto al agua, y por no perder el
tiempo, que era bueno, passo por ellos sin se detener; son labradores y siembran maiz y otras rayzes
y danse muchos a la pesqueria y caça porque ay
mucha en grande abundancia; andan encueros ellos
y sus mugeres, excepto algunas que andan tapadas
sus verguenças, labranse las caras con vnas puas
de rayas y los beços y las orejas traen horadados,
andan por los rios en canoas; no caben en ellas mas
de dos o tres personas; son tan ligeros y ellos tan
diestros y al remo andan tan rezio rio abaxo y rio
arriba, que paresce que van bolando y vn vergantin (aunque alla son hechos de cedro) al remo y a
la vela, por ligero que sea y por buen tiempo que
haga, aunque no lleue la canoa mas de dos remos
y el vergantin lleue vna dozena, no la pueden alcançar, y hazense guerra por el rio en canoas, y
por la tierra, y todavia entre ellos tienen sus con-
trataciones y los Guaxarapos les dan canoas y los
Payaguaes se las dan tambien porque ellos les dan
arcos y flechas quantos han menester y todas las
otras cosas que ellos tienen de contratacion Y
ansi en tiempos son amigos, y en otros sus guerras
y enemistades.

CAPITULO CINQUENTA Y DOS

DE COMO LOS INDIOS DE LA TIERRA VIENEN A VIUIR EN LA COSTA DEL RIO

Quando las aguas estan baxas los naturales de la tierra adentro se vienen a viuir a la ribera con sus hijos y mugeres a gozar de las pesquerias, porque es mucho el pexe que matan y está muy gordo, y estan en esta buena vida baylando y cantando todos los dias y las noches como gentes que tienen seguro el comer, y como las aguas comiençan a crescer, que es por Henero, bueluense a recoger a partes seguras, porque las aguas crescen seys braças en alto encima de las barrancas y por aquella tierra se estienden por vnos llanos adelante mas de cien leguas a la tierra adentro, que paresce mar y cubre los arboles y palmas que por la tierra estan y passan los nauios por encima dellos, y esto acontesce todos los años del mundo ordinariamente, y passa esto en el tiempo y coyuntura quando el sol parte del tropico de alla y viene para el tropico que esta aca, que esta sobre la boca del rio del Oro, y los naturales del rio, quando el agua llega encima de las barrancas ellos tienen aparejadas vnas canoas muy grandes para este tiempo y en medio de las canoas echan dos o tres cargas de barro y hacen vn fogon y hecho metese el indio en ella con su muger e hijos y casa y vanse con la cresciente del agua donde quieren, y sobre aquel fogon hazen fuego y guisan de comer y se callen-

tan, y ansi andan quatro meses del año que tura
esta cresciente de las aguas, y como las aguas andan crescidas saltan en algunas tierras que quedan
descubiertas y alli matan venados y antas y otras
saluaginas que van huyendo del agua, y como las
aguas hazen repunta para boluer a su curso ellos
se bueluen caçando y pescando como han ydo y no
salen de sus canoas hasta que las barrancas estan
descubiertas, donde ellos suelen tener sus casas,
y es cosa de ver quando las aguas vienen baxando
la gran cantidad de pescado que dexa el agua por
la tierra en seco, y quando esto acaesce, que es en
fin de Março y Abril, todo este tiempo hiede aquella tierra muy mal, por estar la tierra emponçoña-
da; en este tiempo todos los de la tierra y nosotros
con ellos estuuimos malos, que pensamos morir, y
como entonces es verano en aquella tierra e incor-
portable de sufrir, y siendo el mes de Abril comiençan a estar buenos todos los que han enfermado.
Todos estos indios sacan el hilado que han menester para hazer sus redes, de vnos cardos; macha-
canlos y echanlos en vn cienago y despues que
esta quinze dias alli raenlos con vnas conchas de
almejones y sale curado y queda mas blanco que
la nieue. Esta gente no tenian principal, puesto que
en la tierra los ay entre todos ellos, mas estos son
pescadores saluajes y salteadores; es gente de frontera, todos los quales y otros pueblos que estan a
la lengua del agua por do el gouernador passo no
consintio que ningun español, ni indio Guarani saliesse en tierra porque no se reboluiessen con ellos,
por los dexar en paz y contentos, y les repartio gra-

ciosamente muchos rescates y les auiso que venian otros nauios de christianos y de indios Guaranies amigos suyos, que los tuuiessen por amigos y que tratassen bien Yendo caminando vn viernes de mañana llegose a vna muy gran corriente del rio que passa por entre vnas peñas cortadas, y por aquella corriente passan tan gran cantidad de pexes que se llaman dorados que es infinito numero dellos los que continuo passan, y aqui es la mayor corriente que hallaron en este rio, la qual passamos con los nauios a la vela y al remo. Aqui mataron los españoles e indios en obra de vn hora muy gran cantidad de dorados, que ouo christiano que mato el solo quarenta dorados, son tamaños que pessan media arroba cada vno, y algunos pesan arroba; es muy hermoso pescado para comer y el mejor bocado del es la cabeça; es muy graso y sacan del mucha manteca y los que lo comen con ella andan siempre muy gordos y luzios y beuiendo el caldo dellos, en vn mes, los que lo comen se despojan de qualquier sarna y lepra que tenga; desta manera fue nauegando con buen viento de vela que nos hizo Un dia en la tarde, a veynte y cinco dias del mes de Octubre llego a vna deuision y apartamiento que el rio hazia, que se hazian tres braços de rio; el vno de los braços era vna grande laguna a la qual llaman los indios rio Negro y este rio Negro corre hazia el norte por la tierra adentro, y los otros braços el agua dellos es de buena color, y vn poco mas abaxo se vienen a juntar, y ansi fue siguiendo su nauegacion hasta que llego a la boca de vn rio que entra por la tierra adentro a la mano yzquierda a la parte del poniente donde se pierde el remate del rio del Paraguay, a causa de otros muchos rios y grandes lagunas que en esta parte estan deuididos y apartados, de manera que son tantas las bocas y entradas dellos que aun los indios naturales que andan siempre en ellas con sus canoas, con dificultad las conoscen y se pierde[n] muchas vezes por ellos; este rio por donde entro el gouernador le llaman los indios naturales de aquella tierra Ygatu, que quiere dezir agua buena, y corre a la laguna en nuestro fauor y como hasta entonces auiamos ydo agua arriba, entrados en esta laguna yuamos agua abaxo.

CAPITULO CINQUENTA Y TRES

COMO A LA BOCA DESTE RIO PUSIERON TRES CRUZES

En la boca deste rio mando el gouernador poner muchas señales de arboles cortados e hizo poner tres cruzes altas para que los nauios entrassen por alli tras el y no errassen la entrada por este rio. Fuymos nauegando a remo tres dias, a cabo de los quales salio del rio y fue nauegando por otros dos braços del rio que salen de lagunas muy grandes. Y a ocho dias del mes, vna hora antes del dia llegaron a dar en vnas sierras que estan en medio del rio, muy altas y redondas, que la hechura dellas era como vna campana y siempre yendo para arriba ensangostandose

Estas sierras estan peladas y no crian yerua ni arbol ninguno y son bermejas; creemos que tienen mucho metal, porque la otra tierra que esta fuera del rio en la comarca y paraje de las tierras es muy montuosa, de grandes arboles y de mucha yerua, e porque las tierras que estan en el rio no tienen nada desto paresce señal que tienen mucho metal, e ansi donde lo ay no cria arbol, ni yerua. Y los indios nos dezian que en otros tiempos sus passados sacauan de alli el metal blanco y por no lleuar aparejo de mineros ni fundidores, ni las herramientas que eran menester para catar y buscar la tierra, y por la gran enfermedad que dio en la gente, no hizo gouernador buscar el metal, y tambien lo dexo para quando otra vez boluiesse por alli porque estas sierras caen cerca del puerto de los Reyes, tomandolas por la tierra, yendo caminando por el rio arriba entramos por otra boca de otra laguna que tiene mas de vna legua y media de ancho y salimos por otra boca de la mesma laguna y fuymos por vn braço della junto a la tierra firme y fuymonos a poner aquel dia a las diez horas de la mañana a la entrada de otra laguna donde tienen su assiento y pueblos los indios Sacocíes y Xaqueses y Chaneses y no quiso el gouernador passar de alli adelante porque le parescio que deuia embiar a hazer saber a los indios su venida y les auisar, y luego embio en vna canoa a vna lengua con vnos christianos para que les hablassen de su parte y les rogasse que le viniessen a ver y a hablar y luego se partio la canoa con la lengua y christianos y a las cinco de la tarde boluieron y dixeron que los indios de los pueblos los auian salido a rescebir mostrando muy gran plazer, y dixeron a la lengua como ya ellos sabian como venian y que desseauan mucho ver al gouernador y a los christianos, y dixeron entonces que las aguas auian baxado mucho y que por aquello la canoa auia llegado con mucho trabajo y que era necessario que para que los nauios passassen aquellos baxos que auia hasta llegar al puerto de los Reyes, los descargassen y alijassen para passar, porque no auia agua poco mas de vn palmo y cargados pedian los nauios de cinco y seys palmos de agua para poder nauegar, y este vanco y baxo estaua cerca del puerto de los Reyes. Otro dia de mañana el gouernador mando partir los nauios, gente indios y christianos, y que fuessen nauegando al remo hasta llegar al baxo que auian de passar los nauios y mando salir toda la gente y saltassen al agua, la qual no les daua a la rodilla, y puestos los indios y christianos a los borbos e lados del vergantin, que se llamaua Sant Marcos, toda la gente que podia caber por los lados del vergantin lo passaron a hombro y casi en peso y fuerça de braços sin que lo descargasse, y turo el baxo mas de tiro y medio de arcabuz; fue muy gran trabajo passarlo a fuerça de braços y despues de passado los mismos indios y christianos passaron los otros vergantines con menos trabajo que el primero porque no eran tan grandes como el primero. Y despues de puestos en el hondo nos fuymos a desembarcar al puerto de los Reyes, en el qual hallamos en la ribera muy gran copia de gente de los naturales, que sus mugeres e hijos y ellos estauan esperando, y assi salio el gouernador con toda la gente y todos ellos se vinieron a el y el les informo como Su Magestad le embiaua para que les apercibiesse y amonestasse que fuessen christianos y rescibiessen la doctrina christiana y creyessen en Dios criador del cielo y de la tierra, y a ser vassallos de Su Magestad, y siendolo serian amparados y defendidos por el gouernador y por los que traya, de sus enemigos y de quien les quisiesse hazer mal, y que siempre serian bien tratados y mirados como Su Magestad lo mandaua que lo hiziesse, y siendo buenos les daria siempre de sus rescates, como siempre lo hazia a todos los que lo eran; y luego mando llamar los clerigos y les dixo como queria luego hazer vna yglesia donde les dixessen misa y los otros officios diuinos para exemplo y consolacion de los otros christianos y que ellos tuuiessen especial cuydado dellos. E hizo hazer vna cruz de madera grande, la qual mando hincar junto a la ribera, debaxo de vnas palmas altas, en presencia de los oficiales de Su Magestad y de otra mucha gente que alli se hallo presente, y ante el escriuano de la prouincia tomo la possession en nombre de Su Magestad como tierra que nueuamente se descubria. Y auiendo pacificado los naturales dandoles de sus rescates y otras cosas, mando aposentar los españoles en la ribera de la laguna e junto con ella los indios Guaranies, a todos los quales dixo y apercibio que no hiziessen daño ni fuerça ni otro mal ninguno a los indios naturales de aquel puerto, pues eran amigos y vassallos de Su Magestad, y les mando y deffendio no fuessen a sus pueblos y casas, porque la cosa que los indios mas sienten y aborrescen, y por que se alteran, es por ver que los indios y christianos van a sus casas y les rebueluen y toman las cosillas que tienen en ellas, y que si tratassen y rescatassen con ellos les pagassen lo que truxessen y tomassen de sus rescates, y si otra cosa hiziessen serian castigados.

CAPITULO CINQUENTA Y QUATRO

DE COMO LOS INDIOS DEL PUERTO DE LOS REYES SON LABRADORES

Los indios deste puerto de los Reyes son labradores, siembran maiz y mandioca (que es el caçabi de las Indias); siembran mandubies (que son como auellanas) y desta fruta ay gran abundancia y siembran dos vezes en el año; es tierra fertil y abundosa, assi de mantenimientos de caça y pesquerias, crian los indios muchos patos en gran cantidad para defenderse de los grillos (como tengo dicho), crian gallinas, las quales encierran de noche por miedo de los morciegalos que les cortan las crestas, y cortadas, las gallinas se mueren luego. Estos morciegalos son vna mala sauandija y ay muchos por el rio que son tamaños y mayores que tortolas desta tierra y cortan tan dulcemente con los dientes que al que muerde no lo siente, y nunca muerden al hombre si no es en las lumbres de los dedos de los pies, o de las manos, o en el pico de la nariz, y al que vna vez muerde aunque aya otros muchos no mordera sino al que començo a morder, y estos muerden de noche y no parescen de dia; te-

nemos que hazer en defenderles las orejas de los
cauallos, son muy amigos de yr a morder en ellas
y en entrando vn morciegalo donde estan los cauallos se desasossiegan tanto que despiertan a toda
la gente que ay en la casa y hasta que los matan o
hechan de la caualleriza nunca se sossiegan, y al
gouernador le mordio vn morciegalo estando durmiendo en vn vergantin, que tenia vn pie descubierto, y le mordio en la lumbre de vn dedo del pie
y toda la noche estaua corriendo sangre hasta la
mañana, que recordo con el frio que sintio en la
pierna y la cama vañada en sangre, que creyo que
le auian herido, y buscando donde tenia la herida,
los que estauan en el vergantin se reyan dello
porque conoscian y tenian experiencia de que era
mordedura de morciegalo y el gouernador hallo
que le auia lleuado una rebanada de la lumbre del
dedo del pie. Estos morciegalos no muerden sino
adonde ay vena, y estos hizieron vna muy mala
obra y fue que lleuauamos a la entrada seys cochinas preñadas para que con ellas hiziessemos
casta, y quando vinieron a parir los cochinos que
parieron, quando fueron a tomar las tetas no hallaron peçones, que se los auian comido todos los
morciegalos y por esta causa se murieron los cochinos y nos comimos las puercas por no poder
criar lo que pariessen. Tambien ay en esta tierra
otras malas sauandijas y son vnas hormigas muy
grandes, las quales son de dos maneras: las vnas
son bermejas y las otras son muy negras; do quiera que muerden qualquiera dellas, el que es mordido está veynte y quatro horas dando bozes y re-

bolcandose por tierra, que es la mayor lastima del mundo de lo ver; hasta que passan las veynte y quatro horas no tienen remedio ninguno y passadas se quita el dolor. Y en este puerto de los Reyes en las lagunas ay muchas rayas y muchas vezes los que andan a pescar en el agua, como no las veen huellanlas y entonces bueluen con la cola e hieren con vna pua que tienen en la cola, la qual es mas larga que vn dedo y si la raya es grande es como un xeme, y la pua es como vna sierra y si da en el pie lo passa de parte a parte, y es tan grandissimo el dolor como el que passa el que es mordido de hormigas, mas tiene vn remedio para que luego se quite el dolor y es que los indios conoscen vna yerua que luego como el hombre es mordido la toman y majada la ponen sobre la herida de la raya y en poniendola se quita el dolor, mas tiene mas de vn mes que curar en la herida. Los indios desta tierra son medianos de cuerpo, andan desnudos en cueros y sus verguenças de fuera; las orejas tienen horadadas y tan grandes que por los agujeros que tienen en ellas les cabe vn puño cerrado y traen metidas por ellas vnas calabaçuelas medianas y contino van sacando aquellas y metiendo otras mayores y ansi las hazen tan grandes que casi llegan cerca de los hombros y por esto los llaman les otros indios comarcanos, Orejones, y se llaman como los Lingas del Peru que se llaman Orejones. Estos quando pelean se quitan las calabaças o rodajas que traen en las orejas y rebeluense en ellas mismas de manera que las encogen alli, y sino quieren hazer esto añudanlas atras debaxo del colodrillo. Las mugeres destos no andan tapadas sus verguenças, viue cada vno por si con su muger e hijos; las mugeres tienen cargo de hilar algodon y ellos van a sembrar sus heredades y quando viene la tarde y vienen a sus casas y hallan la comida adereçada; todo lo demas no tienen cuydado de trabajar en sus casas sino solamente quando estan los mayzes para coger, entonces ellas lo han de coger y acarrear acuestas y traer a sus casas Dende aqui comiençan estos indios a tener idolatria y adoran ydolos que ellos hazen de madera, y segun informaron al gouernador adelante la tierra adentro tienen los indios ydolos de oro y de plata, y procuro con buenas palabras apartarles de la ydolatria diziendoles que los quemassen y quitassen de si y creyessen en Dios verdadero, que era el que auia criado el cielo y la tierra y a los hombres y a la mar y a los pesces y a las otras cosas, y que lo que ellos adorauan era el diablo que los traya engañados, y assi quemaron muchos dellos aunque los principales de los indios andauan atemorizados diziendo que los mataria el diablo, que se mostraua muy enojado, y luego que se hizo la yglesia y se dixo missa el diablo huyo de alli y los indios andauan assegurados sin temor Estaua el primer pueblo del campo hasta poco mas de media legua, el qual era de ochocientas casas y vezinos todos labradores.

CAPITULO CINQUENTA Y CINCO

COMO POBLARON AQUI LOS INDIOS DE GARCIA

A media legua estaua otro pueblo mas pequeño de hasta setenta casas, de la misma generacion de los Jacocies Y a quatro leguas estan otros dos pueblos de los Chaneses que poblaron en aquella tierra, de los que atras dixe que truxo Garcia de la tierra adentro y tomaron mugeres en aquella tierra que muchos dellos vinieron a ver y conoscer diziendo que ellos eran muy alegres y muy amigos de christianos por el buen tratamiento que les auia hecho Garcia quando los truxo de su tierra. Algunos destos indios trayan quentas margaritas y otras cosas que dixeron auerles dado Garcia quando con el vinieron. Todos estos indios son labradores, criadores de patos y gallinas, las gallinas son como las de España y los patos tambien El gouernador hizo a estos indios muy buenos tratamientos y les dio de sus rescates y los rescibio por vassallos de Su Magestad y los rogo y apercibio diziendoles que fuessen buenos y leales a Su Magestad y a los christianos y que haziendolo assi serian fauorescidos y muy bien tratados, mejor que lo auian sido antes.

CAPITULO CINQUENTA Y SEYS

DE COMO HABLO CON LOS CHANESES

Destos indios Chaneses se quiso el gouernador informar de las cosas de la tierra adentro y de las poblaciones della y quantos dias auria de camino dende aquel puerto de los Reyes hasta llegar a la primera poblacion. El principal de los indios Chaneses, que seria de edad de cinquenta años, dixo que quando Garcia los truxo de su tierra vinieron con el por tierras de los indios Mayaes y salieron a tierra de los Guaranies, donde mataron los indios que traya, y que este indio chanes y otros de su generacion que se escaparon se vinieron huyendo por la ribera del Paraguay arriba hasta llegar al pueblo destos Sacosies, donde fueron dellos recogidos, y que no osaron yr por el propio camino que auian venido con Garcia porque los Guaranies los alcançaran y mataran, y a esta causa no saben si estan lexos ni cerca de las poblaciones de la tierra adentro, y que por no la saber, ni saber el camino nunca mas se han buelto a su tierra, y los indios Guaranies que habitan en las montañas desta tierra saben el camino por donde van a la tierra, los quales lo podian bien enseñar porque van y vienen a la guerra contra los indios de la tierra adentro. Fue preguntado que pueblos de indios ay en su tierra y de otras generaciones y que otros mantenimientos tienen e que con que armas pelean. Dixo que en su tierra los de su generacion tienen vn solo principal que los manda a todos y de todos es obedescido y que hay muchos pueblos de muchas gentes de los de su generacion que tienen guerra con los indios que se llaman Chimeneos y con otras generaciones de indios que se llaman Carcaraes, y que otras muchas gentes ay en la tierra que tienen grandes pueblos, que se llaman Gorgotoquies y Payçuñoes, Estarapecocies y Candirees, que tienen sus principales y todos tienen guerra vnos con otros y pelean con arcos y flechas y todos generalmente son labradores y criadores que siembran maiz y mandiocas y batatas y mandubias en mucha abundancia y crian patos y gallinas como los de España; crian ouejas grandes y todas las generaciones tienen guerras vnas con otras y los indios contratan arcos y flechas y mantas y otras cosas por arcos y flechas y por mugeres que les dan por ellos. Auida esta relacion los indios se fueron muy alegres y contentos y el principal dellos se ofrescio yrse con el gouernador a la entrada y descubrimiento de la tierra, diziendo que se yria con su muger e hijos a viuir a su tierra, que era lo que el mas desseaua.

CAPITULO CINQUENTA Y SIETE

COMO EL GOUERNADOR EMBIO A BUSCAR LOS INDIOS DE GARCIA

Auida la relacion del indio el gouernador mando luego que con algunos naturales de la tierra fuessen algunos españoles a buscar los indios Guaranies que estauan en aquella tierra para ynformarse dellos y lleuarlos por guias del descubrimiento de la tierra, y tambien fueron con los españoles algunos indios Guaranies de los que traya en su compañia, los quales se partieron y fueron por donde los guias los lleuaron y al cabo de seys dias boluieron y dixeron que los indios Guaranies se auian ydo de la tierra porque sus pueblos y casas estauan despoblados y toda la tierra assi lo parescia, porque diez leguas a la redonda lo auian mirado y no auian hallado persona. Sabido lo susodicho el gouernador se informo de los indios Chaneses si sabian a que parte se podian auer ydo los indios Guaranies, los quales le dixeron y auisaron que los indios naturales de aquel puerto, con los de aquella ysla, se auian juntado y les auian ydo a hazer guerra y auian muerto muchos de los indios Guaranies y los que quedaron se auian ydo huyendo por la tierra adentro y creyan que se yrian a juntar con otros pueblos de Guaranies que estauan en frontera de vna generacion de indios que se llaman Xarayes, con los quales y con otras generaciones tienen guerra, y que los indios Xarayes es gente que tienen alguna plata y oro que les dan los indios de la tierra adentro y que por alli es todo tierra poblada que puede yr a las poblaciones, y los Xarayes son labradores que siembran mayz y otras simientes en gran cantidad y crian patos y gallinas como las de España; fueles preguntado que tantas jornadas de aquel puerto estaua la tierra de los indios Xarayes, dixo que por tierra podian yr, pero que era el camino muy malo y trabajoso a causa de las muchas cienagas que auia y muy gran falta de agua, y que podian yr en quatro o cinco dias y que si quisiessen yr por agua en canoas por el rio arriba, ocho o diez dias.

CAPITULO CINQUENTA Y OCHO

DE COMO EL GOUERNADOR HABLO A LOS OFICIALES Y LES DIO AUISO DE LO QUE PASSAUA

Luego el gouernador mando juntar los oficiales y clerigos y siendo informados de la relacion de los indios Xarayes y de los Guaranies que estan en su frontera fue acordado que con algunos indios naturales deste puerto para mas seguridad fuessen dos españoles y dos indios Guaranies a hablar los indios Xarayes y viessen la manera de su tierra y pueblos e se informassen dellos de los pueblos y gentes de la tierra adentro y del camino que yua dende su tierra hasta llegar a ellos, y tuuiessen manera como hablassen con los indios Guaranies, porque dellos mas abiertamente y con mas certeza podrian ser auisados y saber la verdad. Este mismo dia se partieron los dos españoles, que fueron Hector de Acuña y Antoño Correa, lenguas e interpretes de los Guaranies, con hasta diez indios Sacocies y dos indios Guaranies, a los quales el gouernador mando que hablassen al principal de los Xarayes y les dixessen como el gouernador los embiaua para que de su parte le hablassen y conociessen y tuuiessen por amigos a el y a los suyos y que le rogaua le viniessen a ver porque le queria hablar y que a los Españoles los informasse de las poblaciones y gentes de la tierra adentro y el camino que yua dende su tierra para llegar a ellas, y dio a los españoles muchos rescates y vn bonete de grana para que diessen al principal de los dichos Xarayes, y otro tanto para el principal de los Guaranies, que les dixessen lo mismo que embiaua a dezir al principal de los Xarayes. Otro dia despues que llego al puerto el capitan Gonçalo de Mendoça con su gente y nauios y le informaron que la vispera de Todos Sanctos viniendo nauegando por tierra de los Guaxarapos y auiendoles hablado y dadose por amigos, diziendo auerlo hecho assi con los nauios que primero auian subido, porque el tiempo de vela era contrario auian salido a surgir los españoles que yuan en los vergantines, y al doblar de vn torno a buelta del rio, donde se pudo dar vela con los cinco que yuan delanteros, el que quedo detras, que fue vn vergantin donde venia por capitan Agustin de Campos, viniendo toda la gente del por tierra sirgando, salieron los indios Guaxarapos y dieron en ellos y mataron cinco christianos y se ahogo Juan de Bolaños por acogerse a vn nauio, viniendo saluos y seguros, teniendo los indios por amigos, fiandose y no se guardando dellos, y que si no se recogeran los otros christianos al vergantin, a todos los mataran, porque no tenian ningunas armas con que se defender, ni ofender. La muerte de los christianos fue muy gran daño para nuestra reputacion, porque los indios Guaxarapos venian en sus canoas a hablar y comunicar con los indios del puerto de los Reyes que tenian por amigos, y les dixeron como ellos auian muerto a los christianos y que no eramos valientes y que teniamos las cabeças tiernas y que nos procurassen de matar y que ellos los ayudarian para ello, y de alli adelante los començaron a leuantar y poner malos pensamientos los indios del puerto de los Reyes.

CAPITULO CINQUENTA Y NUEUE

COMO EL GOUERNADOR EMBIO A LOS XARAYES

Dende a ocho dias que Anton Correa y Hector de Acuña con los indios que lleuaron por guia ouieron partido (como dicho es) para la tierra y pueblos de los indios Xarayes, a les hablar de parte del gouernador, vinieron al puerto a le dar auiso de lo que auian hecho, sabido y entendido de la tierra y naturales y del principal de los indios, y visto por vista de ojos, y truxeron consigo vn indio que el principal de los Xarayes embiaua porque fuesse guia del descubrimiento de la tierra, y Anton Correa y Hector de Acuña dixeron que el propio dia que partieron del puerto de los Reyes con las guias auian llegado a vnos pueblos de vnos indios que se llaman Artaneses, que es vna gente crescida de cuerpos y andan desnudas en cueros; son labradores, siembran poco, a causa que alcançan poca tierra que sea buena para sembrar, porque la mayor parte es anegadizos y arenales muy secos; son pobres y mantienense la mayor parte del año de pesquerias de las lagunas que tienen junto de sus pueblos, las mugeres destos indios son muy feas de rostros, porque se los labran y hazen muchas rayas con sus puas de rayas que para aquello tienen, y traen cubiertas sus verguenças, estos indios son muy feos de rostros porque se horadan el labio baxo y en el se ponen vna caxcara de vna fruta de vnos arboles que es tamaña y tan redonda como vn gran tortero, y esta les apesga y haze alargar el labrio tanto que paresce vna cosa muy fea, y que los indios Arrianeses les auian rescebido muy bien en sus casas y dado de comer de lo que tenian y otro dia auian salido con ellos vn indio de la generacion a les guiar y auian sacado agua para beuer en el camino en calabaços, y que todo el dia auian caminado por cienegas con grandissimo trabajo, en tal manera que en poniendo el pie çahondauan hasta la rodilla y luego metian el otro y con mucha premia los sacauan y estaua el cieno tan caliente y heruia con la fuerça del sol tanto que les abrasaua las piernas y les hazia llagas en ellas, de que passauan mucho dolor Y allende desto tuuieron por cierto de morir el dicho dia de sed, porque el agua que los indios lleuauan en calabaços no les basto para la mitad de la jornada del dia, y aquella noche durmieron en el campo entre aquellas cienegas con mucho trabajo y sed y cansancio y hambre. Otro dia siguiente a las ocho de la mañana llegaron a vna laguna pequeña de agua, donde beuieron del agua della, que era muy suzia, e hincheron los calabaços que los indios lleuauan y todo el dia caminaron por anegadizos como el dia antes auian hecho, saluo que auian hallado en algunas partes agua de lagunas donde se refrescaron, y vn arbol que hazia vna poca de sombra donde sestearon y comieron lo que lleuauan sin les quedar cosa ninguna para adelante, y las guias les dixeron que les quedaua vna jornada para llegar a los pueblos de los indios Xarayes. Y la noche venida reposaron hasta que venido el dia començaron a caminar y dieron luego en otras cienegas de las quales no pensaron salir segun el aspereza y dificultad que en ellas hallaron, que demas de abrasarles las piernas porque metiendo el pie se hundian hasta la cinta y no lo podian tornar a sacar, pero que seria vna legua poco mas lo que duraron las cienegas y luego hallaron el camino mejor y mas assentado, y el mismo dia a la vna hora despues de medio dia, sin auer comido cosa ninguna ni tener que, vieron por el camino por donde ellos yuan que venian hazia ellos hasta veynte indios, los quales llegaron con mucho plazer y regozijo cargados de pan de maiz y de patos cozidos y pescado y vino de maiz, y les dixeron que su principal auia sabido como venian a su tierra por el camino y les auia mandado que viniessen a les traer de comer y a les hablar de su parte y lleuarlos donde estaua el y todos los suyos muy alegres con su venida; con lo que estos indios les truxeron se entregaron de la falta que auian tenido de mantenimiento. Este dia, vna hora antes que anocheciesse llegaron a los pueblos de los indios y antes de llegar a ellos con vn tiro de vallesta salieron mas de quinientos indios de los Xarayes a los rescebir con mucho plazer, todos muy galanes compuestos con muchas plumas de papagayos y abantales de cuentas blancas con que cubrian sus verguenças, y los tomaron en medio y los metieron en el pueblo, a la entrada del qual estauan muy gran numero de mugeres y niños esperandolos, las mugeres todas cubiertas sus verguenças y muchas cubiertas vnas ropas largas de algodon que vsan entre ello[s] (que llaman tipoes) y entrando por el pueblo llegaron donde estaua el principal de los Xarayes acompañado de hasta trezientos indios muy bien dispuestos, los mas dellos hombres ancianos, el qual estaua assentado en vna red de algodon en medio de vna gran plaça y todos los suyos estauan en pie y lo tenian en medio, y como llegaron, todos los indios hizieron vna calle por donde passassen, y llegando donde estaua el principal le truxeron dos banquillos de palo en que les dixo por señas que se sentassen, y auiendose sentado mando venir alli vn indio de la generacion de los Guaranies que auia mucho tiempo que estaua entre ellos y estaua casado alli con vna india de la generacion de los Xarayes y lo querian muy bien y lo tenian por natural. Con el qual el dicho indio principal les auia dicho que fuessen bien venidos y que se holgaua mucho de verlos, porque muchos tiempos auia que desseaua ver los christianos, y que dende el tiempo que Garcia auia andado por aquellas tierras tenia noticia dellos y que los tenia por sus parientes y amigos, y que ansimesmo desseaua mucho ver al principal de los christianos porque auia sabido que era bueno y muy amigo de los indios y que les daua de sus cosas y no era escaso, y les dixessen si les embiaua por alguna cosa de su tierra, que el se lo daria. Y por lengua del interprete le dixeron y declararon como el gouernador los embiaua para que dixesse y declarasse el camino que auia dende alli hasta las poblaçones de la tierra y los pueblos y gente que auia dende alli a ellos y en que tantos dias se podria llegar donde estauan los indios que tenian oro y plata, y allende desto para que supiesse que lo queria conoscer y tener por amigo, con otras particularidades que el gouernador les mando que les dixessen. A lo qual el indio respondio que el se holgaua de tenerles por amigos y que el y los suyos le tenia[n] por señor y que los mandasse Y que en lo que tocaua al camino para yr a las poblaciones de la tierra, que por alli no sabian ni tenian noticia que ouiesse tal camino, ni ellos auian ydo a la tierra adentro a causa que toda la tierra se anegaua al tiempo de las auenidas, dende a dos lunas, y passadas todas las aguas toda la tierra quedaua tal que no podian andar por ella, pero que el propio indio con quien les hablaua, que era de la generacion de los Guaranies, auia ydo a las poblaciones de la tierra adentro y sabia el camino por donde auian de yr, que por hazer plazer al principal de los christianos se lo embiaria para que fuesse a enseñarle el camino. Y luego en presencia de los españoles le mando al indio guarani se viniesse con ellos y ansi lo hizo con mucha voluntad, y visto por los christianos que el principal auia negado el camino con tan buenas cautelas y razones, paresciendoles a ellos

por lo que de la tierra auian visto y andado que
podia ser ansi verdad lo creyeron y le rogaron
que los mandasse guiar a los pueblos de los Guaranies, porque les querian ver y hablar, de lo qual
el indio se altero y escandalizo mucho, y que con
buen semblante y dissimulado continente auia res-
pondido que los indios Guaranies eran sus enemigos y tenian guerra con ellos y cada dia se matauan vnos a otros, que pues el era amigo de los
christianos, que no fuessen a buscar sus enemigos
para tenerlos por amigos, y que si todavia quisiessen yr a ver los dichos indios Guaranies, que otro
dia de mañana los lleuarian los suyos para que los
hablassen, y porque ya (1) era noche el mesmo principal los lleuo consigo a su casa y alli les mando
dar de comer y sendas redes de algodon en que dur-
miessen, y les combido que si quisiesse cada vno su
moça que se la darian, pero no la quisieron diziendo que venian cansados Y otro dia vna hora antes
del alua comiençan tan gran ruydo de atambores
y bozinas que parescia que se hundia el pueblo Y
en aquella plaça que estaua delante de la casa
principal se juntaron todos los indios muy emplumados y adereçados a punto de guerra con sus arcos y muchas flechas y luego el principal mando
abrir la puerta de su casa para que los viesse y
auria bien seyscientos indios de guerra y el principal les dixo. Christianos, mirá mi gente que desta
manera van a los pueblos de los Guaranies; yd con
ellos que ellos, os lleuaran y os bolueran; porque si

---

(1) En la edición de 1555 *ya porque y.*

fuessedes solos mataros yan sabiendo que aueys estado en mi tierra y que soys mis amigos Y que los españoles, visto que de aquella manera no podrian hablar al principal de los Guaranies y que seria occasion de perder el amistad de los dichos Xarayes, les dixeron que tenian determinado boluerse a dar quenta de todo a su principal y que verian lo que les mandaria y boluerian a se lo dezir, y desta manera se sossegaron los indios y aquel dia todo estuuieron en el pueblo de los Xarayes, el qual seria de hasta mil vezinos y a media legua y a vna de alli auia otros quatro pueblos de la generacion, que todos obedescian al dicho principal, el qual se llama Camire. Estos indios Xarayes es gente crescida, de buena dispusicion, son labradores y siembran y cogen dos vezes en el año y maiz y batatas y mandioca y mandubies, crian patos en gran cantidad y algunas gallinas como las de nuestra España, horadanse los labrios como los Arrianeses; cada vno tiene su casa por si, donde viuen con su muger e hijos; ellos labran y siembran; las mugeres lo cogen y lo traen a sus casas y son grandes hilanderas de algodon; estos indios crian muchos patos para que maten y coman los grillos, como digo antes desto.

CAPITULO SESENTA

DE COMO BOLUIERON LAS LENGUAS DE LOS INDIOS XARAYES

Estos indios Xarayes alcançan grandes pesquerias, assi del rio como de lagunas, y mucha caça de venados. Auiendo estado los españoles con el indio principal todo el dia le dieron los rescates y bonete de grana que el gouernador embiaua, con lo qual se holgo mucho y lo rescibio con tanto sossiego que fue cosa de ver y de marauilla, y luego el indio principal mando traer alli muchos penachos de plumas de papagayos y otros penachos y los dio a los christianos para que los truxessen al gouernador, los quales eran muy galanes Y luego se despidieron del Camire para venirse, el qual mando a veynte indios de los suyos que acompañassen a los christianos, y assi se salieron y los acomparon hasta los pueblos de los indios Arrianeses y de alli se boluieron a su tierra y quedo con ellos la guia que el principal les dio, el qual el gouernador rescibio y le mostro mucho y luego con interpretes de la guia Guarani quiso preguntar e interrogar al indio para saber si sabia el camino de las poblaciones de la tierra, y le pregunto de que generacion era y de donde era natural, dixo que era de la generacion de los Guaranies y natural de Ytati, que es en el rio del Paraguay, y que siendo el muy moço los de su generacion hizieron gran llamamiento y junta de indios de toda la tierra y passaron a la tierra y poblacion de la tierra adentro y el fue con su padre y parientes para hazer guerra a los naturales della y les tomaron y robaron las planchas e joyas que tenian de oro y plata, y auiendo llegado a las primeras poblaciones començaron luego a hazer guerra y matar muchos indios y se despoblaron muchos pueblos y se fueron huyendo a recogerse a los pueblos de mas adentro, y luego se juntaron las generaciones de toda aquella tierra y vinieron contra los de su generacion y desbarataron y mataron muchos dellos y otros se fueron huyendo por muchas partes y los indios enemigos los siguieron y tomaron los passos y mataron a todos, que no escaparon (a lo que señalo) dozientos indios de tantos como eran que cubrian los campos, y que entre los que escaparon se saluo este indio, y que la mayor parte se quedaron en aquellas montañas por donde auian passado para viuir en ellas, porque no auian osado passar (1) por temor que los matarian los Guaxarapos e Guatos y otras generaciones que estauan por donde auian de passar, y que este indio no quiso quedar con estos y se fue con los que quisieron passar adelante a su tierra, y que en el camino auian sido seruidos de las generaciones y vna noche auian dado en ellos y los auian muerto a todos, y que este indio se auia escapado por lo espeso de los montes y caminando por ellos auia venido a tierra de los Xarayes, los quales lo auian tenido en su poder y lo auian criado mucho tiempo, hasta que teniendole

---

(1) En la edicion de 1555: *passado*.

mucho amor y el a ellos le auian casado con vna muger de su generacion. Fue preguntado que si sabia bien el camino por donde el y los de su generacion fueron a las poblaciones de la tierra adentro, dixo que ha mucho tiempo que anduuo por el camino y quando los de su generacion passaron, que yuan abriendo camino y cortando arboles y desmontando la tierra, que estaua muy fragosa, y que ya aquellos caminos le paresce que seran tornados a cerrar del monte e yerua, porque nunca mas los torno a ver ni andar por ellos, pero que le paresce que començando a yr por el camino lo sabra seguir e yr por el, y que dende vna montaña alta, redonda, que esta a la vista deste puerto de los Reyes, se toma el camino. Fue preguntado en quantos dias de camino podrian llegar a la primera poblacion, dixo que a lo que se acuerda, en cinco dias llegara a la primera tierra poblada, donde tienen mantenimientos muchos que son grandes labradores, aunque quando los de su generacion fueron a la guerra los destruyeron y despoblaron muchos pueblos, pero que ya estauan tornados a poblar Y fuele preguntado si en el camino ay rios caudalosos o fuentes. Dixo que vio rios, pero que no son muy caudalosos y que ay otros muy caudalosos y fuentes, lagunas y caças de venados y antas, mucha miel y frutas. Fue preguntado si al tiempo que los de su generacion hizieron guerra a los naturales de la tierra, si vio que tenian oro o plata. Dixo que en los pueblos que saquearon auian auido muchas planchas de plata y oro y barbotes y orejas y braçaletes y coronas y hachuelas y vasijas pequeñas, y que todo se lo tornaron a tomar quando los desbarataron e que los que se escaparon truxeron algunas planchas de plata y quentas y barbotes y se lo robaron los Guaxarapos quando passaron por su tierra, y los mataron, y los que quedaron en las montañas tenian y les quedo ansimismo alguna cantidad dello, y que ha oydo dezir que lo tienen los Xarayes Y quando los Xarayes van a la guerra contra los indios, les ha visto sacar planchas de plata de las que truxeron y les quedo de la tierra adentro. Fue preguntado si tiene voluntad de yrse en su compañia y de los christianos a enseñar el camino. Dixo que si, que de buena voluntad lo quiere hazer y que para lo hazer lo embio su principal. El gouernador le apercibio y dixo que mirasse que dixesse la verdad de lo que sabia del camino, y no dixesse otra cosa, porque dello le podria venir mucho daño, y diziendo la verdad mucho bien y prouecho; el qual dixo que el auia dicho la verdad de lo que sabia del camino, y que para lo enseñar y descubrir a los christianos queria yrse con ellos.

CAPITULO SESENTA Y UNO

COMO SE DETERMINO DE HAZER LA ENTRADA EL GOUERNADOR

Auida esta relacion, con el parescer de los oficiales de Su Magestad y de los clerigos y capitanes determino el gouernador de yr a hazer la entrada y descubrir las poblaciones de la tierra, y para ello señalo trezientos hombres arcabuzeros y vallesteros, y para la tierra que se auia de passar despoblada hasta llegar al poblado, mando que se proueyessen de bastimentos para veynte dias y en el puerto mando quedar cien hombres christianos en guarda de los vergantines con hasta dozientos indios Guaranies y por capitan dellos vn Juan Romero, por ser platico en la tierra, y partio del puerto de los Reyes a veynte y seys dias del mes de Nouiembre del año de quarenta y tres años y aquel dia todo hasta las quatro de la tarde fuymos caminando por entre vnas arboledas, tierra fresca y bien asombrada, por vn camino poco seguido, por donde la guia nos lleuo, y aquella noche reposamos junto a vnos manantiales de agua hasta que otro dia, vn hora antes que amaneciesse començamos a caminar lleuando delante con la guia hasta veynte hombres que yuan abriendo el camino, porque quanto mas yuamos por el lo hallauamos mas cerrado de arboles e yeruas muy altas y espesas, y desta causa se caminaua por la tierra con muy gran trabajo, y el dicho dia a ahora de las cinco de la tarde, junto a vna gran laguna donde los indios christianos tomaron a mano pescado, reposamos aquella noche, y la guia que traya para el descubrimiento le mandauan quando yuamos caminando subir por los arboles y por las montañas para que reconociesse y descubriesse el camino y mirasse no fuesse errado, y certificó ser aquel camino para la tierra poblada. Los indios Guaranies que lleuaua el gouernador en su compañia se mantenian de lo que el les mandaua dar del bastimento que lleuaua de respecto y de la miel que sacauan de los arboles y de alguna caça que matauan de puercos y antas y venados, de que parescia auer muy gran abundancia por aquella tierra, pero como la gente que yua era mucha e yuan haziendo gran ruydo huya la caça y desta causa no se mataua mucha. Y tambien los indios y los españoles comian de la fruta de los arboles saluajes, que auia muchos, y desta manera nunca les hizo mal ninguna fruta de las que comieron, sino fue vna de vnos arboles que naturalmente parescian arrayanes y la fruta de la misma manera que la hecha el arrayan en España (que se dice murta) excepto que esta era vn poco mas gruessa y de muy buen sabor, la qual a todos los que la comieron les hizo a vnos gomitar, a otros camaras, y esto les duro muy poco y no les hizo otro daño; tambien se aprouechauan de fruta de las palmas, que ay gran cantidad dellas en aquella tierra y no se comen los datiles, saluo partido el cuesco; lo de dentro (que es redondo) es casi como vn almendra dulce y desto hazen los indios harina para su mantenimiento y es muy buena cosa, y tambien los palmitos de las palmas, que son muy buenos.

CAPITULO SESENTA Y DOS

DE COMO LLEGO EL GOUERNADOR AL RIO CALIENTE

Al quinto dia que fue caminando por la tierra por donde la guia nos lleuaua, yendo siempre abriendo camino con harto trabajo, llegamos a vn rio pequeño que sale de vna montaña y el agua del venia muy caliente y clara y muy buena. Y algunos de los españoles se pusieron a pescar en el y sacaron pexe del; en este rio del agua caliente començo a desatinar la guia, diziendoles que como auia tanto tiempo que no auia andado el camino lo desconoscia y no sabia por donde auia de guiar, porque los caminos viejos no se parescian, y otro dia se partio el gouernador del rio del agua caliente y fue caminando por donde la guia les lleuo con mucho trabajo abriendo camino por los bosques y arboledas y malezas de la tierra, y el mismo dia a las diez horas de la mañana le salieron a hablar al gouernador dos indios de la generacion de los Guaranies, los quales le dixeron (1) ser de los que quedaron en aquellos desiertos quando las guerras passadas los de su generacion tuuieron con los indios de la poblacion de la tierra adentro, a do fueron desbaratados y muertos, y ellos se auian quedado por alli y que ellos y sus mugeres e hijos, por temor de los naturales de la tierra se andauan por lo mas espeso y montuoso, escondiendose, y todos los que por alli andauan serian hasta catorze personas y afirmaron lo mesmo que los de atras, que dos jornadas de alli estaua otra casilla de los mesmos y que auria hasta diez personas en ellas y que alli auia vn cuñado suyo y que en la tierra de los indios Xarayes auia otros indios Guaranies de su generacion y que estos tenian guerra con los indios Xarayes, y porque los indios estauan temerosos de

---

(1) En la edicion de 1555. *dixeros*.

ver los christianos y cauallos mando el gouernador a la lengua que los asegurasse y asosegasse y que les preguntasse donde tenian su casa, los quales respondieron que muy cerca de alli, y luego vinieron sus mugeres e hijos y otros sus parientes, que todos serian hasta catorze personas, a los quales mando que dixessen que de que se mantenian en aquella tierra y que tanto auia que estauan en ella. Y dixeron que ellos sembrauan maiz, que comian, y que tambien se mantenian de su caça y miel y frutas saluajes de los arboles, que auia por aquella tierra mucha cantidad. que al tiempo que sus padres fueron muertos y desbaratados, y ellos auian quedado muy pequeños; lo qual declararon los indios mas ancianos, que al parescer serian de edad de treynta y cinco años cada vno. Fueron preguntados si sabian el camino que auia de alli para yr a las poblaciones de la tierra adentro, y que tiempo se podian tardar en llegar a la tierra poblada, dixeron que como ellos eran muy pequeños quando anduuieron el dicho camino, nunca mas anduuieron por el, ni lo han visto, ni saben, ni se acuerdan del, ni por donde le han de tomar, ni en que tanto tiempo llegara alla, mas que su cuñado (que viue y esta en la otra casa dos jornadas desta suya) a ydo muchas vezes por el y lo sabe y dira por donde han de yr a el, y visto que estos indios no sabian el camino para seguir el descubrimiento los mando el gouernador boluer a su casa, a todos les dio rescates, a ellos y a sus mugeres e hijos, y con ellos se boluieron a sus casas muy contentos.

CAPITULO SESENTA Y TRES

DE COMO EL GOUERNADOR EMBIO A BUSCAR LA CASA QUE ESTAUA ADELANTE

Otro dia mando el gouernador a vna lengua que fuesse con dos españoles y con dos indios de la casa que dezian que estauan adelante, para que supiessen dellos si sabian el camino y el tiempo que se podia tardar en llegar a la primera tierra poblada y que con mucha presteza le auisassen de todo lo que se informasse, para que sabido se proueyesse lo que mas conuiniesse; y partidos, otro dia mando caminar la gente poco a poco por el mesmo camino que lleuaua la lengua y los otros. E yendo assi caminando, al tercero dia que partieron llego al gouernador vn indio que le embiaron, el qual le dio vna carta de la lengua, por la qual le hazia saber como auian llegado a la casa de los dichos indios y que auian hablado con el indio que sabia el camino de la tierra adentro y dezia que dende aquella su casa hasta la primera poblacion de adelante, que estaua cabe aquel cerro que llamauan Tapuaguaçu, que es vna peña alta que subido en ella se paresce mucha tierra poblada, y que dende alli hasta llegar a Tapuaguaçu aura diez y seys jornadas de despoblados y que era el camino muy trabajoso por estar muy cerrado el camino de arboledas e yeruas muy altas y muy grandes malezas, y que el camino por donde auian ydo despues que del gouernador partieron hasta llegar a la casa deste indio, estaua ansimismo tan cerrado y dificultoso que en lo passar auian lleuado muy gran trabajo y a gatas auian passado la mayor parte del camino y que el indio dezia del que era muy peor el camino que auia de passar que el que auian traydo hasta alli, y que ellos traerian consigo el indio para que el gouernador se informasse del. Y vista esta carta partio para do el indio venia y hallo los caminos tan espesos y montuosos de tan grandes arboledas y maleza, que lo que yuan cortando no podian cortar en todo vn dia tanto camino como vn tiro de vallesta, y porque a esta sazon vino muy grande agua y porque la gente y municiones no se le mojassen y perdiessen hizo retirar la gente para los ranchos que auian dexado a la mañana, en los quales auia reparos de choças.

CAPITULO SESENTA Y QUATRO

DE COMO VINO LA LENGUA DE LA CASILLA

Otro dia a las tres horas de la tarde vino la lengua y truxo consigo el indio que dixo que sabia el camino, el qual rescibio y hablo muy alegremente y le dio de sus rescates, con que el se contentó Y el gouernador mandó a la lengua que de su parte le dixesse y rogasse que con toda verdad le descubriesse el camino de la tierra poblada El dixo que auia muchos dias que no auia ydo por el, pero que el lo sabia y lo auia andado muchas vezes yendo a Tapuaguaçu y que de alli se parescen los humos de toda la poblacion de la tierra, y que yua el

a Tapua por flechas, que las ay en aquella parte, y
que ha dexado muchos dias de yr por ellas porque
yendo a Tapua vio antes de llegar humos que se
hazian por los indios, por lo qual conoscio que se
començauan a venir a poblar aquella tierra los
que solian viuir en ella que la dexaron despoblada
en tiempo de las guerras, y porque no lo matassen
no auia osado yr por el camino, el qual está ya tan
cerrado que con muy gran trabajo se puede yr por
el, y que le paresce que en diez y seys dias yuan
hasta Tapua yendo cortando los arboles y abriendo camino. Fue preguntado si queria yr con los
christianos a les enseñar el camino y dixo que si
yria de buena voluntad, aunque tenia gran miedo
a los indios de la tierra, y vista la relacion que dio
el indio y la dificultad y el inconuiniente que dezia
del camino, mando el gouernador juntar los oficiales de Su Magestad y a los clerigos y capitanes
para tomar parescer con ellos de lo que se deuia
hazer sobre el descubrimiento platicado con ellos
lo que el indio dezia, dixeron que ellos auian visto
que a la mayor parte de los españoles les faltaua
el bastimento y que tres dias auia que no tenian
que comer y que no lo osauan pedir por la desor-
den que en lo gastar auia auido y tenido, y viendo
que la primera guia que auiamos traydo que auia
certificado que al quinto dia hallarian que comer y
tierra muy poblada y muchos bastimentos, y debaxo desta seguridad y creyendo ser assi verdad
auian puesto los christianos e indios poco recaudo
y menos guarda en los bastimentos que auian traydo, porque cada christiano traya para si dos arro-

bas de harina, y que mirasse que en el bastimento que quedaua no les bastaua para seys dias y que passados estos la gente no ternia que comer, e que les parescia que seria caso muy peligroso passar adelante sin bastimentos con que se substentar, mayormente que los indios nunca dizen cosa cierta, que podria ser que donde dize la guia que ay diez y seys jornadas ouiesse muchas mas, y que quando la gente ouiesse de dar la buelta no pudiessen y de hambre se muriessen todos, como a acaescido muchas vezes en los descubrimientos nueuos que en todas estas partes se han hecho, y que les parescia que por la seguridad y vida destos christianos e indios que traya se deuia de boluer con ellos al puerto de los Reyes, donde auia salido y dexado los nauios, y que alli se podrian tornar a fornescer y proueer de mas bastimentos para proseguir la entrada, y que esto era su parescer y que si necessario fuesse se lo requerian de parte de Su Magestad.

CAPITULO SESENTA Y CINCO (1)

DE COMO EL GOUERNADOR Y GENTE SE BOLUIO AL PUERTO

Y visto el parescer de los clerigos y oficiales y capitanes y la necessidad de la gente y la voluntad que todos tenian de dar la buelta, aunque el gouernador les puso delante el grande daño que

---

(1) En la edicion de 1555· *sesenta y dos.*

dello resultaua y que en el puerto de los Reyes era impossible hallarse bastimentos para substentar tanta gente y para fornecello de nueuo y que los maizes no estauan para los coger, ni los indios tenian que les dar, y que se acordassen que los naturales de la tierra les dezian que presto vernia la cresciente de las aguas, las quales les pondrian en mucho trabajo a nosotros y a ellos, no basto esto y otras cosas que les dixo para que todavia no fuesse persuadido que se boluiesse. Conoscida su demasiada voluntad lo ouo de hazer por no dar lugar a que ouiesse algun desacato por do ouiesse de castigar a algunos, y assi los ouo de complazer y mando apercebir para que otro dia se boluiessen desde alli para el puerto de los Reyes. Y otro dia de mañana embio dende alli al capitan Francisco de Ribera, que se les ofrescio con seys christianos y con la guia que sabia el camino, para que el y los seys christianos y onze indios principales fuessen con el y los aguardassen y acompañassen y no los dexassen hasta que los boluiessen donde el gouernador estaua. Y les apercibio que si los dexaua, que los mandaria castigar, y assi se partieron para Tapua lleuando consigo la guia que sabia el camino. Y el gouernador se partio tambien en aquel punto para el puerto de los Reyes con toda la gente, y assi se vino en ocho dias al puerto, bien descontento por no auer passado adelante.

CAPITULO SESENTA Y SEYS

DE COMO QUERIAN MATAR A LOS QUE QUEDARON EN EL PUERTO DE LOS REYES

Buelto al puerto de los Reyes, el capitan Juan Romero, que auia alli quedado por su teniente, le dixo y certifico que dende a poco que el gouernador auia partido del puerto, los indios naturales del y de la ysla que está a vna legua del puerto tratauan de matar todos los christianos que alli auian quedado y tomarles los vergantines, y que para ello hazian llamamiento de indios por toda la tierra y estauan juntos, y a los Guaxarapos, que son nuestros enemigos, y con otras muchas generaciones de otros indios, y que tenian acordado de dar en ellos de noche, y que los auian venido a ver y a tentar so color de venir a rescatar, y no les trayan bastimentos como solian, y quando venian con ellos era para espiarlos, y claramente le auian dicho que le auian de venir a matar y destruir los christianos; y sabido esto, el gouernador mando juntar a los indios principales de la tierra y les mando hablar y amonestar de parte de Su Magestad que asosegassen y no quebrantassen la paz que ellos auian dado y assentado, pues el gouernador y todos los christianos le auian hecho y hazian buenas obras como amigos, y no les auian hecho ningun enojo ni desplazer, y el gouernador les auia dado muchas cosas y los defenderia de sus enemigos, y que si otra cosa hiziessen los ternian por enemigos y les haria guerra. Lo qual les apercibio y dixo estando presentes los clerigos y oficiales, y luego les dio bonetes colorados y otras cosas, y prometieron de nueuo de tener por amigos a los christianos y echar de su tierra a los indios que auian venido contra ellos, que eran los Guaxarapos y otras generaciones. Dende a dos dias que el gouernador ouo llegado al puerto de los Reyes, como se hallo con tanta gente de españoles e indios, y esperaua con ellos tener gran necessidad de hambre, porque a todos auia de dar de comer y en toda la tierra no auia mas bastimento de lo que el tenia en los vergantines que estauan en el puerto, lo qual estaua (1) muy tasado y no auia para mas de diez o doze dias para toda la gente, que eran entre christianos e indios mas de tres mil, y visto tan gran necessidad y peligro de morirsele toda la gente, mando llamar todas las lenguas y mandolas que por los lugares cercanos a ellos le fuessen a buscar algunos bastimentos mercados por sus rescates, y para ello les dio muchos, los quales fueron y no hallaron ningunos. Y visto esto mando llamar a los indios principales de la tierra y preguntoles adonde auian por sus rescates bastimentos; los quales dixeron que a nueue leguas de alli estauan en la ribera de vnas grandes lagunas vnos indios que se llaman Arianicosies, y que estos tienen muchos bastimentos en gran abundancia, y que estos harian lo que fuesse menester.

---

(1) En la edición de 1555 *estauaua*.

CAPITULO SESENTA Y SIETE

DE COMO EL GOUERNADOR EMBIO A BUSCAR BASTIMENTOS AL CAPITAN MENDOÇA

Luego que el gouernador se informo de los indios principales del puerto, mando juntar los oficiales, clerigos y capitanes y otras personas de experiencias, para tomar con ellos acuerdo y parescer de lo que deuia hazer, porque toda la gente pedia de comer y el gouernador no tenia que les dar, y estauan para se le derramar e yr por la tierra adentro a buscar de comer, y juntos los oficiales y clerigos les dixo que ya vian la necessidad y hambre que era tan general que padescian, y que no esperaua menos que morir todos si breuemente no se daua orden para lo remediar, y que el era informado que los indios que se llaman Arrianicosies tenian bastimentos, y que diessen su parescer de lo que en ello deuia de hazer, los quales todos juntamente le dixeron que deuia embiar a los pueblos de los indios la mayor parte de la gente, assi para se mantener y substentar como a comprar bastimento para que embiassen luego a la gente que consigo quedaua en el puerto, y que si los indios no quisiessen dar los bastimentos comprandoselos, que se los tomassen por fuerça, y si se pusiessen en los defender, los hiziessen guerra hasta se los tomar, porque atenta la necessidad que auia y que todos se morian de hambre, que del altar se podia tomar para comer; y este parescer dieron firmado de sus nombres, y assi se acordo de embiar a buscar los bastimentos al dicho capitan con esta instrucion.

Lo que vos el capitan Gonçalo de Mendoça aueys de hazer en los pueblos donde vays a buscar bastimentos para substentar esta gente porque no se me muera de hambre, es que los bastimentos que assi mercaredes aueylos de pagar muy a contento de los indios Socorinos y Sococies y a los otros que por la comarca estan poblados, y dezirles heys de mi parte que estoy marauillado dellos como no me han venido a ver, como lo han hecho todas las otras generaciones de la comarca, y que yo tengo relacion que ellos son buenos, y que por ello desseo verlos y tenerlos por amigos y darles de mis cosas, y que vengan a dar la obediencia a Su Magestad (como lo han hecho todos los otros), y haziendolo ansi, siempre los fauorescere y ayudare contra los que los quisieren enojar; y aueys de tener gran vigilancia y cuydado que por los lugares que passaredes de los indios nuestros amigos, no consintays que ninguna de la gente que con vos lleuays entre por sus lugares, ni les hagan fuerça ni otro ningun mal tratamiento, sino que todo lo que rescataredes y ellos os dieren lo pagueys a su contento y ellos no tengan causa de se quejar. Y llegado a los pueblos pedireys a los indios a do vays que os den de los mantenimientos que tuuieren para substentar las gentes que lleuays, ofresciendoles la paga y rogandoselo con amorosas palabras. y si no os lo quisieren dar requerirselo heys vna y dos y tres vezes y mas, quantas de derecho pudieredes y deuieredes, y ofresciendoles primero la paga. Y si todauia no os lo quisieren dar, tomarlo heys por fuerça, y si os lo defendieren con mano armada, hazerles heys la guerra, porque la hambre en que quedamos no sufre otra cosa, y en todo lo que suscediere adelante os aued tan templadamente quanto conuiene al seruicio de Dios y de Su Magestad, lo qual confio de vos como de seruidor de Su Magestad.

CAPITULO SESENTA Y OCHO

DE COMO EMBIO VN VERGANTIN A DESCUBRIR EL RIO DE LOS XARAYES, Y EN EL AL CAPITAN RIBERA

Con esta instrucion embio al capitan Gonçalo de Mendoça, con el parescer de los clerigos y oficiales y capitanes y con ciento y veynte christianos y seyscientos indios flecheros, que bastauan para mucha mas cosa, y partio a quinze dias del mes de Deziembre del dicho año, y los indios naturales del puerto de los Reyes auisaron al gouernador y le informaron que por el rio del Ygatu arriba podian yr gentes en los vergantines a tierra de los indios Xarayes, porque ya començauan a crescer las aguas y podian bien los nauios nauegar, y que los indios Xarayes y otros indios que estan en la ribera tenian muchos bastimentos, y que assimesmo auia otros braços de rios muy caudalosos que venian de la tierra adentro y se juntauan en el rio del Ygatu, y auia grandes pueblos de indios, y que tenian muchos mantenimientos; y por saber todos los secretos del dicho rio embio al capitan Hernando de Ribera en vn vergantin con cinquenta y dos hombres para que fuessen por el rio arriba hasta los pueblos de los indios Xarayes y hablasse con su principal y se informasse de lo de adelante y passasse a los ver y descubrir por vista de ojos, y no saliendo en tierra el ni ninguno de su compañia, excepto la lengua con otros dos, procurasse ver y contratar con los indios de la costa del rio por donde yua, dandoles dadiuas y assentando pazes con ellos para que boluiesse bien informado de lo que en la tierra auia, y para ello le dio vna instrucion con muchos rescates, y por ella y de palabra le informo de todo aquello que conuenia al seruicio de Su Magestad y al bien de la tierra, el qual partio e hizo vela a veynte dias del mes de Deziembre del dicho año.

Dende algunos dias que el capitan Gonçalo de Mendoça auia partido con la gente a comprar los bastimentos, escriuio vna carta como al tiempo que llegó a los lugares de los indios Arianicocies auia embiado con vna lengua a dezir como el yua a su tierra a les rogar le vendiessen de los bastimentos que tenian y que se los pagaria en rescates muy a su contento, en quentas y cuchillos y cuñas de hierro (lo qual ellos tenian en mucho) y les daria muchos anzuelos, los quales resgates lleuo la lengua para se los enseñar para que los viessen, y que no yuan a hazerles mal, ni daño, ni tomalles nada por fuerça, y que la lengua auia ydo y auia buelto huyendo de los indios, y que auian salido a el a lo matar, y que le auian tirado muchas flechas, y que dezian que no fuessen los christianos a su tierra, y que no les querian dar ninguna cosa, antes los auian de matar a todos, y que para ello les auian venido a ayudar los indios Guaxarapos, que eran muy valientes, los quales auian muerto christianos y dezian que los christianos tenian las cabeças tiernas y que no eran rezios, y que el dicho Gonçalo de Mendoça auia tornado a embiar la misma lengua a rogar y requerir los indios que les diesse[n] los bastimentos, y con el embio algunos españoles que viessen lo que passauan, todos los quales auian buelto huyendo de los indios, diziendo que auian salido con mano armada para los matar y les auian tirado muchas flechas, diziendo que se saliessen de su tierra, que no les querian dar los bastimentos, y que visto esto, que el auia ydo con toda la gente a les hablar y asegurar, y que llegados cerca de su lugar auian salido contra el todos los indios de la tierra tirandoles muchas flechas y procurandoles de matar sin les querer oyr ni dar lugar a que les dixesse alguna cosa de las que les querian hablar, por lo qual en su defensa auian derrocado dos dellos con arcabuzes, y como los otros los vieron muertos, todos se fueron huyendo por los montes. Los christianos fueron a sus casas, adonde auian hallado muy gran abundancia de mantenimientos de maiz y de mandubies y otras yeruas y rayzes y cosas de comer. Y que luego, con vno de los indios que auia tomado preso embio a dezir a los indios que se viniessen a sus casas, porque el les prometia y aseguraua de los tener por amigos y de no les hazer ningun daño, y que les pagaria los bastimentos que en sus casas les auian tomado quando ellos huyeron, lo qual no auian querido hazer, antes auian venido a les dar guerra adonde tenian assentado el real, y auian quemado mucha parte dellas, y que hazian llamamiento de otras muchas generaciones de indios para venir a matarlos, y que ansi lo dezian y no dexauan de venir a les hazer todo el daño que podian. El gouernador le embio a mandar que trabajasse y procurasse de tornar los indios a sus casas y no les consintiesse hazer ningun mal ni daño, ni guerra, antes les pagasse todos los bastimentos que les auian tomado y les dexassen en paz y fuessen a buscar los bastimentos por otras partes, y luego le torno a auisar el capitan como los auia embiado a llamar y assegurar para que se boluiessen a sus casas, y que les tenia por amigos y que no les haria mal y los trataria bien, lo qual no quisieron hazer, antes continuo vinieron a hazerle guerra y todo el daño que podian, con otras generaciones de indios que auian llamado para ello, assi de los Guaxarapos y Guatos, enemigos nuestros, que se auian juntado con ellos.

CAPITULO SESENTA Y NUEUE

DE COMO VINO DE LA ENTRADA EL CAPITAN FRANCISCO DE RIBERA

A veynte dias del mes de Henero del año de quinientos y quarenta y quatro años vino el capitan Francisco de Ribera con los seys españoles que con el embio el gouernador y con la guia que consigo lleuo y con tres indios que le quedaron de los onze que con el embio de los Guaranies, los quales todos embio, como arriba he dicho, para que descubriesse las poblaciones y las viesse por vista de ojos dende la parte donde el gouernador se boluio y ellos fueron su camino adelante en busca de Tapuaguaçu, donde la guia dezia que començauan las poblaciones de los indios de toda la tierra, y llegado con los seys christianos, los quales venian heridos, toda la gente se alegro con ellos y dieron gracias a Dios de verlos escapados de tan peligroso camino, porque en la verdad el gouernador los tenia por perdidos, porque de los onze indios que con ellos auian ydo se auian buelto los ocho, y por ello el gouernador ouo mucho enojo con ellos y los quiso castigar, y los indios principales sus parientes le rogauan que los mandasse ahorcar luego como se boluieron, porque auian dexado y desamparado a los christianos, auiendoles encomendado y mandado que los acompañassen y guardassen hasta boluer en su presencia con ellos, y que pues no lo auian hecho, que ellos merescian que fuessen ahorcados, y el gouernador se lo reprehendio, con apercibimiento que si otra vez lo hazian lo castigaria, y por ser aquella la primera les perdonaua por no alterar a todos los indios de su generacion.

CAPITULO SETENTA

DE COMO EL CAPITAN FRANCISCO DE RIBERA DIO QUENTA DE SU DESCUBRIMIENTO

Otro dia siguiente parescio ante el gouernador el capitan Francisco de Ribera, trayendo consigo los seys españoles que con el auian ydo, y le dio relacion de su descubrimiento. Y dixo que despues que del partio en aquel bosque de do se auian apartado, que auian caminado por do la guia lo auia lleuado veynte y vn dia sin parar, yendo por tierra de muchas malezas, de arboledas tan cerradas que no podian passar sin yr desmontando y abriendo por do pudiessen passar, y que algunos dias caminauan vna legua y otros dos dias que no caminauan media, por las grandes malezas y breñas de los montes, y que en todo el camino que lleuaron fue la via del Poniente; que en todo el tiempo que fueron por la dicha tierra comian venados y puercos y antas que los indios matauan con las flechas, porque era tanta la caça que auia, que a palos matauan todo lo que querian para comer, y ansimismo auia infinita miel en lo hueco de los arboles, y frutas saluajes, que auia para mantener toda la gente que venia al dicho descubrimiento, y que a los veynte y vn dias llegaron a vn rio que corria la via del Poniente, y segun la guia les dixo, que pasaua por Tapuaguaçu y por las poblaciones de los indios, en el qual pescaron los que el lleuaua y sacaron mucho pescado de vnos que llaman los indios Piraputanas, que son de la manera de los sabalos, que es muy excelente pescado, y passaron el rio, y andando por donde la guia los lleuaua dieron en huella fresca de indios, que como aquel dia auia llouido estaua la tierra mojada y parescia auer andado indios por alli a caça, e yendo siguiendo el rastro de la huella dieron en vnas grandes hazas de maiz que se començaua a coger, y luego sin se poder encúbrir, salio a ellos vn indio solo, cuyo lenguaje no entendieron, que traya vn barbote grande en el labrio baxo, de plata, y vnas orejeras de oro, y tomo por la mano al Francisco de Ribera y por señas les dixo que se fuessen con el, y assi lo hizieron, y vieron cerca de alli vna casa grande de paja y madera, y como llegaron cerca della vieron que las mugeres y otros indios sacauan lo que dentro estaua de ropa de algodon y otras cosas y se metian por las hazas adelante, y el indio los mando entrar dentro de la casa, en la qual andauan mugeres e indios sacando todo lo que tenian dentro, y abrian la paja de la casa y por alli lo echauan fuera por no passarlo por donde el y los otros christianos estauan, y que de vnas tinajas grandes que estauan dentro de la casa llenas de maiz vio sacar ciertas planchas y hachuelas y braçaletes de plata, y echarlos fuera de la casa por las paredes (que eran de paja), y como el indio parescia el principal de aquella casa (por el respecto que los indios de ella le tenian), los tuuo dentro de la casa, por señas les dixo que se assentassen, y a dos indios orejones que tenian por esclauos les mando dar a beuer de vnas tinajas que tenian dentro de la casa metidas hasta el cuello debaxo de tierra, llenas de vino de maiz, sacaron vino en vnas calabaças grandes y les començaron a dar de beuer Y los dos orejones le dixéron que a tres jornadas de alli, con vnos indios que llaman Payçunoes, estauan ciertos christianos, y dende alli le enseñaron a Tapuaguaçu (que es vna peña muy alta y grande) y luego començaron a venir muchos indios muy pintados y emplumados y con arcos y flechas a punto de guerra, y el dicho indio hablo con ellos con mucha aceleracion y tomo assimismo vn arco y flechas, y embiaua indios que yuan y venian con mensajes, de donde auian conoscido que hazia llamámiento del pueblo, que deuia estar cerca de alli, y se juntauan para los matar, y que auia dicho a los christianos que con el yuan que saliessen todos juntos de la casa y se boluiessen por el mesmo camino que auian traydo, antes que se juntassen mas indios; a esta sazon estarian juntos mas de trezientos, dandolos a entender que yuan a traer otros muchos christianos que viuian alli cerca, y que ya que yuan a salir, los indios se les ponian delante para los detener y por medio dellos auian salido, y que obra de vn tiro de piedra de la casa, visto por los indios que se yuan, auian ydo tras dellos y con grande grita, tirandoles muchas flechas los auian seguido hasta los meter por el monte, donde se defendieron. Y los indios, creyendo que alli auia mas christianos, no osaron entrar tras dellos y los auian dexado yr y escaparon todos heridos y se tornaron por el propio camino que abrieron, y lo que auian caminado en veynte y vn dias dende donde el gouernador los auia embiado hasta llegar al puerto de los Reyes, lo anduuieron en doze dias, que les parescio que dende aquel puerto hasta donde estauan los dichos indios auia setenta leguas de camino, y que vna laguna que esta a veynte leguas deste puerto, que se passo el agua hasta la rodilla, venia entonces tan crescida y traya tanta agua que se auia estendido y alargado mas de vna legua por la tierra adentro, por donde ellos auian passado, y mas de dos lanças de hondo, y que con muy gran trabaxo y peligro lo auian passado con balsas, y que si se auian de entrar por la tierra era necessario que abaxasse el agua de la laguna, y que los indios se llaman Tarapecocies, los quales tienen muchos bastimentos, y vio que crian patos y gallinas como las nuestras, en mucha cantidad. Esta relacion dio Francisco de la Ribera y los españoles que con el fueron y vinieron y de la guia que con ellos fue, los quales dixeron lo mismo que auia declarado Francisco de Ribera, y porque en este puerto de los Reyes estauan algunos indios de la generacion de los Tarapecocies, donde llegó el Francisco de Ribera, los quales vinieron con Garcia, lengua, quando fue por las poblaciones de la tierra y boluio desbaratado por los indios Guaranies en el rio del Paraguay, y se escaparon estos con los indios Chaneses que huyeron y viuian todos juntos en el puerto de los Reyes, y para informarse dellos los mando llamar el gouernador, y luego conoscieron y se alegraron con vnas flechas que Francisco de Ribera traya de las que le tiraron los indios Tarapecocies, y dixeron que aquellas eran de su tierra. Y el gouernador les pregunta que por que los de su generacion auian querido matar aquellos que los auian ydo a ver y hablar; y dixeron que los de su generacion no eran enemigos de los christianos, antes los tenia por amigos desde que Garcia estuuo en la tierra y contrato con ellos, y que la causa por que los Tarapecocies los querian matar seria por lleuar en su compañia indios Guaranies, que los tienen por enemigos porque los tiempos passados fueron hasta su tierra a los matar y destruyr, porque los christianos no auian lleuado lengua que los hablassen y los entendiessen para les dezir y hazer entender a lo que yuan, porque no acostumbran hazer guerra a los que no les hazen mal, y que si lleuaran lengua que les hablara, les hizieran buenos tratamientos y les dieran de comer y oro y plata que tienen, que traen de las poblaciones de la tierra adentro. Fueron preguntados que generaciones son de los que han la plata y el oro, y como la contratan y viene a su poder. Dixeron que los Payçunoes, que estan tres jornadas de su tierra, lo dan a los suyos a trueco de arcos y flechas y esclauos que toman de otras generaciones, y que los Payçunoes lo han de los Chaneses y Chimenoes y Caicaraes y Candirees, que son otras gentes de los indios que lo tienen en mucha cantidad, y que los indios lo contratan como dicho es. Fuele mostrado un candelero de açofar muy limpio y claro para que lo viesse y declarasse si el oro que tenian en su tierra era de aquella manera, y dixeron que lo del candelero era duro y vellaco y lo de su tierra era blando y no tenia mal olor y era mas amarillo, y luego le fue mostrada vna sortija de oro, y dixeron si era de aquello mesmo lo de su tierra y dixo que si. Assimismo le mostraron vn plato de estaño muy limpio y claro, y le preguntaron si la plata de su tierra era tal como aquella, y dixo que aquella de aquel plato hedia y era vellaca y blanda y que la de su tierra era mas blanca y dura y no hedia mal. Y siendole mostrada vna copa de plata, con ella se alegraron mucho y dixeron auer de aquello en su tierra muy gran cantidad en vassijas y otras cosas en casa de los indios, y planchas, y auia braçaletes y coronas y hachuelas y otras pieças.

CAPITULO SETENTA Y UNO

DE COMO EMBIO A LLAMAR AL CAPITAN GONÇALO DE MENDOÇA

Luego embio el gouernador a llamar a Gonçalo de Mendoça que se viniesse de la tierra de los Arrianicosies con la gente que con el estaua, para dar orden y prouer las cosas necessarias para seguir la entrada y descubrimiento de la tierra, porque assi conuenia al seruicio de Su Magestad, y que antes que viniesse a ellas procurassen de tornar a los indios Arrianicosies a sus casas y asentasse las pazes con ellos, y como fue venido Francisco de Ribera con los seys españoles que venian con el del descubrimiento de la tierra, toda la gente que estaua en el puerto de los Reyes començo a adolescer de calenturas, que no auia quien pudiesse hazer la guarda en el campo, y assimesmo adolescieron todos los indios Guaranies y morian algunos dellos Y de la gente que el capitan Gonçalo de Mendoça tenia consigo en la tierra de los indios Arrianicosies, auisó por carta suya que todos enfermauan de calenturas, y assi los embiaua con los vergantines, enfermos y flacos, y demas desto auisó que no auia podido con los indios hazer paz aunque muchas vezes les auia requerido que les darian muchos rescates, antes les venian cada dia a hazer la guerra, y que era tierra de muchos mantenimientos, assi en el campo como en las lagunas, y que les auia dexado muchos mantenimientos con que se pudiessen mantener demas y allende de los que auia embiado y lleuaua en los vergantines, y la causa de aquella enfermedad en que auia caydo toda la gente auia sido que se auian dañado las aguas de aquella tierra y se auian hecho salobres con la cresciente della A esta sazon los indios de la ysla que estan cerca de vna legua del puerto de los Reyes, que se llaman Socorinos y Xaqueses, como vieron a los christianos enfermos y flacos, començaron a hazerles guerra y dexaron de venir (como hasta alli lo auian hecho) a contratar y rescatar con los christianos y a darles auiso de los indios que hablauan mal dellos, especialmente de los indios Guaxarapos, con los quales se juntaron y metieron en su tierra para dende allí hazerles guerra, y como los indios Guaranies que auian traydo en la armada salian en sus canoas en compañia de algunos christianos a pescar en la laguna, a vn tiro de piedra del real, vna mañana ya que amanescia auian salido cinco christianos, los quatro dellos moços de poca edad, con los indios Guaranies, yendo en sus canoas, salieron a ellos los indios Xaquetes y Socorinos y otros muchos de la ysla y captiuaron los cinco christianos y mataron de los indios Guaranies, christianos nueuamente convertidos, y se les pusieron en defensa y a otros muchos lleuaron con ellos a la ysla y los mataron y despedaçaron a los cinco christianos e indios y los repartieron entre ellos a pedaços entre los indios Guaxarapos y Guatos, y con los indios naturales desta tierra y puerto del pueblo que dizen del Viejo, y con otras generaciones que para ello y para hazer la guerra que tenian conuocado, y despues de repartidos los comieron assi en la ysla como en los otros lugares de las otras generaciones, y no contentos con esto, como la gente estaua enferma y flaca, con gran atreuimiento vinieron a acometer y a poner fuego en el pueblo adonde estauan, y lleuaron algunos christianos, los quales començaron a dar bozes, diziendo al arma, al arma, que matan los indios a los christianos, y como todo el pueblo estaua puesto en arma, salieron a ellos y assi lleuaron ciertos christianos, y entre ellos vno que se llamaua Pedro Mepen y otros que tomaron ribera de la laguna, y assimismo mataron otros que estauan pescando en la laguna y se los comieron como a los otro cinco, y despues de hecho el salto de los indios, como amanescio, al punto se vieron muy gran numero de canoas con mucha gente de guerra yrse huyendo por la laguna adelante dando grandes alaridos y enseñando los arcos y flechas, alçandolos en alto para darnos a entender que ellos auian hecho el salto, y assi se metieron por la ysla que esta en la laguna del puerto de los Reyes. Alli nos mataron cinquenta y ocho christianos esta vez. Uisto esto, el gouernador hablo con los indios del puerto de los Reyes y les dixo que pidiessen a los indios de la ysla los christianos e indios que auian lleuado, y auiendoselos ydo a pedir respondieron que los indios Guaxarapos se los auian lleuado y que no los tenian ellos. Y de alli adelante venian de noche a correr la laguna por ver si podian captiuar algunos de los christianos e indios que pescassen en ella y a estoruar que no pescassen en ella, diziendo que la tierra era suya y que no auian de pescar en ella los christianos, y los indios, que nos fuessemos de su tierra, sino que nos auian de matar. El gouernador embio a dezir que se sosegassen y guardassen la paz que con el auian assentado y viniessen a traer los christianos e indios que auian lleuado, y que los ternia por amigos; donde no lo quisiessen hazer, que procederian contra ellos como contra enemigos, a los quales se embio a dezir y apercebir muchas vezes, y no lo quisieron hazer y no dexauan de hazer la guerra y daños que podian. Y visto que no aprouechaua nada, el gouernador mando hazer informacion contra los dichos indios, y auida, con el parescer de los oficiales de Su

Magestad y los clerigos, fueron dados y pronunciados por enemigos para poderlos hazer la guerra, la qual se les hizo y aseguro la tierra de los daños que cada dia hazian.

CAPITULO SETENTA Y DOS

DE COMO VINO HERNANDO DE RIBERA DE SU ENTRADA QUE HIZO POR EL RIO

A treynta dias del mes de Henero del año de mil y quinientos y quarenta y tres vino el capitan Hernando de Ribera con el nauio y gente con que lo embio el gouernador a descubrir por el rio arriba. Y porque quando el vino le hallo enfermo, y ansimismo toda la gente, de calenturas con frios, no le pudo dar relacion de su descubrimiento, y en este tiempo las aguas de los rios crescian de tal manera que toda aquella tierra estaua cubierta y anegada de agua, y por esto no se podia tornar a hazer la entrada y descubrimiento, y los indios naturales de la tierra le dixeron y certificaron que alli duraua la cresciente de las aguas quatro meses del año, tanto que cubre la tierra cinco y seys braças en alto y hazen lo que atras tengo dicho, de andarse dentro en canoas con sus casas todo este tiempo, buscando de comer, sin poder saltar en la tierra, y en toda esta tierra tienen por costumbre los naturales della de se matar y comer los vnos a los otros, y quando las aguas baxan tornan a armar sus casas donde las tenian antes que cresciessen, y queda la tierra inficionada de pestilencia del mal olor y pescado que queda en seco en ella, y con el gran calor que haze es muy trabajosa de sufrir.

CAPITULO SETENTA Y TRES

DE LO QUE ACONTESCIO AL GOUERNADOR Y GENTE EN ESTE PUERTO

Tres meses estuuo el gouernador en el puerto de los Reyes, con toda la gente enferma de calenturas, y el con ellos esperando que Dios fuesse seruido de darles salud y que las aguas baxassen para poner en efecto la entrada y descubrimiento de la tierra, y de cada dia crescia la enfermedad y lo mismo hazian las aguas, de manera que del puerto de los Reyes fue forçado retirarnos con harto trabajo, y demas de hazernos tanto daño, truxeron consigo tantos mosquitos de todas maneras, que de noche ni de dia no nos dexauan dormir ni reposar, con lo qual se passaua vn tormento intolerable que era peor de sufrir que las calenturas. Y visto esto, y porque auian requerido al gouernador los oficiales de Su Magestad que se retirasse y fuesse del dicho puerto abaxo a la ciudad de la Ascension, adonde la gente conualeciesse, auido para ello informacion y parescer de los clerigos y oficiales, se retiro, pero no consintio que los christianos truxessen obra de cien muchachas que los naturales del puerto de los Reyes, al tiempo que alli llego el gouernador, auian ofrescido sus padres a capitanes y personas señaladas, para estar bien con ellos y para que hiziessen dellas lo que solian de las otras que tenian, y por euitar la ofensa que en esto a Dios se hazia, el gouernador mando a sus padres que las tuuiessen consigo en sus casas hasta tanto que se ouiessen de boluer; y al tiempo que se embarcaron para boluer, por no dexar a sus padres descontentos y la tierra escandalizada a causa dello, lo hizo ansi, y para dar mas color a lo que hazia, publicó vna instrucion de Su Magestad en que manda que ninguno sea osado de sacar a ningun indio de su tierra, so graues penas. Y desto quedaron los naturales muy contentos y los españoles muy quexosos y desesperados, y por esta causa le querian algunos mal, y dende entonces fue aborrescido de los mas dellos, y con aquella color y razon hizieron lo que dire adelante. Y embarcada la gente, assi christianos como indios, se vino al puerto y ciudad de la Ascension en doze dias, lo que auia andado en dos meses quando subio; aunque la gente venia a la muerte, enferma, sacauan fuerça de flaqueza, con desseo de llegar a sus casas, y cierto no fue poco el trabajo (por venir como tengo dicho), porque no podian tomar armas para resistir a los enemigos, ni menos podian aprouechar con vn remo para ayudar ni guiar los vergantines; y si no fuera por los versos que lleuauamos en los vergantines, el trabajo y peligro fuera mayor. Trayamos las canoas de los indios en medio de los nauios, por guardarlos y saluarlos de los enemigos hasta boluerlos a sus tierras y casas, y para que mas seguros fuessen repartio el gouernador algunos christianos en sus canoas, y con venir tan recatados guardandonos de los enemigos, passando por tierra de los indios Guaxarapos dieron vn salto con muchas canoas en gran cantidad y dieron en vnas balsas que venian junto a nosotros, arrojaron vn dardo y dieron a vn christiano por los pechos y passaronlo de parte a parte y cayo luego muerto, el qual se llamaua Miranda, natural de Ualladolid, e hirieron algunos indios de los nuestros, y si no fueran socorridos con los versos, nos hizieran mucho daño. Todo ello causo la flaqueza grande que tenia la gente.

A ocho dias del mes de Abril del dicho año llegamos a la ciudad de la Ascension con toda la gente y nauios e indios Guaranies, y todos ellos y el gouernador con los christianos que traya, venian enfermos y flacos, y llegado alli el gouernador hallo al capitan Salazar, que tenia hecho llamamiento en toda la tierra y tenian juntos mas de veynte mil indios y muchas canoas, y para yr por tierra, otra gente a buscar y matar y destruir a los indios Agazes, porque despues que el gouernador se auia partido del puerto no auian cessado de hazer la guerra a los christianos que auian quedado en la ciudad, y a los naturales, robandolos y matandolos y tomandolos las mugeres e hijos y salteandoles la tierra y quemandoles los pueblos, haziendoles muy grandes males, y como llego el gouernador ceso de ponerse en efecto, y hallamos la carauela que el gouernador mando hazer, que casi estaua ya hecha, para que en acabandose auia de dar auiso a Su Magestad de lo suscedido de la entrada que se hizo de la tierra y otras cosas suscedidas en ella. Y mando el gouernador que se acabasse.

CAPITULO SETENTA Y QUATRO

COMO EL GOUERNADOR LLEGO CON SU GENTE A LA ASCENSION Y AQUI LE PRENDIERON

Dende a quinze dias que ouo llegado el gouernador a la ciudad de la Ascension, como los oficiales de Su Magestad le tenian odio por las causas que son dichas, que no les consintia, por ser, como eran, contra el seruicio de Dios y de Su Magestad, assi en auer despoblado el mejor y mas principal puerto de la prouincia con pretencion de se alçar con la tierra (como al presente lo estan). Y viendo venir al gouernador tan a la muerte y a todos los christianos que con el traya, dia de Sant Marcos se juntaron y confederaron con otros amigos suyos y conciertan de aquella noche prender al gouernador, y para mejor lo poder hazer a su saluo dizen a cien hombres que ellos saben que el gouernador quiere tomarles sus haziendas y casas e indias y darlas y repartirlas entre los que venian con el de la entrada perdidos, y que aquello era muy gran sin justicia y contra el seruicio de Su Magestad, y que ellos como sus oficiales querian aquella noche yr a requerir en nombre de Su Magestad que no les quitasse las casas, ni roças e indias, y porque se temian que el gouernador les

mandaria prender por ello, era menester que ellos
fuessen armados y lleuassen sus amigos, y pues
ellos lo eran, e por esto se ponian en hazer el requerimiento, del qual se seguia muy gran seruicio
a Su Magestad y a ellos mucho prouecho, y que a
hora del Aue Maria viniessen con sus armas a dos
casas que les señalaron, y que alli se metiessen
hasta que ellos auisassen lo que auian de hazer,
y ansi entraron en la camara donde el gouernador
estaua muy malo hasta diez o doze dellos, diziendo
a bozes *¡libertad, libertad, viua el rey!* Eran el
veedor Alonso Cabrera, el contador Phelippe de
Caceres, Garci Vanegas, teniente de thesorero, vn
criado del gouernador, que se llama Pedro de Oñate, el qual tenia en su camara, y en este los metio
y dio la puerta y fue principal en todo, y a don
Francisco de Mendoça y a Jayme Rasquin, y este
puso vna vallesta con vn arpon con yerua a los
pechos al gouernador; Diego de Acosta, lengua
portugues, Solorzano, natural de la Gran Canaria;
y estos entraron a prender al gouernador adelante con sus armas, y ansi lo sacaron en camisa, diziendo. *¡libertad, libertad!* y llamandolo de tyrano, poniendole las vallestas a los pechos, diziendo
estas y otras palabras *aqui pagareys las inju-
rias y daños que nos aueys hecho.* Y salido a la calle, toparon con la otra gente que ellos auian traydo para aguardalles, los quales, como vieron traer
preso al gouernador de aquella manera, dixeron
al factor Pedro Dorantes y a los demas. *¡pese a tal
con los traydores!; ¿traeys nos para que seamos
testigos que no nos tomen nuestras haziendas,*

y casas e indias, y no le requeris, sino prendeyslo?; ¿quereys hazernos a nosotros traydores contra el rey, prendiendo a su gouernador?; y hecharon mano a las espadas y ouo vna gran rebuelta entre ellos porque le auian preso, y como estauan cerca de las casas de los oficiales, los vnos dellos se metieron con el gouernador en las casas de Garci Vanegas y los otros quedaron a la puerta, diziendoles que ellos los auian engañado, que no dixessen que no sabian lo que ellos auian hecho, sino que procurassen de ayudalles a que se substentassen en la prision, porque les hazian saber que si soltassen al gouernador, que los haria a todos quartos y a ellos les cortaria las cabeças, y pues les yua las vidas en ello, les ayudassen a lleuar adelante lo que auian hecho, y que ellos partirian con ellos la hazienda e indias y ropa del gouernador. Y luego entraron los oficiales donde el gouernador estaua (que era vna pieça muy pequeña) y le echaron vnos grillos y le pusieron guardas, y hecho esto fueron luego a casa de Juan Pauon, alcalde mayor, y a casa de Francisco de Peralta, alguazil, y llegando adonde estaua el alcalde mayor, Martin de Ure, vizcayno, se adelanto de todos y quito por fuerça la vara al alcalde mayor y al alguazil, y ansi presos, dando muchas puñadas al alcalde mayor y al alguazil y dandole empuxones y llamandolos de traydores, el y los que con el yuan los lleuaron a la carcel publica y los echaron de cabeça en el cepo y soltaron del a los que estauan presos, que entre ellos estaua vno condenado a muerte porque auia muerto vn Morales, hidalgo (1) de Seuilla. Despues desto hecho tomaron vn atambor y fueron por las calles alborotando y desasossegando el pueblo, diziendo a grandes vozes: *¡libertad, libertad, viua el rey!;* y despues de auer dado vna buelta al pueblo fueron los mismos a la casa de Pero Hernandez, escriuano de la prouincia (que a la sazon estaua enfermo), y le prendieron, y a Bartholome Gonçalez, y le tomaron la hazienda y scripturas que alli tenia, y assi lo lleuaron preso a la casa de Domingo de Yrala, adonde le echaron dos pares de grillos, y despues de auelle dicho muchas afrentas le pusieron sus guardas y tornaron a pregonar *Mandan los señores oficiales de Su Magestad que ninguno sea osado de andar por las calles y todos se recojan á sus casas, so pena de muerte y de traydores,* y acabando de dezir esto, tornauan como de primero a dezir ¡libertad, libertad! y quando esto apregonauan, a los que topauan en las calles les dauan muchos rempuxones y espaldarazos y los metian por fuerça en sus casas. Y luego como esto acabaron de hazer, los oficiales fueron a las casas donde el gouernador viuia y tenia su hazienda y scripturas e prouisiones que Su Magestad le mando despachar acerca de la gouernacion de la tierra, y los autos de como le auian rescebido y obedescido en nombre de Su Magestad por gouernador y capitan general, y descerrajaron vnas arcas y tomaron todas las scripturas que en ellas estauan y se apoderaron en todo ello, y abrieron assimismo vn

---

(1) En la edicion de 1555 *hıgaldo.*

arca que estaua cerrada con tres llaues, donde estauan los procesos que se auian hecho contra los oficiales, de los delictos que auian cometido, los quales estauan remitidos a Su Magestad, y tomaron todos sus bienes, ropas, bastimentos de vino y azeyte y azero e hierro y otras muchas cosas, y la mayor parte dellas desaparescieron, dando saco en todo, llamandole de tyrano y otras palabras, y lo que dexaron de la hazienda del gouernador lo pusieron en poder de quien mas sus amigos eran y los seguian, so color de deposito, y eran los mismos valedores que les ayudauan. Valian, a lo que dizen, mas de cien mil castellanos su hazienda, a los precios de alla, entre lo qual le tomaron diez vergantines

CAPITULO SETENTA Y CINCO

DE COMO JUNTARON LA GENTE ANTE LA CASA DE DOMINGO DE YRALA

Luego otro dia siguiente por la mañana, los oficiales, con atambor, mandaron pregonar por las calles que todos se juntassen delante las casas del capitan Domingo de Yrala, y alli juntos sus amigos y valedores con sus armas, con pregonero a altas bozes leyeron un libelo infamatorio; entre las otras cosas dixeron que tenia el gouernador ordenado de tomarles a todos sus haziendas y tenerlos por esclauos, y que ellos por la libertad de todos le auian prendido. Y acabando de leer el dicho libelo, les dixeron dezid, señores: ¡libertad, libertad, viua el rey!, y ansi dando grandes bozes lo dixeron. Y acabado de dezir, la gente se indigno contra el gouernador, y muchos dezian: *¡pese a tal!; vamosle á matar a este tyrano que nos queria matar y destruyr;* y amansada la yra y furor de la gente, luego los oficiales nombraron por teniente de gouernador y capitan general de la dicha prouincia a Domingo de Yrala. Este fue otra vez gouernador contra Francisco Ruyz, que auia quedado en la tierra por teniente de don Pedro de Mendoça, y en la verdad fue buen teniente y buen gouernador, y por embidia y malicia le desposseyeron contra todo derecho y nombraron por teniente a este Domingo de Yrala. Y diziendo vno al veedor Alonso Cabrera que lo auian hecho mal, porque auiendo poblado el Francisco Ruyz aquella tierra y substentadola con tanto trabajo se lo auian quitado, respondio que porque no queria hazer lo que el queria. Y porque Domingo de Yrala era el de menos calidad de todos y siempre haria lo que el le mandasse, y todos los oficiales por esto lo auian nombrado, y assi pusieron al Domingo de Yrala y nombraron por alcalde mayor a vn Pero Diaz del Valle, amigo de Domingo de Yrala: dieron las varas de los alguaziles a vn Bartolome de la Marilla, natural de Trugillo, amigo de Nunfro de Chaues, y a vn Sancho de Salinas, natural de Caçalla. Y luego los oficiales y Domingo de Yrala començaron a publicar que querian tornar a hazer entrada por la misma tierra que el gouernador auia descubierto, con intento de buscar alguna plata y oro en la tierra, porque hallandola la embiassen a Su Magestad para que les perdonasse, y con ello creyan que les auia de perdonar el delicto que auian cometido, y que si no lo hallassen, que se quedarian en la tierra adentro poblando, por no boluer donde fuessen castigados, y que podria ser que hallassen tanto que por ello les hiziesse merced de la tierra. Y con esto andauan granjeando a la gente, y como ya ouiessen todos entendido las maldades que auian vsado y vsauan, no quiso ninguno dar consentimiento a la entrada. Y dende alli en adelante toda la mayor parte de la gente començo a reclamar y a dezir que soltassen al gouernador, y desta causa los oficiales y las justicias que tenian puestas començaron a molestar a los que se mostrauan pesantes de la prision, echandoles prisiones y quitandoles sus haziendas y mantenimientos y fatigandoles con otros malos tratamientos, y a los que se retrayan por las yglesias porque no los prendiessen, ponian guardas porque no los diessen de comer, y ponian pena sobre ello, y a otros les tirauan las armas y los trayan aperreados y corridos, y dezian publicamente que a los que mostrassen pesalles de la prision, que los auian de destruyr.

CAPITULO SETENTA Y SEYS

DE LOS ALBOROTOS Y ESCANDALOS QUE OUO EN LA TIERRA

De aqui adelante començaron los alborotos y escandalos entre la gente, porque pubiicamente dezian los de la parte de Su Magestad a los oficiales

y a sus valedores que todos ellos eran traydores,
y siempre, de dia y de noche, por el temor de la
gente que se leuantaua cada dia de nueuo contra
ellos, estauan siempre con las armas en las manos
y se hazian cada dia mas fuertes de palizadas y
otros aparejos para se defender; como si estuuiera
preso el gouernador en Salsas barrearon las calles y cercaronse en cinco o seys casas. El gouernador estaua en vna camara muy pequeña que
metieron de la casa de Alonso Cabrera en la de
Garci Vanegas para tenerlo en medio de todos
ellos, y tenian de costumbre cada dia el alcalde y
los alguaziles de buscar todas las casas que estaban alderredor de la casa adonde estaua preso,
si auia alguna tierra mouida dellas para ver si mi-
nauan En viendo los oficiales dos o tres hombres
de la parcialidad del gouernador y que estauan
hablando juntos, luego dauan bozes diciendo. ¡al
arma, al arma! y entonces los oficiales entrauan
armados donde estaua el gouernador y dezian
(puesta la mano en los puñales)· juro a Dios que si
la gente se pone en sacaros de nuestro poder, que
os auemos de dar de puñaladas y cortaros la cabeça y echalla a los que os vienen a sacar, para que
se contenten con ella, para lo qual nombraron
quatro hombres, los que tenian por mas valientes,
para que con quatro puñales estuuiessen par de la
primera guarda, y les tomaron pleyto omenaje que
en sintiendo que de la parte de Su Magestad le
yuan a sacar, luego entrassen y le cortasen la
cabeça, y para estar apercebidos para aquel tiem
po amolauan los puñales para cumplir lo que

tenian jurado, y hazian esto en parte donde sintiesse el gouernador, lo que hazian y hablauan, y los secutores desto eran Garci Vanegas y Andres Hernandez el romo y otros. Sobre la prision del gouernador, demas de los alborotos y escandalos que auia entre la gente, auia muchas passiones y pendencias por los vandos que entre ellos auia, vnos diziendo que los oficiales y sus amigos auian sido traydores y hecho gran maldad en lo prender, y que auian dado ocasion que se perdiesse toda la tierra (como ha parescido y cada dia paresce), y los otros defendian el contrario, y sobre esto se mataron e hirieron y mancaron muchos españoles vnos a otros, y los oficiales y sus amigos dezian que los que le fauorescian y desseauan su libertad eran traydores y los auian de castigar por tales, y defendian que no hablasse ninguno de los que tenian por sospechosos vnos con otros, y en viendo hablar dos hombres juntos hazian informacion y los prendian hasta saber lo que hablauan, y si se juntauan tres o quatro, luego tocauan al arma y se ponian a punto de pelear y tenian puestas encima del aposento donde estaua preso el gouernador centinelas en dos garitas que descubrian todo el pueblo y el campo, y allende desto trayan hombres que anduuiessen espiando y mirando lo que se hazia y dezia por el pueblo, y de noche andauan treynta hombres armados y todos los que topauan en las calles los prendian y procurauan de saber donde yuan y de que manera, y como los alborotos y escandalos eran tantos cada dia y los oficiales y sus valedores andauan por ello tan cansados y desuelados, entraron a rogar al gouernador que diesse vn mandamiento para la gente, en que les mandasse que no se mouiessen y estuuiessen sossegados, y que para ello, si necessario fuesse, les pusiesse pena, y los mismos oficiales le metieron hecho y ordenado, para que si quisiessen hazer por ellos aquello, lo firmasse, lo qual despues de firmado no lo quissieron notificar a la gente porque fueron aconsejados que no lo hiziessen, pues que pretendian y dezian que todos auian dado parescer y sido en que le prendiessen, y por esto dexaron de notificallo

CAPITULO SETENTA Y SIETE

DE COMO TENIAN PRESO AL GOUERNADOR EN VNA PRISION MUY ASPERA

En el tiempo que estas cosas passauan el gouernador estaua malo en la cama y muy flaco, y para la cura de su salud tenia vnos muy buenos grillos a los pies y a la cabecera vna vela encendida, porque la prision estaua tan escura que no se parescia el cielo, y era tan humeda que nascia la yerua debaxo de la cama; tenia la vela consigo porque cada hora pensaua tenella menester, y para su fin buscaron entre toda la gente el hombre de todos que mas mal le quisiesse y hallaron vno que se llamaua Hernando de Sosa, el qual el gouernador auia castigado porque auia dado vn bofeton y palos a vn indio principal, y este le pusieron por guarda en la misma camara para que le guardasse, y tenian dos puertas con candados cerradas sobre el, y los oficiales y todos sus aliados y confederados le guardauan de dia y de noche armados con todas sus armas, que eran mas de ciento y cinquenta, a los quales pagauan con la hazienda del gouernador, y con toda esta guarda cada noche o tercera noche le metia la india que le lleuaua de cenar vna carta que le escreuian los de fuera y por ella le dauan relacion de todo lo que alla passaua, y embiauan a dezir que embiasse auisar que era lo que mandaua que ellos hiziessen, porque las tres partes de la gente estauan determinados de morir todos con los indios que les ayudauan para sacarle, y que lo auian dexado de hazer por el temor que les ponian diziendo que si acometian a sacarle, que luego le auian de dar de puñaladas y cortarle la cabeça, y que por otra parte mas de setenta hombres de los que estauan en guarda de la prision se auian confederado con ellos de se leuantar con la puerta principal adonde el gouernador estaua preso, y le detener y defender hasta que ellos entrassen, lo qual el gouernador les estoruo que no hiziessen porque no podia ser tan ligeramente sin que se matassen muchos christianos, y que començada la cosa los indios acabarian todos los que pudiessen y assi se acabaria de perder toda la tierra y vida de todos; con esto los entretuuo que no lo hiziessen. Y porque dixe que la india que le traya vna carta cada tercer noche y lleuaua otra, passando por todas las guardas, desnudandola en cueros, catandole la boca y los oydos, y trasquilandola porque no la lleuasse entre los cabellos, y catandola todo lo possible, que por ser cosa vergonçosa no lo señalo, passaua la india por todos en cueros, y llegada donde estaua, daua lo que traya a la guarda y ella se sentaua par de la cama del gouernador (como la pieça era chica) y sentada se començaua a rascar el pie, y ansi rascandose quitaua la carta y se la daua por detras del otro. Traya ella esta carta (que era medio pliego de papel delgado) muy arrollada sotilmente y cubierta con vn poco de cera negra metida en lo hueco de los dedos del pie hasta el pulgar, y venia atada con dos hilos de algodon negro, y desta manera metia y sacaua todas las cartas y el papel que auia menester y vnos poluos que ay en aquella tierra de vnas piedras que con vna poca de saliua o de agua hazen tinta Los oficiales y sus consortes lo sospecharon o fueron auisados que el gouernador sabia lo que fuera passaua y ellos hazian, y para saber y asegurarse ellos desto buscaron quatro mancebos de entre ellos para que se emboluiessen con la india, en lo qual no tuuieron mucho que hazer, porque de costumbre no son escasas de sus personas y tienen por gran afrenta negallo a nadie que se lo pida, y dizen que ¿para que se lo dieron sino para aquello? Y embueltos con ella y dandole muchas cosas, no pudieron saber ningun secreto della, durando el trato y conuersacion onze meses.

CAPITULO SETENTA Y OCHO

COMO ROBAUAN LA TIERRA LOS ALÇADOS Y TOMAUAN POR FUERÇA SUS HAZIENDAS

Estando el gouernador desta manera, los oficiales y Domingo de Yrala, luego que le prendieron, dieron licencia abiertamente a todos sus amigos y valedores y criados para que fuessen por los pueblos y lugares de los indios y les tomassen las mugeres y las hijas y las hamacas y otras cosas que tenian, por fuerça y sin pagarselo, cosa que no conuenia al seruicio de Su Magestad y a la pacificacion de aquella tierra, y haziendo esto yuan por toda la tierra dandoles muchos palos, trayendoles por fuerça a sus casas para que labrassen sus heredades sin pagarles nada por ello, y los indios se venian a quexar a Domingo de Yrala y a los oficiales; ellos respondian que no eran parte para ello, de lo qual se contentauan algunos de los christianos porque sabian que les respondian aquello por les complazer para que ellos les ayudassen y fauoresciessen, y deziales a los christianos que ya ellos tenian libertad, que hiziessen lo que quisiessen, de manera que con estas respuestas y malos tratamientos la tierra se començo a despoblar y se yuan los naturales a viuir a las montañas, escondidos donde no los pudiessen hallar los christianos; muchos de los indios y sus mugeres e hijos eran christianos, y apartandose perdian la doctrina de los religiosos y clerigos, de la qual el gouernador tuuo muy gran cuydado que fuessen enseñados. Luego, dende a pocos dias que le ouieron preso desbarataron la carauela que el gouernador auia mando hazer para por ella dar auiso a Su Magestad de lo que en la prouincia passaua, porque tuuieron creydo que pudieran atraer a la gente para hazer entrada (la qual dexo descubierta el gouernador) y que por ella pudieran sacar oro y plata y a ellos se les atribuyera la honrra y el seruicio que pensauan que a Su Magestad hazian. Y como la tierra estuuiesse sin justicia, los vezinos y pobladores della continuo rescibian tan grandes agrauios que los oficiales y justicia que ellos pusieron de su mano hazian a los españoles, aprisionandoles y tomando sus haziendas, se fueron como aborridos y muy descontentos mas de cinquenta hombres españoles por la tierra adentro en demanda de la costa del Brasil y a buscar algun aparejo para venir a auisar a Su Magestad de los grandes males y daños y desasossiegos que en la tierra passaua, y otros muchos estauan mouidos para se yr perdidos por la tierra adentro, a los quales prendieron y tuuieron presos mucho tiempo y les quitaron las armas y lo que tenian; y todo lo que les quitauan lo dauan y repartian entre sus amigos y valedores por los tener gratos y contentos

CAPITULO SETENTA Y NUEUE

COMO SE FUERON LOS FRAYLES

En este tiempo que andauan las cosas tan rezias y tan rebueltas y de mala desistion, paresciendo a los frayles fray Bernaldo de Armenta que era buena cuyuntura y sazon para acabar de efectuar su proposito en quererse yr (como otra vez lo auian intentado), hablaron sobre ello a los oficiales y a Domingo de Yrala para que les diesse fauor y ayuda para yr a la costa del Brasil, los quales por les dar contentamiento y por ser como eran contrarios del gouernador por auerles impedido el camino que entonces querian hazer, ellos les dieron licencia y ayudaron en lo que pudieron, y que se fuessen a la costa del Brasil, y para ello lleuaron consigo seys españoles y algunas indias de las que enseñauan doctrina Estando el gouernador en la prision les dixo muchas vezes que porque cesassen los alborotos que cada dia auia y los males y daños que se hazian, le diessen lugar que en nombre de Su Magestad pudiesse nombrar vna persona que como teniente de gouernador les tuuiesse en paz y en justicia aquella tierra, y que el gouernador tenia por bien, despues de auerlo nombrado, venir ante Su Magestad a dar quenta de todo lo passado y presente; y los oficiales le respondieron que despues que fue preso perdieron la fuerça las prouisiones que tenia, y que no podia vsar dellas y que bastaua la persona que ellos auian puesto, y cada dia entrauan adonde estaua preso, amenazandole que le auian de dar de puñaladas y cortarle la cabeça. Y el les dixo que quando determinassen de hazerlo les rogaua, y si necessario era les requeria de parte de Dios y de Su Magestad, le diessen vn religioso o clerigo que le confesasse, y ellos le respondieron que si le auian de dar confessor auia de ser a Francisco de Andrada o a otro vizcayno, clerigos, que eran los principales de su comunidad, y que si no se queria confessar con ninguno dellos, que no le auian de dar otro ninguno, porque a todos los tenian por sus enemigos y muy amigos suyos, y assi auian tenido presos a Anton de Escalera y a Rodrigo de Herrera y a Luys de Miranda, clerigos, porque les auian dicho y dezian que auia sido muy gran mal y cosa muy mal hecha contra el seruicio de Dios y de Su Magestad y gran perdicion de la tierra en prenderle. Y a Luys de Miranda, clerigo, tuuieron preso con el alcalde mayor mas de ocho meses, donde no vio sol ni luna, y con sus guardas, y nunca quisieron ni consintieron que le entrassen a confessar otro religioso ninguno sino los sobredichos. Y porque vn Anton Brauo, hombre hijodalgo y de edad de diez y ocho años dixo vn dia que el daria forma como el gouernador fuesse suelto de la prision, los oficiales y Domingo de Yrala le prendieron y dieron luego tormento, y por tener ocasion de molestar y castigar a otros a quien tenian odio, le dixeron que le soltarian libremente con tanto que hiziesse culpados a muchos que en su confission le hizieron declarar, y ansi los prendieron a todos y los desarmaron, y al Anton Brauo le dieron cien açotes publicamente por las calles con boz de traydor, diziendo que lo auia sido contra Su Magestad porque queria soltar de la prision al gouernador.

CAPITULO OCHENTA

DE COMO ATORMENTAUAN A LOS QUE NO ERAN DE SU OPINION

Sobre esta causa dieron tormentos muy crueles a otras muchas personas para saber y descubrir si se daua orden y tratauan entre ellos de sacar de la prision al gouernador, y que personas eran y de que manera lo concertauan o si se hazian minas debaxo de tierra, y muchos quedaron lisiados de las piernas y braços, de los tormentos. Y porque en algunas partes por las paredes del pueblo escreuian letras que dezian *por tu rey y por tu ley moriras,* los oficiales y Domingo de Yrala y sus justicias hazian informaciones para saber quien lo auia scripto, y jurando y amenazando que si lo sabian que lo auian de castigar a quien tales palabras escreuia, y sobre ello prendieron a muchos y dieron tormentos.

CAPITULO OCHENTA Y UNO

COMO QUISIERON MATAR A UN REGIDOR PORQUE LES HIZO VN REQUERIMIENTO

Estando las cosas en el estado que dicho tengo, vn Pedro de Molina, natural de Guadix y regidor de aquella ciudad, visto los grandes daños, alborotos y escandalos que en la tierra auia, se determino por el seruicio de Su Magestad de entrar dentro en la palizada a do estauan los oficiales y Domingo de Yrala, y en presencia de todos, quitado el bonete, dixo a Martin de Ure, escriuano, que estaua presente, que leyesse a los oficiales aquel requerimiento para que cesassen los males y muertes y daños que en la tierra auia por la prision del gouernador; que lo sacassen della y lo soltassen, porque con ello cesaria todo, y sino quisiessen sacarle le diessen lugar a que diesse poder a quien el quisiesse para que en nombre de Su Magestad gouernasse la prouincia y la tuuiesse en paz y en justicia Dando el requerimiento al escriuano, rehusaua de tomallo por estar delante todos aquellos, y al fin lo tomo y dixo al Pedro de Molina que si queria que lo leyesse que le pagasse sus derechos, y Pedro de Molina saco el espada que tenia en la cinta y diosela, la qual no quiso, diziendo que el no tomaua espada por prenda; el dicho Pedro de Molina se quito vna caperuça montera y se la dio y le dixo leeldo, que no tengo otra mejor prenda. El Martin de Ure tomo la caperuça y el requerimiento y dio con ello en el suelo a sus pies, diziendo que no lo queria notificar aquellos señores; y luego se leuanto Garci Vanegas, teniente de thesorero, y dixo al Pedro de Molina muchas palabras afrontosas y vergonçosas, diziendole que estaua por le hazer matar a palos y que esto era lo que merescia por osar dezir aquellas palabras que dezia, y con esto Pedro de Molina se salio quitandose su bonete (que no fue poco salir de entre ellos sin hazerle mucho mal).

CAPITULO OCHENTA Y DOS

COMO DIERON LICENCIA LOS ALÇADOS A LOS INDIOS QUE COMIESSEN CARNE HUMANA

Para valerse los oficiales y Domingo de Yrala con los indios naturales de la tierra les dieron licencia para que matassen y comiessen a los indios enemigos dellos, y a muchos destos a quien dieron licencia eran christianos nueuamente conuertidos, y por hazellos que no se fuessen de la tierra y les ayudassen, cosa tan contra el seruicio de Dios y de Su Magestad y tan aborrecible a todos quantos lo oyeren, y dixeronles mas, que el gouernador era malo y que por sello no les consentia matar y comer a sus enemigos, y que por esta causa le auian preso y que agora que ellos mandauan les dauan licencia para que lo hiziessen assi como se lo mandauan, y visto los oficiales y Domingo de Yrala que con todo lo que ellos podian hazer y hazian que no cesauan los alborotos y escandalos y que de cada dia eran mayores, acordaron de sacar de la prouincia al gouernador, y los mismos que lo acordaron se quisieron quedar en ella y no venir en estos reynos, y que con solo echarle de la tierra con algunos de sus amigos se contentaron, lo qual entendido por los que le fauorescian, entre ellos ouo muy grande escandalo, diziendo que pues los oficiales auian hecho entender que auian podido prenderle y les auian dicho que vernian con el gouernador a dar quenta a Su Magestad, que auian de venir aunque no quisiessen a dar quenta de lo que auian hecho, y ansi se ouieron de concertar que los dos de los oficiales viniessen con el y los otros dos se quedassen en la tierra, y para traerle alçaron vno de los vergantines que el gouernador auia hecho para el descubrimiento de la tierra y conquista de la prouincia, y desta causa auia muy grandes alborotos (1) y mayores alteraciones por el gran descontento que la gente tenia de ver que le querian ausentar de la tierra. Los oficiales acordaron de prender a los mas principales y a quien la gente mas acudia, y sabido por ellos, andauan siempre sobre auiso y no los osauan prender, y se concertaron por intercession del gouernador porque los oficiales le rogaron que se lo embiasse a mandar y cesassen los escandalos y diessen su fe y palabra de no sacarle de la prision, y que los oficiales y la justicia que tenian puesta prometian de no prender a ninguna persona, ni hazerle ningun agrauio, y que soltarian los que tenian presos,

---

(1) En la edicion de 1555 *albrotos*.

y assi lo juraron y prometieron, con tanto que porque auia tanto tiempo que le tenian preso y ninguna persona le auia visto y tenian sospecha y se recelauan que le auian muerto secretamente, dexassen entrar en la prision donde el gouernador estaua dos religiosos y dos caualleros para que le viessen y pudiessen certificar a la gente que estaua viuo, y los oficiales prometieron de lo cumplir dentro de tres o quatro dias antes que le embarcassen, lo qual no cumplieron.

CAPITULO OCHENTA Y TRES

DE COMO AUIAN DE ESCREUIR A SU MAGESTAD Y EMBIAR LA RELACION

Quando esto passo dieron muchas minutas los oficiales para que por ellas escriuiessen a estos reynos contra el gouernador, para ponerle mal con todos, y ansi las escriuieron, y para dar color a sus delictos escriuieron cosas que nunca passaron ni fueron verdad, y al tiempo que se adobaua y fornescia el vergantin en que le auian de traer, los carpinteros y amigos hizieron con ellos que con todo el secreto del mundo cauassen un madero tan gruesso como el muslo, que tenia tres palmos, y en este gruesso le metieron vn proceso de vna informacion general que el gouernador auia hecho para embiar a Su Magestad, y otras scripturas que sus amigos auian escapado quando le prendieron, que le importauan, y ansi las tomaron y emboluieron en un encerado y le enclauaron el madero en la popa del vergantin con seys clauos en la cabeça y pie, y dezian los carpinteros que auian puesto aquello alli para fortificar el vergantin, y venia tan secreto que todo el mundo no lo podia alcançar a saber, y dio el carpintero el auiso desto a vn marinero que venia en el, para que en llegando a tierra de promision se aprouechasse dello Y estando concertado que le auian de dexar ver antes que lo embarcassen, el capitan Salazar ni otros ningunos le vieron, antes vna noche a media noche vinieron a la prision con mucha arcabuzeria, trayendo cada arcabuzero tres mechas entre los dedos porque paresciesse que era mucha arcabuzeria, y ansi entraron en la camara donde estaua preso, el veedor Alonso Cabrera y el factor Pedro Dorantes y le tomaron por los braços y le leuantaron de la cama con los grillos, como estaua muy malo, casi la candela en la mano, y assi le sacaron hasta la puerta de la calle, y como vio el cielo (que hasta entonces no lo auia visto) rogoles que le dexassen dar gracias a Dios, y como se leuanto, que estaua de rodillas, truxeronle alli dos soldados de buenas fuerças para que lo lleuassen en los braços a le embarcar (porque estaba muy flaco y tollido), y como le tomaron y se vio entre aquella gente dixoles. Señores, sed testigos que dexo por mi lugarteniente al capitan Juan de Salazar de Espinosa para que por mi y en nombre de Su Magestad tenga esta tierra en paz y justicia hasta que Su Magestad proueea lo que mas seruido sea. Y como acabo de dezir esto, Garci Vanegas, teniente de thesorero, arremetio con vn puñal en la mano diziendo. No creo en tal si al rey mentays, sino os saco el alma. Y aunque el gouernador estaua auisado que no lo dixesse en aquel tiempo porque estauan determinados de le matar, porque era palabra muy escandalosa para ellos y para los que de parte de Su Magestad le tirassen de sus manos, porque estauan todos en la calle, y apartandose Garcia Vanegas vn poco, torno a dezir las mismas palabras, y entonces Garcia Vanegas arremetio al gouernador con mucha furia y pusole el puñal a la sien, diziendo. No creo en tal (como de antes); si no, os doy de puñaladas; y diole en la sien vna herida pequeña, y dio con los que le lleuauan en los braços tal rempuxon que dieron con el gouernador y con ellos en el suelo y el vno dellos perdio la gorra. Y como passo esto, le lleuaron con toda priessa a embarcar al vergantin y ansi le cerraron con tablas la popa del, y estando alli le echaron dos candados que no le dexauan lugar para rodearse, y assi se hizieron al largo el rio abaxo Dos dias despues de embarcado el gouernador, ydo el rio abaxo. Domingo de Yrala y el contador Phelippe de Caceres y el factor Pedro Dorantes juntaron sus amigos y dieron en la casa del capitan Salazar y lo prendieron a el y a Pedro de Stopiñan Cabeça de Vaca y los echaron prisiones y metieron en vn vergantin y vinieron el rio abaxo hasta que llegaron al vergantin a do venia el gouernador y con el vinieron presos a Castilla. Y es cierto que si el capitan Salazar quisiera, el gouernador no fuera preso, ni menos pudieran sacallo de la tierra, ni traello a Castilla, mas como quedaua por teniente dissimulolo (1) todo. Y viniendo assi, rogo a los oficiales que le dexassen traer dos criados suyos para que le siruiessen por el camino y le hiziessen de comer, y assi metieron los dos criados, no para que le siruiessen, sino para que viniessen bogando quatrocientas leguas el rio abaxo, y no hallauan hombre que quisiesse venir a traerle, y a vnos trayan por fuerça y otros se venian huyendo por la tierra adentro, a los quales tomaron sus haziendas, las quales dauan a los que trayan por fuerça, y en este camino los oficiales hazian vna maldad muy grande, y era que al tiempo que le prendieron, otro dia y otros tres andauan diziendo a la gente de su parcialidad y otros amigos suyos mil males del gouernador, y al cabo les dezian ¿que os paresce?; hezimos bien por vuestro prouecho y seruicio de Su Magestad. Y pues assi es, por amor de mi que echeys vna firma aqui al cabo deste papel, y desta manera hincheron quatro manos de papel, y viniendo el rio abaxo ellos mesmos dezian y escreuian los dichos contra el gouernador y quedauan los que lo firmaron trezientas leguas el rio arriba, en la ciudad de la Ascension. Y desta manera fueron las informaciones que embiaron contra el gouernador

---

(1) En la edicion de 1555 *dissimunlolo*

CAPITULO OCHENTA Y QUATRO

COMO DIERON REJALGAR TRES VEZES AL GOUERNADOR VINIENDO EN ESTE CAMINO

Uniendo el rio abaxo, mandaron los oficiales a vn Machin, vizcayno, que le guisasse de comer al gouernador, y despues de guisado lo diesse a vn Lope Duarte, aliados de los oficiales y de Domingo de Yrala, y culpados como todos los otros que le prendieron, y venia por solicitador de Domingo de Yrala y para hazer sus negocio[s] acá, y viniendo assi debaxo de la guarda y amparo destos, le dieron tres vezes rejalgar, y para remedio desto traya consigo vna botija de azeyte y vn pedaço de vnicornio, y quando sentia algo se aprouechaua destos remedios de dia y de noche con muy gran trabajo y grandes gomitos, y plugo a Dios que escapo dellos, y otro dia rogo a los oficiales que le trayan, que eran Alonso Cabrera y Garci Vanegas, que le dexassen guisar de comer a sus criados, porque de ninguna mano de otra persona no lo auia de tomar, y ellos le respondieron que lo auia de tomar y de comer de la mano que se lo daua, porque de otra ninguna no auian de consentir que se lo diesse, que a ellos no se les daua nada que se muriesse. Y ansi estuuo de aquella vez algunos dias sin comer nada, hasta que la necessidad le constriño que passasse por lo que ellos querian; y auian prometido a muchas personas de los traer en la carauela que deshizieron, a estos reynos, porque les fauoresciessen en la prision del gouernador y no fuessen contra ellos, especial a vn Francisco de Paredes, de Burgos, y a fray Juan de Salazar, frayle de la Orden de Nuestra Señora de la Merced. Ansimesmo trayan preso a Luys de Miranda y a Pero Hernandez y al capitan Salazar de Espinosa y a Pero Vaca. Y llegados el rio abaxo a las yslas de Sant Gabriel, no quisieron traer en el vergantin a Francisco de Paredes ni a fray Juan de Salazar porque estos no fauoresciessen al gouernador aca y dixessen la verdad de lo que passaua, y por miedo desto los hizieron tornar a embarcar en los vergantines que boluian el rio arriba a la Ascension, auiendo vendido sus casas y haziendas por mucho menos de lo que valian, quando los hizieron embarcar, y dezian y hazian tantas exclamaciones que era la mayor lastima del mundo oyrlos. Aqui quitaron al gouernador sus criados que hasta alli le auian seguido y remado, que fue la cosa que el mas sintio ni que más pena le diesse en todo lo que auia passado en su vida, y ellos no lo sintieron menos, y alli en la ysla de Sant Gabriel estuuieron dos dias y al cabo dellos partieron para la Ascension los vnos y los otros para España. Y despues de bueltos los vergantines, en el que trayan al gouernador, que era de hasta onze vancos, venian veynte y siete personas por todos, siguieron su viaje el rio abaxo hasta que salieron a la mar, y dende que a ella salieron les tomo vna tormenta que hinchio todo el vergantin de agua y perdieron todos los bastimentos, que no pudieron escapar dellos sino vna poca de harina y vna poca de manteca de puerco y de pescado y vna poca de agua, y estuuieron a punto de perescer ahogados. Los oficiales que trayan preso al gouernador les parescio que por el agrauio y sin justicia que les auian hecho y hazian en le traer preso y aherrojado, era Dios seruido de dalles aquella tormenta tan grande, determinaron de le soltar y quitar las prisiones, y con este presupuesto se las quitaron y fue Alonso Cabrera el veedor el que se las limó, y el y Garci Venegas le besaron el pie aunque el no quiso, y dixeron publicamente que ellos conoscian y confessauan que Dios les auia dado aquellos quatro dias de tormenta por los agrauios y sin justicias que le auian hecho sin razon, y que ellos manifestauan que le auian hecho muchos agrauios y sin justicias, y que era mentira y falsedad todo lo que auian dicho y depuesto contra el, y que para ello auian hecho hazer dos mil juramentos falsos por malicia y por embidia que del tenian porque en tres dias auia descubierto la tierra y caminos della, lo que no auian podido hazer en doze años que ellos auia que estauan en ella, y que le rogauan y pedian por amor de Dios que les perdonasse y les prometiesse que no daria auiso a Su Magestad de como ellos le auian preso; y acabado de soltarle, ceso el agua y viento y tormenta que auia quatro dias que no auia escampado. Y assi venimos en el vergantin dos mil y quinientas leguas por golfo, nauegando sin ver tierra, mas del agua y el cielo, y no comiendo mas de vna tortilla de harina frita con vna poca de manteca y agua, y deshazian el vergantin a vezes para hazer de comer aquella tortilla de harina que comian. Y desta manera venimos con mucho trabajo hasta llegar a las yslas de los Açores, que son del serenissimo rey de Portogal, y tardamos en el viaje hasta venir alli tres meses, y no fuera tanta la hambre y necessidad que passamos si los que trayan preso al gouernador osaran tocar en la costa del Brasil o yrse a la ysla de Sancto Domingo, que es en las Indias, lo qual no osaron hazer, como hombres culpados y que venian huyendo y que temian que llegados a vna de las tierras que dicho tengo los prendieran e hizieran justicia dellos, como hombres que yuan alçados y auian sido aleues contra su rey, y temiendo esto, no auian querido tomar tierra, y al tiempo que llegamos a los Açores, los oficiales que le trayan, con passiones que trayan entre ellos se diuidieron y vinieron cada vno por su parte y se embarcaron diuididos, y primero que se embarcassen intentauan que la justicia de Angla prendiesse al gouernador y lo detuuiesse porque no viniesse a dar quenta a Su Magestad de los delictos y desacatos que en aquella tierra auian hecho, diziendo que al tiempo que passo por las yslas de Cabo Verde auia robado la tierra y puerto, oydo por el corregidor les dixo que se fuessen, porque su rey no era ome que ninguen osasse pensar en yso, ni tenia a tan mal recado suos portos para que ninguen osasse a fazer. Y visto que no basto su malicia para le detener, ellos se embarcaron y se vinieron para estos reynos de Castilla, y llegaron a ella ocho o diez dias primero que el gouernador, porque con tiempos contrarios se detuuo estos; y llegados a ellos primero que el gouernador a la corte llegasse, publicauan que se auia ydo al rey de Portugal para darle auiso de aquellas partes, y dende a pocos dias llego a esta corte; como fue llegado, la propria noche desaparescieron los delinquentes y se fueron a Madrid, a do esperaron que la corte fuesse alli, como fue, y en este tiempo murio el obispo de Cuenca, que presidia en el Consejo de las Indias, el qual tenia desseo y voluntad de castigar aquel delicto y desacato que contra Su Magestad se auia hecho en aquella tierra. Dende a pocos dias despues de auer estado presos ellos y el gouernador ygualmente, y sueltos sobre fianças que no saldrian de la corte, Garci Vanegas, que era el vno de los que le auian traydo preso, murio muerte desastrada y supita, que le saltaron los ojos de la cara sin poder manifestar ni declarar la verdad de lo passado, y Alonso Cabrera, veedor, su compañero, perdio el juyzio, y estando sin el mato a su muger en Lora; murieron supita y desastradamente los frayles (1) que fueron en los escandalos y leuantamientos contra el gouernador, que paresce manifestarse la poca culpa que el gouernador ha tenido en ello. Y despues de le auer tenido preso y detenido en la corte ocho años, le dieron por libre y quito, y por algunas causas que les mouio le quitaron la gouernacion, porque sus contrarios dezian que si boluia a la tierra, que por castigar a los culpados auria escandalos y altera-

---

(1) En la edición de 1555: *flayles*.

ciones en la tierra, y assi se la quitaron con todo lo demas, sin auerle dado recompensa de lo mucho que gasto en el seruicio que hizo en la yr a socorrer y descubrir

RELACION DE HERNANDO DE RIBERA

En la ciudad de la Ascension (que es en el rio del Paraguay, de la prouincia del Rio de la Plata), a tres dias del mes de Março, año del nascimiento de nuestro Saluador Jesu Christo de mil y quinientos y quarenta y cinco años, en presencia de mi el escriuano publico y testigos de yuso scriptos, estando dentro de la yglesia y monesterio de Nuestra Señora de la Merced de redempcion de captiuos, parescio presente el capitan Hernando de Ribera, conquistador en esta prouincia, y dixo. Que por quanto al tiempo que el señor Aluar Nuñez Cabeça de Vaca, gouernador y Adelantado y capitan general desta prouincia del Rio de la Plata, por Su Magestad, estando en el puerto de los Reyes, por donde la entro a descubrir en el año passado de mil y quinientos y quarenta y tres, le embio y fue por su mandado con vn vergantin y cierta gente a descubrir por vn rio arriba que llaman Ygatu, que es vn braço de dos rios muy grandes caudalosos, el vno de los quales se llama Yacareati y el otro Yayua, segun que por relacion de los indios naturales vienen por entre las poblaciones de la tierra adentro, y que auiendo llegado a los pueblos de los indios que se llaman los Xarayes, por la relacion que dello ouo, dexando el vergantin en el puerto a buen recaudo, se entro con quarenta hombres por la tierra adentro a la ver y descubrir por vista de ojos. E yendo caminando por muchos pueblos de indios, ouo y tomo de los indios naturales de los dichos pueblos, y de otros que de mas lexos le vinieron a ver y hablar, larga y copiosa relacion, la qual el examino y procuro examinar y particularizar para saber dellos la verdad, como hombre que sabe la lengua cario, por cuya interpretacion y declaracion comunico y platico con las dichas generaciones y se informo de la dicha tierra. Y porque al dicho tiempo el lleuo en su compañia a Juan Valderas, escriuano de Su Magestad, el qual escriuio y assento algunas cosas del dicho descubrimiento, pero que la verdad de las cosas, riquezas y poblaciones y diuersidades de gentes de la dicha tierra no las quiso dezir al dicho Juan Valderas para que las assentasse por su mano en la dicha relacion, ni clara y abiertamente las supo ni entendio, ni el las ha dicho ni declarado, porque al dicho tiempo fue y era su intencion de las comunicar y dezir al dicho señor gouernador para que luego entrasse personalmente a conquistar la tierra, porque assi conuenia al seruicio de Dios y de Su Magestad; y que auiendo entrado por la tierra ciertas jornadas, por carta y mandamiento del señor gouernador se boluio al puerto de los Reyes, y a causa de hallarle enfermo a el y a toda la gente no tuuo lugar de le poder informar del descubrimiento y darle la relacion que de los naturales auia auido, y dende a pocos dias, constreñido por necessidad de la enfermedad, porque la gente no se le muriesse se vino a esta ciudad y puerto de la Ascension, en la qual estando enfermo, dende a pocos dias que fue llegado los oficiales de Su Magestad le prendieron (como es a todos notorio), por manera que no le pudo manifestar la relacion, y porque agora al presente los oficiales de Su Magestad van con el señor gouernador a los reynos de España, y porque podria ser que en el entretanto a el le suscediesse algun caso de muerte o ausencia o yr a otras partes donde no pudiesse ser auido, por donde se perdiesse la relacion y auisos de la entrada y descubrimiento, que Su Magestad seria muy deseruido y al señor gouernador le vernia mucho daño y perdida, todo lo qual seria a su culpa y cargo; por tanto, y por el descargo de su consciencia y por cumplir con el seruicio de Dios y de Su Magestad y del señor gouernador en su nombre. Aora ante mi el escriuano, quiere hazer y hazia relacion del dicho su descubrimiento, para dar auiso a Su Magestad del y de la informacion y relacion que ouo de los indios naturales, y que pedia y requeria a mi el dicho escriuano la tomasse y rescibiesse, la qual dicha relacion hizo en la forma siguiente

Dixo y declaro el dicho capitan Hernando de Ribera que a veynte dias del mes de Deziembre del año passa[do] de mil y quinientos y quarenta y tres años partio del puerto de los Reyes en el vergantin nombrado el Golondrino, con cinquenta y dos hombres, por mandado del señor gouernador, y fue nauegando por el rio del Ygatu, que es braço de los dichos dos rios Yacareati e Yayua, este braço es muy grande y caudaloso, y a las seys jornadas entro en la madre destos dos rios; segun relacion de los indios naturales por do fue tocando, estos dos rios señalaron que vienen por la tierra adentro, y este rio que se dize Yayua deue de proceder de las sierras de Sancta Martha; es rio muy grande y poderoso, mayor que el rio Acareati, el qual, segun las señales que los indios dan, viene de las sierras del Peru, y entre el vn rio y el otro ay muy gran distancia de tierra y pueblos de infinitas gentes (segun los naturales dixeron) y vienen a juntarse estos dos rios Yayua e Ycariati en tierra de los indios que se dizen Perobaçaes, y alli se tornan a diuidir, y a setenta leguas el rio abaxo se tornan a juntar; y auiendo nauegado diez y siete jornadas por el dicho rio, passo por tierra de los indios Perouaçaes y llego a otra tierra que se llaman los indios Xarayes, gentes labradores, de grandes mantenimientos y criadores de patos y gallinas y otras aues, pesquerias y caças, gente de razon y obedescen a su principal.

Llegado a esta generacion de los indios Xarayes, estando en vn pueblo dellos de hasta mil casas, adonde su principal se llama Camire, el qual le hizo buen rescebimiento, del qual se informo de las demas poblaciones de la tierra adentro, y por la relacion que aqui le dieron, dexando el vergantin con doze hombres de guarda y con vna guia que lleuo de los dichos Xarayes, passo adelante y camino tres jornadas hasta llegar a los pueblos y tierra de vna generacion de indios que se dizen

Urtueses, la qual es buena gente y labradores a la manera de los Xarayes, y de aqui fue caminando por tierra toda poblada hasta ponerse en quinze grados menos dos tercios yendo la via del Ueste.

Estando en estos pueblos de los Urtueses y Aburuñes vinieron alli otros muchos indios principales de otros pueblos mas adentro, comarcanos, a hablar con el y traelle plumas a manera de las del Peru y planchas de metal chafalonia, de los quales se informo y tuuo platica y auiso de cada vno particularmente de las poblaciones y gentes de adelante; y los dichos indios, en conformidad sin discrepar, le dixeron que a diez jornadas de alli, a la vanda del Uesnorueste, hauitauan y tenian muy grandes pueblos vnas mugeres que tenian mucho metal blanco y amarillo, y que los assientos y seruicios de sus casas eran todos del dicho metal, y tenian por su principal vna muger de la misma generacion, y que es gente de guerra y temida de la generacion de los indios, y que antes de llegar a la generacion de las dichas mugeres estaua vna generacion de los indios (que es gente muy pequeña), con los quales y con la generacion destos que le informaron pelean las dichas mugeres y les hazen guerra, y que en cierto tiempo del año se juntan con estos indios comarcanos y tienen con ellos su comunicacion carnal, y si las que quedan preñadas paren hijas tienenselas consigo, y los hijos los crian hasta que dexan de mamar y los embian a sus padres, y de aquella parte de los pueblos de las dichas mugeres auia muy grandes poblaciones y gente de indios que con-

finan con las dichas mugeres, y que la relacion
que toca a las dichas mugeres, que lo auian dicho
sin preguntarselo; a lo que le señalaron, esta par
de vn lago de agua muy grande que los indios
nombraron la casa del sol; dizen que alli se encie-
rra el sol, por manera que entre las espaldas de
Sancta Martha y el dicho lago habitan las dichas
mugeres, a la vanda del Oesnorueste, y que adelante de las poblaciones que estan passados los pueblos de las mugeres ay otras muy grandes poblaciones de gentes, los quales son negros y a lo que
señalaron tienen baruas como aguileñas, a manera de moros. Fueron preguntados como sabian
que eran negros, dixeron que porque los auian
visto sus padres y se lo dezian otras generaciones
comarcanas a la dicha tierra, y que eran gente que
andauan vestidos, y las casas y pueblos las tienen
de piedra y tierra, y son muy grandes, y que es
gente que posseen mucho metal blanco y amarillo
en tanta cantidad que no se siruen con otras cosas
en sus casas de vasijas y ollas y tinajas muy grandes y todo lo demas, y pregunto a los dichos indios
a que parte remorauan los pueblos y habitacion
de la dicha gente negra, y señalaron que demora-
uan al Norueste, y que si querian yr alla, en quinze jornadas llegarian a las poblaciones vezinas y
comarcanas a los pueblos de los dichos negros, y
a lo que le paresce, segun y la parte donde señalo,
los dichos pueblos estan en doze grados a la vanda del Norueste, entre las sierras de Santa Martha y del Marañon, y que es gente guerrera y pelean con arcos y flechas, ansimismo señalaron los

dichos indios que del Oesnorueste hasta el Norueste, quarta al Norte, ay otras muchas poblaciones y muy grandes de indios; ay pueblos tan grandes que en vn dia no pueden atrauesar de vn cabo a otro, y que toda es gente que possee mucho metal blanco y amarillo y con ello se siruen en sus casas, y que toda es gente vestida y para yr alla podian yr muy presto, y todo por tierra muy poblada. Y que assimismo por la vanda del Oeste auia vn lago de agua muy grande, y que no se parescia tierra de la vna vanda a la otra, y a la ribera del dicho lago auia muy grandes poblaciones de gentes vestidas y que posseyan mucho metal y que tenian piedras de que trayan bordadas las ropas y relumbrauan mucho, las quales sacauan los indios del dicho lago, y que tenian muy grandes pueblos y toda era gente la de las dichas poblaciones labradores, y que tenian muy grandes mantenimientos y criauan muchos patos y otras aues, y que dende aqui donde se hallo podia yr al dicho lago y poblaciones del, a lo que le señalaron, en quinze jornadas, todo por tierra poblada, adonde auia mucho metal y buenos caminos en abaxando las aguas, que a la sazon estauan crescidas; que ellos le lleuarian, pero que eran pocos christianos y los pueblos por donde auian de passar eran grandes y de muchas gentes, assimesmo dixo y declaro que le dixeron e informaron y señalaron a la vanda del Ueste, quarta al Sudueste, auia muy grandes poblaciones que tenian las casas de tierra, y que era buena gente, vestida y muy rica, y que tenian mucho metal y criauan mucho ganado de ouejas muy grandes, con las quales se siruen en sus roças y labranças, y las cargan; y les pregunto si las dichas poblaciones de los dichos indios si estauan muy lexos, y que le respondieron que hasta yr a ellos era toda tierra poblada de muchas gentes, y que en poco tiempo podia llegar a ellas, y entre las dichas poblaciones ay otra gente de christianos y auia grandes desiertos de arenales y no auia agua. Fueron preguntados como sabian que auia christianos de aquella vanda de las dichas poblaciones. Y dixeron que en los tiempos passados los indios comarcanos de las dichas poblaciones auian oydo dezir a los naturales de los dichos pueblos que yendo los de su generacion por los dichos desiertos auian visto venir mucha gente vestida, blanca, con baruas, y trayan vnos animales (segun señalaron eran cauallos), diziendo que venian en ellos caualleros y que a causa de no auer agua los auian visto boluer, y que se auian muerto muchos dellos, y que los indios de las dichas poblaciones creyan que venia la dicha gente de aquella vanda de los desiertos, y que ansimismo le señalaron que a la vanda del Ueste, quarta al Sueste, auia muy grandes montañas y despoblado, y que los indios lo auian prouado a passar, por la noticia que dello tenian que auia gentes de aquella vanda, y que no auian podido passar porque se morian de hambre y sed Fueron preguntados como lo sabian los susodichos, dixeron que entre todos los indios de toda esta tierra se comunicaua y sabian que era muy cierto, porque auian visto y comunicado con ellos, y que auian visto los dichos christianos y cauallos que venian por los dichos desiertos, y que a la cayda de las dichas sierras, a la parte de Sudueste, auia muy grandes poblaciones y gente rica de mucho metal, y que los indios que dezian lo susodicho dezian que tenian ansimesmo noticia que en la otra vanda, en el agua salada, andauan nauios muy grandes. Fue preguntado si en las dichas poblaciones ay entre las gentes dellos principales hombres que los mandan, dixeron que cada generacion y poblacion tiene solamente vno de la mesma generacion, a quien todos obedescen, declaro que para saber la verdad de los dichos indios y saber si discrepauan en su declaracion, en todo un dia y vna noche, a cada vno por si les pregunto por diuersas vias la dicha declaracion, en la qual, tornandola a dezir y declarar, sin variar ni discrepar se conformaron

La qual relacion de suso contenida el capitan Hernando de Ribera dixo y declaro auerle tomado y rescebido con toda claridad y fidelidad (1) y lealtad y sin engaño, fraude ni cautela, y porque a la dicha su relacion se puede dar y dé toda fe y credito y no se pueda poner ni ponga ninguna dubda en ello ni en parte dello, dixo que juraua y juró por Dios y por Sancta Maria y por las palabras de los sanctos quatro Euangelios, donde corporalmente puso su mano derecha en vn libro missal que al presente en sus manos tenia el reuerendo padre Francisco Gonçalez de Panyagua, abierto por parte do estauan scriptos los Sanctos Euange-

---

(1) En la edicion de 1555: *fidilidad*.

lios, y por la señal de la cruz a tal como esta ✠, donde assimismo puso su mano derecha, que la relacion, segun y de la forma y manera que la tiene dicha y declarada y de suso se contiene, le fue dada, dicha y denunciada y declarada por los dichos indios principales de la dicha tierra y de otros hombres ancianos, a los quales con toda diligencia examino e interrogo para saber dellos verdad y claridad de las cosas de la tierra adentro, y que auida la dicha relacion, assimismo le vinieron a ver otros indios de otros pueblos, principalmente de vn pueblo muy grande que se dize Uretabere, y de vna jornada del se boluio, que de todos los dichos indios assimismo tomo auiso y que todos se conformaron con la dicha relacion clara y abiertamente, y so cargo del dicho juramento declaro que en ello ni en parte dello no ouo ni ay cosa ninguna acrescentada ni fingida, saluo solamente la verdad de todo lo que le fue dicho e informado, sin fraude ni cautela alguna. Otrosi, dixo y declaro que le informaron los dichos indios que el rio de Areati tiene vn salto que haze vnas grandes sierras, y que lo que dicho tiene es la verdad, y que si ansi es Dios le ayude, y si es al contrario Dios se lo demande mal y caramente en este mundo al cuerpo y en el otro al anima, donde mas ha de durar, a la confission del dicho juramento dixo. *si juro, amen*, y pidio y requirio a mi el dicho escriuano se lo diesse assi por fe y testimonio al dicho señor gouernador para en guarda de su derecho, siendo presentes por testigos el dicho reuerendo padre Panyagua y Sebastian de Baldiuiesso, camarero del dicho se-

ñor gouernador, y Gaspar de Hortigosa y Juan de
Hozes, vezinos de la ciudad de Cordoua, los quales todos lo firmaron assi de sus nombres: Francisco Gonçalez Panyagua, Sebastian de Valdiuiesso, Juan de Hozes, Hernando de Ribera, Gaspar de Hortigosa. Passo ante mi, Pero Hernandez, escriuano

TABLA DE LOS CAPÍTULOS CONTENIDOS EN LA PRESENTE RELACION Y NAUFRAGIOS DEL GOUERNADOR ALUAR NUÑEZ CABEÇA DE VACA (1).

	Paginas.
ADVERTENCIA............	v
EL PROHEMIO á..	3
CAP. I.—Quando partio el armada en que yua el dicho Cabeça de Vaca. y quien yua en ella..	7
CAP. II.—Como el Gouernador vino al puerto de Xagua y truxo consigo vn piloto........	12
CAP III.—Como llegaron a la Florida...	13
CAP. IV.—Como entraron por la tierra de la Florida adentro	14
CAP V.—Como y a que recaudo dexo los nauios el Gouernador........ ....,.... ..	19
CAP. VI —De como llegaron Apalache...	24
CAP. VII —De la manera y sitio de aquella tierra.	25
CAP. VIII.—Como partieron de Aute	31
CAP. IX.—Como partieron de baya de Cauallos.	35
CAP. X.—De la refriega que ouieron con los indios	40
CAP. XI.—De lo que acaescio a Lope de Ouiedo con vnos indios	45

(1) En la edicion de 1555, difieren las *Tablas* de capitulos, tanto en los *Naufragios* como en los *Comentarios,* de los epigrafes que hay en el texto, y asi lo hemos dejado.

	Páginas.
Cap. XII.—Como los indios les truxeron de comer	46
Cap. XIII.—Como supieron de otros christianos.	50
Cap. XIV.—Como se partieron quatro christianos	52
Cap. XV—De lo que les acaescio en la villa de Malhado	56
Cap. XVI.—Como se partieron de la ysla de Malhado	58
Cap. XVII.—Como los indios truxeron a Andres Dorantes y a Castillo y a Esteuanico	63
Cap. XVIII—De la relacion que dio Figueroa, de Esquiuel	68
Cap. XIX.—De como apartaron los indios a los christianos unos de otros	74
Cap. XX.—Como los christianos se huyeron de los indios	76
Cap XXI.—De como curauan los dolientes	78
Cap. XXII.—Como les trayan muchos enfermos.	81
Cap. XXIII.—Como se comieron los perros, y se partieron por falta de comida	88
Cap. XXIV.—De la costumbre de los indios de aquella tierra	90
Cap. XXV.—Como los indios son prestos a vn arma	93
Cap. XXVI.—De las nasciones y lenguas de aquellas tierras	95
Cap XXVII.—De como se mudaron los christianos y fueron bien rescebidos	97
Cap. XXVIII.—De las costumbres de la tierra	101
Cap XXIX.—De la costumbre de robarse los vnos indios a los otros	105
Cap. XXX.—De como se mudo la costumbre del rescebir los christianos	110

	Páginas.
Cap. XXXI.—De como siguieron el camino del maiz por tener comida.	117
Cap. XXXII.—De como dieron a los christianos muchos coraçones de venados	121
Cap. XXXIII.—Como hallaron rastro de christianos.	126
Cap. XXXIV.—De como Alvar Nuñez embió por los christianos que andauan con los indios...	127
Cap. XXXV.—De como Melchor Diaz, alcalde mayor de Culiaçan, los rescibio bien	131
Cap. XXXVI.—Como hizieron hazer yglesias en aquella tierra	135
Cap. XXXVII.—De lo que les acontescio quando se quisieron venir a Castilla.	138
Cap. XXXVIII.—En que da cuenta de lo que mas acontescio a los que fueron a las Indias, y como perescieron todos (1)	141

(1) En la edicion de 1555 hay á la conclusion de la *Tabla* un genio con alas en el brazo izquierdo y un peso en el derecho. Arriba se lee *Ingenium volitat*, abajo *Paupertas deprimit ipsum*.

TABLA DE LOS COMMENTARIOS DEL GOUERNADOR ALUAR NUÑEZ CABEÇA DE VACA

	Páginas.
Primeramente el prohemio........................	147
Cap. j.—En que da quenta por que razon se mouio a yr a socorrer a los que estauan en el rio de la plata........................	157
Cap. ij.—Como se partieron de la ysla de Caboverde........................	160
Cap. iij.—Como llegaron a la ysla de sancta Catalina........................	161
Cap iiij.—Como vinieron nueue christianos a la ysla de sancta Catalina huyendo del puerto de Buenos ayres........................	163
Cap. v.—De la priessa que el gouernador daua a su camino........................	166
Cap. vi —Como el gouernador entro la tierra adentro........................	168
Cap. vij —De la manera de aquella tierra y rios.	171
Cap. viij —De los trabajos que se passaron en la tierra y de la manera de los pinos y piñas que en ella nascen........................	175
Cap. ix.—De como remediaron vna gran hambre con gusanos de ciertas cañas........................	178
Cap x.—Del miedo que los indios tenian a los cauallos........................	181
Cap. xi —De vn salto que haze el rio Igatu y del	

trabajo que se passo en lleuar por tierra las canoas.............................	183
Cap. xii.—De las balsas que se hizieron para lleuar los dolientes........................	187
Cap. xiij.—Como llegaron a la ciudad de la Ascension.............................	190
Cap. xiiij —Como llegaron los enfermos a la ciudad de la Ascension.................	193
Cap xv.—Como embio el gouernador a socorrer y poblar a Buenos ayres...............	195
Cap. xvi —Como matan los indios los enemigos que prenden, y se los comen.............	197
Cap. xvij —Como assento el gouernador paz con los indios Agazes.....................	200
Cap. xviij.—De las querellas que dieron los pobladores al gouernador.................	203
Cap xix.—Como se quexaron al gouernador de los indios Guaycurues.................	204
Cap. xx.—Como se tomo la informacion de la querella.............................	206
Cap. xxi —Como passaron el rio los christianos & indios.............................	210
Cap. xxii.—Como fueron espias en seguimiento de los indios Guaycurues.............	212
Cap. xxiij.—Como yuan siguiendo a los indios Guaycurues.........................	214
Cap. xxiiij —De vn escandalo que causo vn tigre entre los indios amigos y los españoles......	215
Cap. xxv.—Como alcançaron a los enemigos....	218
Cap. xxvi.—Como rompieron a los enemigos....	221
Cap. xxvii —Como torno el gouernador a la Ascension.............................	223
Cap. xxviii.—Como los indios Agazes rompieron las pazes.............................	225

	Páginas.
Cap. xxix.—Como el gouernador solto a vn prisionero de los Guaycurues para que llamasse los otros........................	227
Cap. xxx.—Como dieron la obediencia los Guaycurues a Su M............................	228
Cap. xxxi.—Como a los Guaycurues entregaron los prisioneros.....................	230
Cap. xxxii.—Como vinieron los indios Aperues a dar la obediencia....................	232
Cap. xxxiii.—De la sentencia que se dio contra los Agazes rebeldes.....................	235
Cap. xxxiiii.—Como el gouernador torno a socorrer a los que estauan en Buenos ayres....	236
Cap. xxxv.—Como boluieron ciertos christianos & indios de la entrada que hizieron..........	239
Cap. xxxvi.—Como se hizo tablazon para los vergantines...........................	241
Cap. xxxvii.—Como se tornaron a ofrescer los indios de la tierra......................	241
Cap. xxxviii.—Como se quemo el pueblo de la Ascension...........................	246
Cap. xxxix.—Como vino Domingo de yrala.....	248
Cap. xl.—De lo que escriuio Gonçalo de mendoça...........................	251
Cap. xli.—Del socorro que embio el gouernador a los que estauan con Gonçalo de Mendoça..	253
Cap. xlii.—De como murieron quatro christianos que hirieron los indios.................	254
Cap. xliii.—De como se yuan huyendo ciertos frayles...........................	257
Cap. xliiii.—De como el gouernador hizo la entrada con quatrocientos hombres...........	259
Cap. xlv.—Como dexaron los bastimentos por no los poder lleuar.....................	261

Cap. xlvi —Como hablo a los naturales de la tierra y puerto	262
Cap. xlvii.—Como embio por vna lengua para los Payaguaes.................	266
Cap. xlviii. -Como embarcaron los cauallos ...	267
Cap xlix.—Que por el mesmo puerto entro Iuan de Ayolas quando le mataron con los que lleuaua....	269
Cap. l.—Como burlaron al gouernador los que fueron por la lengua	272
Cap. li —De la habla que hizieron los Guaxarapos al gouernador.............	278
Cap. lii.—Como los indios viuen a la costa del rio.	280
Cap liii —Como pusieron tres cruzes a la boca del rio	283
Cap. liiii.— Como los indios del puerto de los Reyes son labradores.......	287
Cap. lv. Como poblaron en aquella tierra ciertos indios que lleuo Garcia portugues.......	291
Cap. lvi —De la habla que ouo con los indios Chaneses....	292
Cap. lvii.—Como embio a buscar los indios de Garcia	293
Cap. lviii —De lo que hablo el gouernador con los oficiales.........	295
Cap. lix.—Como el gouernador hablo a los Xarayes........	297
Cap. lx.—Como boluieron las lenguas de los Xarayes..........	304
Cap. lxi.—Como determino el gouernador de hazer la entrada	307
Cap lxii —Como llegaron al rio caliente.......	309
Cap lxiii.—Como embio a buscar vna casa que estaua cerca de alli...	312

Cap. lxiiii.—Como vino la lengua de la casilla
    que fueron a llamar 313
Cap. lxv.—Como se boluieron al puerto....... 315
Cap. lxvi.—Como los indios quisieron matar a
    los que quedaron en el puerto de los Reyes. 317
Cap. lxvii.—Como embio el capitan Gonçalo de
    Mendoça por bastimentos..... 319
Cap. lxviii —Como embio vn vergantin a descu-
    brir el rio de los Xarayes... 321
Cap. lxix.—Como torno de la entrada el capitan
    Francisco de Ribera. 324
Cap. lxx.—Como dio quenta el capitan Ribera
    de su descubrimiento.. 326
Cap. lxxi.—Como embio a llamar al capitan Gon-
    çalo de Mendoça..... 331
Cap. lxxii.—Como torno Hernando de Ribera
    de su entrada... 335
Cap. lxxiii.—De lo que acontecio en el puerto
    de los Reyes al gouernador 336
Cap. lxxiiii.—Como el gouernador llego a la As-
    cension con su gente, donde le prendieron... 339
Cap. lxxv.—De como juntaron la gente ante la
    casa de Domingo de Yrala 343
Cap. lxxvi.—De los alborotos y escandalos que
    ouo en la tierra.. 345
Cap. lxxvii.—De la aspera prision en que tenian
    al gouernador 348
Cap. lxxviii.—De como robauan la tierra los al-
    çados y hazian otros males........ 351
Cap. lxxix —Como se fueron los frayles...·.... 353
Cap. lxxx.—Como atormentaua los que eran con-
    tra la opinion de los alçados............. . 355
Cap. lxxxi.—Como quisieron matar los alçados
    a vn regidor que les hizo vn requirimiento.. 356

	Paginas.
Cap. lxxxii —Como dieron liçencia los alçados a los indios que comiessen carne humana....	357
Cap. lxxxiii.—De como querian embiar la relacion a S. M................ ..	359
Cap lxxxiiii —Como dieron rejalgar tres vezes al gouernador..	363
La relacion que dio Hernando de Ribera ...	368

IMPRESSO EN VALLADOLID
POR FRANCISCO FERNANDEZ DE CORDOUA
AÑO DE MIL Y QUINIENTOS
Y CINQUENTA Y CINCO AÑOS

*Aquí da fin
el tomo primero
de la* RELACION DE
LOS NAUFRAGIOS Y CO-
MENTARIOS *de* Alvar Núñez Cabeza
de Vaca. *Fue impreso en la muy noble y
coronada villa de Madrid, en la oficina
tipografica de Idamor Moreno
Acabóse a veinte dias de
Febrero de mil y
novecientos seis
años*

Finito libro sit laus et gloria
Christo

LISTA

DE LOS

SUSCRIPTORES Á LA *COLECCIÓN DE LIBROS Y DOCUMENTOS REFERENTES A LA HISTORIA DE AMÉRICA*

La Biblioteca particular de S. M. el Rey
British Museum.
El Instituto General y Técnico de Barcelona
D. José A. Escoto.
Dr. N. León.
La Biblioteca Nacional.—*Buenos Aires.*
D. Manuel de Oliveira Lima.
D. Alfonso López de Miranda.
La Biblioteca Nacional.—*Río Janeiro.*
La Biblioteca Pública —*La Plata.*
Mr. David Nutt.
Mr. Jas A. Robertson.
La Real Academia de la Historia.
D. Eduardo Vivas
Dr. Pedro N. Arata
Dr. Salvador de Mendonça.
Mr. Thomas C. Dawson.
D. Manuel E. Ballesteros.
D. Mariano Murillo.
Sres. P. J. Guirola y Compaña
D. Antonio Muñoz.
Mr. George Parker Winship.
D. José Calvo y Ramos
D. Telasco Castellanos.
La Biblioteca Nacional.—*Lima.*
D. Severo G. del Castillo.
Sres. G. Mendesky e Hijos.
D. E. Rosay.
D. Jenaro García.
Excmo. Sr. General D. Fernando González.

D. Antonio Lehmann
La Biblioteca Nacional.—*Montevideo*
Subsecretaria de Justicia e Instrucción pública.—*México*
D. M. V. Ballivian
La Biblioteca del Senado
D. Nicolás Palacios.
Señora Viuda de Rico
D. Miguel Luis Amunategui.
La Biblioteca Nacional.—*Santiago de Chile*.
D. Ramón A. Laval
D. Agustín S. Palma.
La Biblioteca del Instituto Nacional.—*Santiago de Chile*
La Biblioteca Nacional.—*Habana*.
Mr. Otto Harrassowitz.
D. Ismael Calvo
D. Manuel Sales y Ferré
D. C. Navarro Lamarca
La Biblioteca de la Real Academia Española.
D. A. Barreiro y Ramos.
D. Manuel Albto Laues
La Dirección de Estadística de México.
D. Jose Manuel de Garamendi
La Oficina Nacional de Estadística de Bolivia.
Dr. Antonio Peñafiel.
Dr. Isidoro Ruiz Moreno
D. Adrián Romo
D. Enrique Peña.
D. Jesus Menendez.
Sres. Janer e Hijo.
Sres. Montero, Herrero y Compañía.
Mr. Louis J. Francisco
D. Juan Llordachs.
D. M. Antonio Roman.
D. Manuel de Ostiz, Universidad de Deusto
Sra. Viuda de Ch. Bouret
Decanato de Filosofía y Letras de la Universidad Central.
La Real Sociedad Geográfica de Madrid
Mr. Hiram Bingham.
La Universidad Nacional de Córdoba (R. A.)
Mr. H. Le Soudier.
D. E. Capdeville.
D. Francisco Pages.
Mr. Martinus Nijhoff.
Sres. F. Briguiet y Compañía.
D. Joaquin Nabuco.
D. Emilio Amoros.

Mr. Karl W Hiersemann.
D Arturo Beyer.
Ilmo. Sr Obispo Dr. Francisco Plancarte.
La Biblioteca Nacional.—*Tegucigalpa*
D. Ramon J Carcano.
D. Tomás A. Sanmiguel
D. Cesareo Garcia.
D Felipe de Osma
D. Fernando Fe.
D. Ramon Orbea.

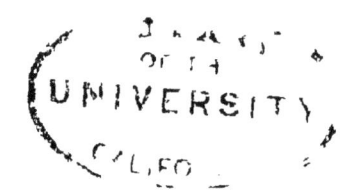

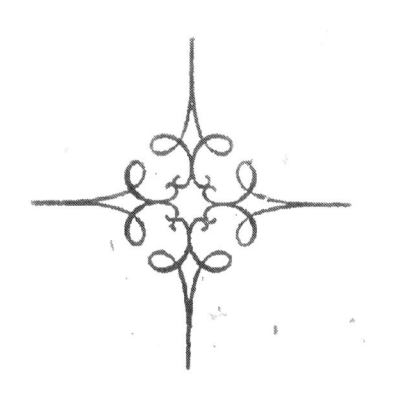

Lightning Source UK Ltd.
Milton Keynes UK
UKHW050752300522
403720UK00008B/543